入門講義 会社法

Corporate Law

鈴木千佳子
Chikako Suzuki

第3版

慶應義塾大学出版会

はじめに

《会社法とはどんな法律なのか》

　本書は、平成 17 年 7 月 26 日に公布され、平成 18 年 5 月 1 日に施行された『会社法』を対象としています。平成 17 年までは会社に関する法規は『商法』の第 2 編を中心として『有限会社法』『株式会社の監査等に関する商法の特例に関する法律』など、いろいろのところに散らばっていました。かつては、これらを総称して会社法と呼んでいたのです。そして、これらの会社法の規定は、会社を取り巻く経済的な要因により頻繁に改正を繰り返し、接ぎ木されたその姿は、全体を見渡し統一的な理解をすることが非常に難しくなっていました。そこで、これらの諸規定を 1 つの法のもとに法典化し、用語、規定を整備し、諸制度の食い違いなどを是正し、再編して、新しく制定されたのが平成 17 年の『会社法』です。

　このように、『会社法』は、平成 17 年改正以前の商法を中心とした会社に関する法の改正の積み重ねの上に誕生したものです。この点を考えると、商法に規定されていた時代の判例・学説の集積を尊重し、法の根幹を探究することが必要になります。また、その一方で、会社法の問題を考える場合には、既存の概念や法制度に拘泥するだけでは足りず、常に柔軟な考え方で新しい問題についての対応を考えなければならず、現行法ではどうしても対応ができない部分については、果敢にあらたな改正を試みていかなければならない法分野であるともいえます。

　そして、さらに、平成 26 年、令和元年にも会社法の改正が行われています。

《会社法を勉強することは何を意味するか》

　法律は、社会の仕組みの枠組みを示すものであり、社会を知るためには法律を勉強するのが有益です。それと同様に、会社を知るには、会社法を勉強することが不可欠です。起業をしたいと考えている人は、法がただ単に手続を遵守することを押し付けているのではなく、その背後には法が掲げる理想（目的）があることを知れば、何を尊重して会社を経営していけばよいかわかってくるでしょう。また、ガバナンスの考え方は、会社以外の団体の運営にもヒントになることが少なくありません。会社で働くサラリーマンは、会社の運営の仕組みを知ると、日々

の仕事に役立つヒントを得ることができるでしょう。投資の手段として株式や社債を考えている人は、株主や社債権者と会社の関係を学び、どのような権利が認められているかを知れば、自分の利益を自分で守ることができます。

　日本にはたくさんの会社があり、私たちはこれらと少なからぬ関係をもって生きています。学生にとっては会社は縁遠い世界と感じるかもしれませんが、卒業して社会に触れてみると、はじめて会社法が実は身近な法律であることがわかるでしょう。それを先取りするためには、イメージがつかみにくいところには想像力を働かせ、あるいは新聞やニュースを見ることなどでモチベーションを高めるとよいと思います。

《本書の特色》

1.　本書は、会社法の膨大な条文を丸暗記するのではなく、理解することが容易になるようにその趣旨を記述することに重点を置きました。講義では、時間の制約から基本的なことしか扱うことができないのが通常ですが、単に条文を再録し、それらを頭から覚えることのみを強制するのではなく、その条文が置かれている意味を記述することに力を注いでいます。

2.　教科書として大学の授業で利用されることを前提に書いたものです。1つ1つの章のボリュームをなるべく平均化し、1回の授業で取り上げられるくらいの分量にまとめました。会社法の内容は膨大であり、条文の順序にそって説明を進めると、内容がうまく説明できないことがあります。なるべく最初から読み進めてわからないところがないように、あとで詳しく説明するときにはその箇所を示し、またすでに記述したところでもあえて繰り返しをいとわずに説明したり、その箇所を注記していますので、注意深く読み進めてください。

3.　はじめて会社法を勉強しようとする人たちに読んでもらうことを念頭に置き、読みやすさを考えて、一般の教科書でも多用される注の形式をあえてとっていません。詳しい説明を要する事柄や判例の解説などについては【発展】で、会社の実態や学習のヒントについては COLUMN で書いていますので、参考にしてください。また、さらに詳しい内容の習熟を求める人には、「会社法参考書一覧」を最後に挙げてありますので、是非いろいろな文献を利用して勉強されることをお勧めします。

目　次

第Ⅱ部　株式会社

COLUMN 一覧

【発展】一覧

略語一覧

金商法	金融商品取引法
計算規則	会社計算規則
施行規則	会社法施行規則
整備法	会社法の施行に伴う関係法律の整備等に関する法律
特例法	株式会社の監査等に関する商法の特例に関する法律（平成17年廃止）
振替法	社債、株式等の振替に関する法律
担信法	担保付社債信託法
民集	大審院民事判例集・最高裁判所民事判例集
下民	下級審民事判例集
集民	最高裁判所裁判集民事編
判時	判例時報
判タ	判例タイムズ
金判	金融・商事判例
金法	金融法務事情

第1章　会社法とはなにか

 会社は現実の社会においてどのような役割を果たすのか。また、会社法の目的、法源、変遷について考える。

1　共同企業としての会社の経済的機能

　企業は、国や地方公共団体が営む公企業と、私人が営む私企業に分けることができ、さらに私企業は営利を目的としない企業（相互会社、協同組合など）と営利を目的とする企業に分かれる。

　そして、営利を目的とする私企業は、出資者が単独である個人企業と複数である共同企業に分けることができる。

　個人企業の場合には、儲けが出れば営業主はすべてそれを自分のものにすることができるが、損失が出た場合も1人でそれを負担しなければならないためリスクも大きい。また、1人だけの資金では、十分な営業活動をまかないきれないという欠点もある。

　これに対して、共同企業では、複数の人が出資をし、また労働力を結集して企業を営むことによって、個人企業よりも大きな儲けが得られる可能性が

広がる。

　たとえば、A、B、Cが100万円ずつ出資をして企業を設立した場合、儲け
が出たときは皆でその利益を分配することが必要になるが、損失が出たとき
は、それを出資者全員に負担してもらうことができる（しかし、株式会社でみ
られるように、出資者である株主は出資をするだけで、一切損失に対する責任を負
担しない例もある）。

　共同企業は、個人企業に比べてこのような長所を持っている。

　会社は、このような共同企業の典型例である（このほかに、共同企業といえ
るものとして、民法上の組合（民法667条以下）、匿名組合（商法535条以下）なども
ある）。

　また、会社は法人格を与えられている（☞第2章3参照）。会社は出資者や
営業者と別個の権利主体となり、自然人が限られた生命の間でしか活動でき
ないのに対し、永続的に活動することが可能になる。

2　会社法の目的

　会社を取り巻く関係には、いろいろのものがあり、さまざまな利害関係人
が存在しているが、会社法の目的は、これらの利害関係人の利害を調整する
ことである。

　これを、株式会社を例に説明してみよう。

　まず、重要な利害関係人として、株式会社に出資をした株主がいる。会社
法においては、出資者としての株主の意思は尊重されており、株主総会にお
いて、会社に関する重要事項を決定することができ、取締役を選任し、取締
役に会社の経営を委任する。このように、出資者と経営者が分かれているこ
とを、**所有と経営の分離**という。

　株主には、少しでも多くの配当が欲しい、株式の値段が上がればそれを
売って一儲けしたいなどの思惑があるが、それに対し、取締役も経営によっ
て会社に貢献しているのだから、高額の報酬がほしいと考えているだろう。
株主と取締役の利害対立が生じたときに、どちらの利益が優先するかを考え
なければならない。取締役は、株主の利益を優先しなければならず、会社の

経営によって私利私欲を満たしてはならない。

　また、このほかにも、会社と取引する取引相手、会社に貸付をしている銀行など、会社の債権者（会社に対してなにかの給付を求めることができる権利を有している者をいう。たとえば、取引で会社に製品を売った相手方は、製品を引き渡す代わりに、会社に売買代金の支払いという行為を請求できる権利 —— 債権 —— を有している。債権は所有権などの物権と異なり、相手の協力がなければ実現しない）の利益保護の問題、合併などの企業結合の局面でのそれぞれの会社の株主や債権者の利益保護の問題など、会社の利害関係人（これをステークホルダー（stakeholder）という）の利益を調整するのが会社法の主な役割といえる。

　しかし、これに対して、会社に関する法規制であっても、会社法の射程に入らないものもある。たとえば、その株式が金融商品取引所に上場されている**上場会社**には金融商品取引法が適用されるという意味で、これを会社法の特別法と捉えることもできる。しかし、この法の目的は、株式を含む有価証券を購入している、または今後購入することを検討している投資家の保護であり、会社法の保護の対象である株主より広く、また、金融商品取引の公正、有価証券の流通の円滑、金融商品等の公正な価格形成を図るための規制をしているため、会社法と金融商品取引法は単なる一般法と特別法の関係には立たないという面もある。

　また、会社との間の取引に関しては、一般取引法としての民法、そして企業の取引という面では商法第 2 編の商行為の規定の問題になる。

　さらに、会社で働いている労働者（会社法では、使用人または従業員と捉える）の保護の問題は、労働法の領域に含まれる諸法が規定している。

　このように、会社に関する法規制にはいろいろのものがあるが、既述のように、会社の利害関係人の利害調整を図ることを目的としている法を**実質的意義（広い意味）の会社法**という。

3　会社法の法源

（1）　会社法およびその省令

　平成17年制定の法律86号を「会社法」という。実質的意義の会社法に対して、これを形式的意義（狭い意味）の会社法という。

　「会社法」は、第2編は株式会社、第3編は持分会社（合名会社、合資会社、合同会社）に関する特別規定であるが、その他の第1編総則、第4編社債、第5編組織変更、合併、会社分割、株式交換、株式移転および株式交付、第6編外国会社、第7編雑則、第8編罰則はすべての会社に適用される規定である。第7編は、雑則といっても、会社に関する訴訟・非訟の手続、登記などに関する重要な規定を含んでいる。

　また、「会社法」には、約300の事項について法務省令に委ねる規定が置かれている。法務省令は、会社法の規定を具体化し、また、機動的な見直しが可能になるように会社法の規定に対応する詳細な規定を置いている。これらは、その内容により、「会社法施行規則」（平成18年法務省令12号）、「会社計算規則」（同13号）、「電子公告規則」（同14号）の3省令に分かれている。

（2）　特別法

　「会社法」の特別法として重要なものとしては、「担保付社債信託法」（明治38年法律52号）、金融商品取引法（昭和23年法律25号、証券取引法を平成18年改正により改称）、「商業登記法」（昭和38年法律125号）、「社債、株式等の振替に関する法律」（平成13年法律75号、平成16年改正により改称）、会社更生法（平成14年法律154号）などがある。

　「会社法の施行に伴う関係法律の整備等に関する法律」（平成17年法律87号）は、平成17年の会社法の制定に伴って「有限会社法」、「株式会社の監査等に関する商法の特例に関する法律」等を含む9つの法律を廃止し、それらの廃止に伴う経過措置を定め、また、商法、民法をはじめとする関連規定を整備するために制定されたものである。

4　会社法の歴史

　旧商法とは、明治23年（1890年）に制定された商法のことであり、ドイツ人のヘルマン・レースラー（Hermann Roesler, 1834-1894）によって起草されたものあるが、法典論争の煽りを受けて施行が延期され、その後その中の会社・手形・破産に関する部分だけが明治26年（1893年）から、またその他の部分も明治31年（1898年）から施行された。しかし、明治32年（1899年）に制定された現行商法の施行により、この旧商法は廃止された。

　これに対して、商法は日本人の梅謙次郎、岡野敬次郎、田部 芳の３人により起草されたものであり、その内容は、当時近代法として進化していたドイツ法から強い影響を受けたものといわれている。会社に関する規定は、商法の第２編に置かれた。

　また、その他に、昭和13年に制定された「有限会社法」、株式会社の大会社、小会社に関する特則として昭和49年に制定された「株式会社の監査等に関する商法の特例に関する法律」など、会社に関する法規はいろいろのところに散らばっており、これらを会社法と呼んでいた。

　会社法は、明治32年の商法第２編の制定以後、これまでも何度となく、改正を経験してきた。大きな改正だけでも昭和13年、25年、37年、49年、56年などを挙げることができるが、平成に入ってからはそのスピードは速まり、２年、５年、６年、９年、そして、11年以降は16年まで毎年何らかの改正が行われ、手直しが加えられた。これは、会社を取り巻く国内外の環境の変化が激しく、その変化に対応することを実社会の会社関係者が強く要望したことが影響を与えていると考えられる。

　このように、日本の商法の歴史は、主に会社法の改正の歴史でもあった。その改正は戦前にはドイツから影響を受けたのに対して、戦後はアメリカから影響を受けた。ドイツ法の影響を受けた部分をベースにして、そのあとアメリカ法からの影響を受けた部分を継ぎ足した形となったわが国の会社法は、一貫性が欠けている面がないとはいえず、また、部分改正を何度も繰り返したために全体の整合性がとれていない等の問題を抱えていた。

　しかし、これらの諸規定をひとつの法のもとに法典化し、用語、規定を整

備し、諸制度の食い違いなどを是正し、再編したのが、平成17年の「会社法」である。したがって、これは新法という形をとりながらも、実質的会社法を現代に適合させるために新たな重要な改正を含む（以下、平成17年会社法の制定によって見直された部分を「平成17年改正」と記述することがある）。そして、また、これは今まで幾度となく繰り返されてきた会社法の改正の集大成という意味も併せ持っている。また、この折にその条文は、現代語化という観点から、これまでのカタカナ文語体からひらがな口語体へと書き改められた。まさに、実質的にも形式的にも大きな変革があったといえよう。

　さらに、平成26年には会社法の第1回目の改正が、令和元年には第二回目の改正がなされた。

　以上に記した点を考慮すると、会社法を研究する場合には、「会社法」制定以前の判例・学説の集積と、会社法学という学問の集積に留意しながら進めていくことが大変重要であると考えられる。

　以下、会社法に関する主な改正が行われた年と改正の内容、新法の制定について簡単に記す。それぞれの制度を研究する場合に、適宜参照をしてほしい。

明治44年（1911年）	明治32年商法の欠陥を補うための部分改正。
昭和13年（1938年）	大幅な手直し、条文数も大幅に増加。 ドイツ法を模範にした「有限会社法」を制定。
23年（1948年）	株金分割払込制度を廃止し、全額払込制度を導入。
25年（1950年）	授権資本制度、無額面株式制度、取締役会制度の導入、監査役の権限を会計監査に限定、株主の権利を強化（株式買取請求権、会計帳簿閲覧請求権、株主代表訴訟提起権、取締役の違法行為等の差止権等）。
30年（1955年）	新株引受権に関する改正。
37年（1962年）	大幅な計算規定に関する見直し。
41年（1966年）	定款による株式の譲渡制限を承認。
49年（1974年）	監査役の権限強化。

「株式会社の監査等に関する商法の特例に関する法律」の制定。

昭和56年（1981年）　単位株制度を導入、総会の活性化対策として株主提案権、取締役の説明義務、議長の権限などの法定、総会屋に対する利益供与の禁止。監査制度の見直し。

平成 2年（1990年）　最低資本金制度を導入。設立手続簡素化。

　　 5年（1993年）　株主代表訴訟制度の見直し、監査役制度の強化、大会社における監査役会制度導入、社債制度の見直し。

　　 6年（1994年）　自己株式の取得禁止の緩和。

　　 9年（1997年）　合併規制の見直し。

　　11年（1999年）　株式交換・株式移転制度新設。

　　12年（2000年）　会社分割制度新設。

　　13年（2001年）　6月（自己株式取得の原則禁止を原則許容に変更（金庫株の解禁）、単位株制度の廃止と単元株制度の導入、額面株式の廃止）、11月（新株発行規制、種類株式に関する改正、新株予約権制度新設、会社関係書類の電子化）、12月（株主代表訴訟制度の見直し、監査役会・監査役制度の見直し、取締役の責任の軽減）、と3回の改正が行われた。

　　14年（2002年）　指名委員会等設置会社制度新設。

　　15年（2003年）　自己株式の取締役会による買受けを許容。

　　16年（2004年）　電子公告制度の導入、定款による株券発行廃止許容。

　　17年（2005年）　会社法制定（有限会社を株式会社に統合、機関構成の柔軟化、組織再編の対価の柔軟化、略式組織再編の創設、取締役の責任の原則過失責任化）。

　　26年（2014年）　監査等委員会設置会社制度の新設、社外取締役・社外監査役の要件の見直し、特定責任追及の訴え、組織再編の差止制度、特定支配株主の株式等売渡請求制度。

令和元年（2019年）　株主総会資料の電子提供制度新設、株主提案権の制限、上場会社等における社外取締役の設置強制、取締役の報酬規律の見直し、補償契約およびD&O保険に関する規定、社債管理者制度、株式交付制度。

(**COLUMN**)　ソフトローの重要性

　国家が直接制定し、国民にその遵守を強制するハードローに対して、強制が想定されていないものの、企業・私人の行動に影響を与える規範をソフトローと呼ぶ。近年、会社法分野においても、ソフトローが与える影響が注目を集めている。

　ライブドア事件（☞第21章 3【発展】参照）を発端として敵対的買収の問題が注目を集めた平成17年には、経産省と法務省は合同で「企業価値・株主共同の利益の確保又は向上のための買収防衛策に関する指針」を策定し、企業社会の行動規範を示した。さらに平成19年には、経産省が「企業価値の向上及び公正な手続確保のための経営者による企業買収（MBO）に関する指針」を策定したが、さらに、令和元年には、「公正な M&A の在り方に関する指針—企業価値の向上と株主利益の確保に向けて—」が検討対象を MBO から M&A 全体に広げ、かつ、この間の M&A に関する状況の変化に応じた新たな指針を示した。

　また、コーポレート・ガバナンス強化の観点からは、平成27年には、東京証券取引所と金融庁を共同事務局とする「コーポレートガバナンス・コードの策定に関する有識者会議」が策定した「コーポレートガバナンス・コード原案」に基づいて「**コーポレートガバナンス・コード**～会社の持続的な成長と中長期的な企業価値の向上のために～」（平成30年・令和 3 年に一部改訂）を東京証券取引所は有価証券上場規程として取り入れた。そして、ここでは、 5 つの基本原則、31の原則、47の補充原則、総数83もの諸原則が示されているが、これらを受け入れるかどうかは会社の判断に任され、もしこれを遵守しない場合はその理由を「コーポレート・ガバナンスに関する報告書」において記載すればよいとされる（これを「コンプライ・オア・エクスプレイン原則」という。報告書は公衆に縦覧される）。また、これより 1 年前の平成26年には、同じく金融庁が「『責任ある機関投資家』の諸原則《**日本版スチュワードシップ・コード**》」（平成29年・令和 2 年一部改訂）が公表され、「機関投資家が、顧客・受益者と投資先企業の双方を視野に入れ、「責任ある機関投資家」として当該スチュワードシップ責任を果たすに当たり有用と考えられる」 7 つの原則を定め、会社と機関投資家の間の対話を促進することが企図されたが、これを受け入れるかどうか（ガバナンス・コードと同様、コンプライ・オア・エクスプレインは許される）は、機関投資家自身の判断に委ねられている（受け入れる場合にはその公表が必要である）。これら 2 つのコードが車の両輪のような役割を果たすことによって、我が国におけるコーポレート・ガバナンスの向上が促されることが期待された。そしてさらに平成30年に金融庁は、日本版スチュワードシップ・コードとコーポレートガバナンス・コードの附属文書と位置付けられている「投資家と企業の対話ガイドライン」（令和 3 年改訂）を公表した。

第2章　会社法が規定する「会社」

　会社法が規定する会社とはなにか。これは、会社法制定以前と同様、営利を目的とする社団法人であると考えられる。本章では、会社の営利性、社団性、法人性について説明する。

　平成17年改正前の商法52条1項は、「本法に於て会社とは商行為を為すを業とする目的を以て設立したる社団を謂ふ」との規定を置いていた。しかし、会社法では、2条1号に「会社　株式会社、合名会社、合資会社又は合同会社をいう」という規定はあるが、これは会社の種類を述べたものにすぎず、会社の定義については明文の規定が置かれていない。

　これに対して、会社法3条は、「会社は、法人とする」として、会社はすべて法人であることを明らかにしており、これは平成17年改正前商法54条1項の内容と同様である。

1　会社の営利性

　会社法5条は、会社が「その事業としてする行為及びその事業のためにする行為は、商行為とする」と規定しており、会社は自己の名で商行為をすることを業とするものであるため、会社はすべて商法4条1項に規定する商人（固有の商人）に当たることになる。「業とする」とは、「営利の意思で反復的継続的に活動すること」をいう。商人は一般的には営利を目的とすればよいので、実際に儲けを得ているかどうかは問題にならない。

　しかし、会社概念を捉え直す場合の営利目的については、通説は、以上の

意味に付け加えて、会社が利益を得てそれを会社の構成員である社員に分配することを営利というと考えている。会社法105条2項は、株式会社の株主に剰余金配当請求権、残余財産分配請求権の両方を与えない旨の定款規定は無効であると規定したことも、以上の理解を後押しする1つの理由とすることができると説明される。

2　会社の社団性

　通説は、社団とは、人の集まり（複数人の集合体）と考えている。この広い意味の社団の中に、構成員の個性が濃厚で、構成員間が組合契約で結合する組合と、構成員の個性が希薄で、団体・構成員が社団関係で結合する狭い意味の社団とが含まれると説明する。

　構成員の法的結合関係がいかなるものであるかはさておき、この社団を複数人の集まりと考えることには、ほとんど疑問が呈されなかった。それによって、合名会社、合資会社、有限会社（平成17年改正で廃止）では理論上2人以上がいないと会社を設立することができないと考えられ、また、株式会社では7人の発起人が必要であると特別に規定されていたのでそれに拠っていた（平成2年改正前商法165条）。株式会社の発起人は1株以上の株式を引き受けなければならないため、発起人が7人以上であれば、当然会社成立時の株主の数も7人以上となる。これは、なるべく多くの発起人が設立にかかわり設立に関する責任を負うことで、設立が強固になることを目的とするものと説明されていた。しかし、会社が成立した後は、一般的には会社の構成員が1人になれば会社は解散しなければならないと規定されているのに（平成17年改正前商法94条4号、147条、平成2年改正前有限会社法69条1項5号）、株式会社の場合だけ、会社成立後株式の譲渡により株式が1人に集まって株主が1人になったことを会社が解散しなければならない事由として法が挙げていなかったため、株式会社は一人会社（株主が一人のみである会社）のまま存続することが認められていると解釈されていた。

　しかし、株式会社が設立時にダミーを利用して発起人を形式的にそろえるなどして発起人の数を満たしても、かえって法律関係を混乱させるだけで、

設立時に重視されるべきなのは一定以上の資本を会社が備えることであるとの考えのもとに、平成 2 年の改正で、「 7 人以上の発起人」を必要としていた規定を削除したため、一人設立が認められたと解釈され（平成 2 年改正商法165条）、また、有限会社法でも解散事由から「社員が 1 人となったこと」を削除した。そのため、株式会社、有限会社において、ともに設立時・設立後に一人会社を認めることになった。

　このようなことを背景に、株式会社や有限会社は社団とはいえないのではないかとの疑問が生じていた。しかし、通説はこの疑問に対して、 1 人の株主の持っている株式（有限会社だと持分）の一部を譲渡することで、会社の構成員は容易に複数になる可能性があるとして、このような 1 人の株主しかない株式会社にも「潜在的社団」があるという説明で切り抜けていた。

　ところが、平成17年会社法では、合名会社、合資会社、合同会社（平成17年改正で創設）でも、「社員が欠けたこと」が解散事由となり（641条 4 号）、社員が 1 人となっても解散をする必要がないとしたため設立も 1 人で行うことができると解することに対する支障がなくなった（ただし、合資会社には 2 種類の責任を負う社員が必要なので、設立時の発起人は 2 人以上であるが、社員が 1 人になっても、合名会社・合同会社として存続する（639条））。

会社の発起人の数に関する法規制の推移（会社設立時）

	平成 2 年改正前	平成 2 年改正	平成17年改正
合名会社	2 人以上	2 人以上	1 人以上
合資会社	2 人以上	2 人以上	2 人以上
有限会社	2 人以上	1 人以上	－
株式会社	7 人以上	1 人以上	1 人以上
合同会社	－	－	1 人以上

会社の構成人の数に関する法規制の推移（会社設立後）

	平成 2 年改正前	平成 2 年改正	平成17年改正
合名会社	2 人以上	2 人以上	1 人以上
合資会社	2 人以上	2 人以上	1 人以上
有限会社	2 人以上	1 人以上	－
株式会社	1 人以上	1 人以上	1 人以上
合同会社	－	－	1 人以上

このように例外が徐々に広く認められることになったために、会社の性質として社団性を挙げることはできなくなったと解することもできなくはない。会社法が、平成17年改正前商法52条1項の「会社は社団である」という趣旨の規定を引き継がなかったのも、そのことが理由であると説明する学者もいる。

しかしながら、会社の共同企業たる性質から考えると、会社は複数人の結合により成り立つことが原則である。したがって、現行法の下でも、会社は社団性を有していると考えるべきである。

3　会社の法人性

本章の冒頭で述べたように、会社法3条は「会社は、法人とする」と規定しているので、会社はすべて法人である。法の主体には、生きて動いて活動する人間である自然人と、法が認めた人格である法人がある。

法人は、法律の規定によって成立する（民法33条1項）。会社の場合には、会社法の規定にしたがい設立したものを法人と認めるという準則主義がとられている（他方、非営利法人については、民法は従来主務官庁の許可を必要とするという許可主義の立場をとっていたが、平成18年の「一般社団法人及び一般財団法人に関する法律」により準則主義になり、その法人が公益目的事業を行うものと行政庁の認定を受けることによって、公益法人となることになった（公益社団法人及び公益財団法人の認定等に関する法律））。

法人は、独立して権利を持つことができ、義務も負うことができる（権利義務の帰属主体である）。会社の財産は構成員の財産とは区別され、たとえば会社社屋は会社自身が所有するものであって、社長本人のものではなく、また、社員のものでもない。また、会社が借金をした場合も、原則としては、会社の財産によって支払わなくてはならない。法人は法人の名前において訴訟を提起し、また、訴えを提起される（民事訴訟法28条）。

会社の住所は、本店の所在地にあるものとされる（4条）。また、会社はその名称として商号（営業上自己を表示するために用いる名称）を用いる（商号については、☞第3章Ⅰ参照）。

（1）　法人格否認の法理

社団に対して法が法人格を与えたのであれば、その趣旨を曲げるようなやり方で法人格を利用している者に紛争が生じている場合には、その問題に限って、その法人格というベールをはがし、会社の背後にある個人を捕まえて実態に適した取扱いをするということが必要である。これを**法人格否認の法理**という。しかし、これは、その会社を取り巻くすべての関係において、その会社の法人格を全面的に否定するものではない。

法人格否認の法理によって問題を解決したリーディングケースとして、最高裁昭和44年2月27日判決（民集23巻2号511頁）がある。これは、以下のような事例であった。

Y会社は電気器具を販売している株式会社であるが、個人企業が法人なりしたものであり、その実体は個人企業と異なるところがない。Y会社は、Xから店舗として不動産を賃借していた。Xは賃貸物件の返還を請求したが、Y会社はそれに応じない。Xが提訴して、Y会社の経営者であるAと和解が成立した。しかし、のちに経営者Aは和解契約の当事者はAであるため、「Y社の使用分については明け渡さない」と主張し、裁判となった。

最高裁の判決は、「社団法人において法人とその構成員たる社員とが法律上別個の人格であることはいうまでもなく、このことは社員が1人である場合でも同様である。しかし、およそ法人格の付与は社会的に存在する団体についてその価値を評価してなされる立法政策によるものであって、これを権利主体として表現せしめるに値すると認めるときに、法的技術に基づいて行なわれるものなのである。従って、法人格が全くの形骸にすぎない場合、またはそれが法律の適用を回避するために濫用されるが如き場合においては、法人格を認めることは、法人格なるものの本来の目的に照らして許すべからざるものというべきであり、法人格を否認すべきことが要請される場合を生じるのである。」と判示し、X・A間の裁判上の和解は、A個人の名前でなされたとしてもY会社の行為と解することができるとして、Xが勝訴した。

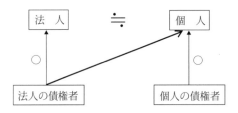

法人とその背後の個人とは異なるので、法人の債権者は本来は法人にしか責任を追及できない。しかし、この実態が１つである場合、法人の背後の個人にも責任追及を認めるのが、法人格否認の法理である。

　法人格否認の法理はアメリカの判例法で認められた法理論であるが、わが国でも、昭和40年代からこれを取り入れた判例が多く出された。学説は、法人格否認が認められる事例を、濫用事例（法人格を利用する者がその背後にあって不当な目的のために単なる道具として法人格を利用している事例）と形骸事例（実体は個人企業であるような企業が法人なりしているような事例）に分けて説明した。しかし、必ずしも事例がこの２つに判然と分かれるのではなく、どちらであるか不分明であるものや、どちらでもあるものなども存在する。

　しかし、法人格否認の法理については根拠条文がなく、強いて挙げるとすれば、民法１条３項の権利濫用の禁止がこれに当たるといえるくらいである。しかも、この条文も一般条項であるため、法人格否認の法理そのものを理由とする判決には、批判もある。

　そこで、たとえば株式会社の場合において、会社が借金をして倒産し、金が返せなくなったような場合、経営に失敗した結果会社が倒産したのだから、取締役に損害を賠償させる訴訟が提起される（これは、取締役を法人と同一視できる場合には法人格否認の法理によって問題を解決することも可能であるが、「役員等の第三者に対する責任」を規定した条文（429条１項）が別に存在するので（☞第19章５参照）、これを活用することで、法人という隠れ蓑を用いて会社債権者を翻弄する取締役の責任を追及することもできる）。

（2）　法人の能力

　前述のように、会社は法人であるため、自然人と同様、その名前で権利を持ち、義務を負うことができる。しかし、会社は、たとえば、身体・生命に関する権利や身分法上の権利のような自然人であることを前提にした権利は享有することができないと考えられる。

　また、会社は一定の目的をもって設立される。たとえば、株式会社では、それは定款に記載され（27条1号）、登記でも開示される（911条3項1号）。たとえば、鉄鋼会社では「鉄鋼の製造および販売ならびにこれに付帯する事業を営むこと」などのように記載される。民法34条は、「法人は、法令の規定に従い、定款その他の基本約款で定められた目的の範囲内において、権利を有し、義務を負う」と規定している。このことから、会社の権利能力が定款の範囲内の行為に限定されているとしたら、会社が目的の範囲外の行為は法的な効力はない（無効）ということになり、会社はそれについて責任も負わないことになる。そのことによって、定款の規定する目的にしたがって営業がなされることに信頼して会社に出資をした株主の信頼は守られることになるが、他方、会社と取引をした相手方は、当然定款の範囲内の行為であると信じて取引をしたのに裏切られ、損害を被ることになる。そこで、取引の安全を守るため、判例や通説は、会社の目的をなるべく広く解釈しようとする。つまり、「目的から広く演繹しうる行為」までそれを拡大して解釈しうると考えるのである。また、目的の範囲を定款の記載にかかわらず、「営利行為全般」と解してよいとする有力説もある。

【発展】

会社と政治献金〈八幡製鉄政治献金事件〉

　会社が政治献金をすることが会社の権利能力の範囲に含まれるか否かは、会社定款の目的の範囲と絡んで問題となる。最高裁昭和45年6月24日の判決（民集24巻6号625頁）は、会社は自然人と同じく国家、地方公共団体、地域社会その他の構成単位である社会的実在なのであるから、社会的作用を負担せざるを得ないのであって、会社が政治献金をする能力がないとはいえないとし、会社による政治献金の寄付は会社の定款所定の目的の範囲内の行為であるとし、また、寄付が合理的範囲を超えないものであれば、取締役は責任を負わないとした。

　判決が出た当時、会社が政治献金をすることで政党とその会社に癒着が生じ、政治献金をした会社がしない会社に比して不当に厚遇されるなどの状況に対して会社の献金を一括して規制すべきであるという観点からこの判決に批判もなかったわけではないが、現在では、そのような問題は政治資金規正法などによって規制されるべきであって、会社法の解釈によってそれを行おうとすると、かえって問題をゆがめてしまう可能性があるという考え方が通説である。

総　論　　株式会社

第3章　会社に適用される総則規定

 会社法第1編総則の第2章から第4章（会社の商号、会社の使用人等、事業の譲渡をした場合の競業の禁止等）の規定について説明する。

　これらは、商法第1編第4章、第6章、第7章に規定されているものと実質的には同様の規定である。

　商法4条1項では、「この法律において『商人』とは、自己の名をもって商行為をすることを業とする者をいう」と規定し、また、会社法5条では「会社（外国会社を含む。……）がその事業としてする行為及びその事業のためにする行為は、商行為とする」という規定があるから、会社もまた、商法4条1項が規定する「商人」（固有の商人）に当てはまる。そこで本来は、会社にも商法の規定を適用すればそれで済むわけであるが、平成17年に会社法が制定された際に、会社に関する規定はすべて会社法で参照できるようにするために、会社法で商法総則の規定を会社固有のものとして規定し直し、商法第1編のうち4章以下の規定では商人から会社を除くと規定することで（商法11条1項かっこ書き）、その重複が避けられている。

1　会社の商号

　商号とは、商人（会社も含む）が営業・事業上の活動において自己を表すために用いる氏、氏名、その他の名称をいう。会社を除く商人は、自由に商号を選定することができ、それを登記するかどうかも自由であるが（商法11条）、法人である会社では、単一の固有の名称をその会社に与えなければならず、

それは定款に規定され（27条2号、576条1項2号）、登記事項として開示される（911条3項2号、912条2号、913条2号、914条2号）。

（1）　会社の商号の使用に関する規制

　会社は社員が会社債権者に対してどのような責任を負うかが会社の種類によって異なるため、会社の商号中には、合名会社、合資会社、合同会社、株式会社という文字を用いなければならないこととされ、また、会社はその商号中に他の種類の会社と誤認されるおそれのある文字を用いてはならないとされている（6条）。さらに、会社でない者は、その名称または商号中に、会社と誤認されるおそれのある文字を用いてはならない（7条）。

　会社を含む商人は、他人の妨害を受けずに商号を使用することができる権利（商号使用権）と、他人が同一・類似の商号を使用することを一定の場合に排除できる権利（商号専用権）を有する。何人も、不正の目的をもって他の会社であると誤認されるおそれのある名称または商号を使用してはならないとされ、この規定に違反する名称または商号の使用によって営業上の利益を侵害され、または侵害されるおそれがある会社は、その営業上の利益を侵害する者、または侵害するおそれがある者に対し、その侵害の停止または予防を請求することができる（8条）。通説は、この規定の「不正目的」を、他の氏、氏名、商号（登記商号、未登記商号を問わず）その他の名称を勝手に自分の商号として使用することで、自己の事業をその商号によって表示される他の会社の事業であるかのように一般に誤認させる意図をいうと解している。

　また、商業登記法上の規制として、他人の既に登記した商号と同一商号を、その営業所（会社では本店）の所在場所と同一の所在場所で登記することができないとされている（商業登記法27条）。

　以上に述べた、他の種類の会社であると誤認させるおそれのある文字の使用の禁止（6条3項）、会社と誤認されるおそれのある文字の使用の禁止（7条）、不正の目的をもってする、他の会社であると誤認させる名称等の使用の禁止（8条1項）に違反した場合には、100万円以下の過料に処される（978条）。

　なお、不正競争防止法は、他人の商品等表示（人の業務に係る氏名、商号を含む）として需要者の間に広く認識されているものと同一もしくは類似の商品等表示を使用するなどして、他人の商品または営業と混同を生じさせる行為を行った場合や自己の商品等表示として他人の著名な商品等表示と同一もしくは類似のものを使用した場合を不正競争として扱い（不正競争防止法2条1項1号・2号）、不正競争によって営業上の利益を侵害され、または侵害されるおそれがある者は、その営業上の利益を侵害する者または侵害するおそれがある者に対し、その侵害の停止または予防を請求することができ（同法3条）、故意または過失によって不正競争を行って他人の営業上の利益を侵害した者は、これによって生じた損害を賠償する責任を負い（同法4条）、裁判所は、営業上の信用を害された者の請求により、この者に対して損害賠償の代わりに、あるいは、損害賠償に加えて営業上の信頼を回復するのに必要な措置を命ずることができるとされている（同法14条）。また、違反者は、5年以下の懲役（懲役・禁錮刑は令和4年の改正刑法により拘禁刑となっており、令和7年までに施行される。以下、本書において同じ）もしくは500万円以下の罰金に処される（同法21条2項1号・2号）。

（2）　名板貸人の責任

　自己の商号を使用して事業または営業を行うことを他人に許諾した会社は、当該会社が当該事業を行うものと誤認して当該他人と取引をした者に対し、当該他人と連帯して、当該取引によって生じた債務を弁済する責任を負う（9条）。この場合、自己の商号を使用して事業または営業を行うことを他人に許諾した者を名板貸人、許諾された者を名板借人という。許諾の形式は明示でも黙示でもよいとされ、商号の利用の許諾により名板貸人が事業を行っているかのような外観が作り出され、その外観を作り出した責任が名板貸人にある場合に、その外観を信頼して取引をした取引相手を保護するための規定であり、外観法理あるいは禁反言に基づく規定であると解されている。この規定においては、名板貸人は会社に限定されているが、名板借人は会社に限られず、営業を行っている者であればよい。また、取引相手は悪意であっては保護されず、重過失も悪意と同様に扱うとするのが判例（最判昭和41年1

月27日民集20巻1号111頁）・多数説の見解である。

2　会社の使用人等

　第1編第3章は会社の使用人等を扱っている。会社は単にその所有している物的財産のみで会社を営業できるのではなく、人的にその活動を補助してくれる使用人等を利用することにより、さらに幅広い活動が可能となる。

（1）　会社の使用人

　商業使用人とは、一般的に、契約により特定の商人（営業主という）に従属して商人の営業上の対外的な活動を補助する者をいい、営業主と商業使用人は指揮服従関係にあり、委任契約、請負契約、雇用契約等に基づいて、何らかの営業上の代理権が与えられている。

　民法では、代理権を与えられた代理人が本人のために第三者と行為をすると、その効果は本人と第三者の間に生ずる。その代理権は、代理権授与によって個別に与えられ、その範囲もその度ごとに異なるのが一般である。

　しかしこれに対して、商法、会社法では、営業のために同じ種類の取引を繰り返して商業使用人に行わせるため、商人、会社は包括的な代理権を与える方が便宜であり、また、取引相手もその商業使用人を信頼して取引することができれば、より取引の安全が図られることになる。

　会社の使用人として規定されているものとして、支配人（10条以下）、ある種類または特定の事項の委任を受けた使用人（14条）、物品の販売等を目的とする店舗の使用人（15条）がある。

①　支配人

　会社の**支配人**とは、会社に代わってその事業に関する一切の裁判上または裁判外の行為をする権限（支配権）を有する商業使用人である（11条1項参照）。支配人は他の使用人を選任、解任することができ（同条2項）、支配人の代理権に加えた制限は、善意の第三者に対抗することができない（同条3項）。支配人とは、現在ではホテルの支配人くらいしか肩書として使用されている例

がないが、実社会では、支店長、マネージャー、店長などの肩書を与えられている者が、包括的な代理権を与えられていることが多い。

　支配人は、委任、雇用から生ずる一般的義務として、善管注意義務（民法644条）、報告義務（同法645条）などを負うほか、会社の許可なく、以下の行為をしてはいけないという特別の義務を負っている。禁止されている行為は、ⓐ自ら営業を行うこと、ⓑ自己または第三者のために会社の事業の部類に属する取引をすること（競業避止義務）、ⓒ他の会社・商人の使用人となること、ⓓ他の会社の取締役、執行役、または業務を執行する社員となることである（12条1項）。支配人の有する支配権は大変広い権限であり、自分や自分の身近な者の利益のためにその権限を利用して営業主の利益を害する可能性も少なくないと考えられるため、法は支配人に特別の義務を負わせているのである。代理商や株式会社の取締役にも同様の点から特別の義務が課されているが（17条、356条1項1号）、支配人の禁止されている行為の範囲は、これらに比して特別に広い。

　支配人が会社の許可なくこれらの行為を行った場合、支配人は債務不履行により会社に対する損害賠償責任を負う。しかし、支配人が競業取引を行った結果会社が負った損害の算定は困難であるため、当該行為によって支配人または第三者が得た利益の額は、会社に生じた損害の額と推定されるという規定が置かれている（12条2項）。

　会社の本店または支店の事業の主任者であることを示す名称を付した使用人を**表見支配人**という。表見支配人は、当該本店または支店の事業に関し、一切の裁判外の行為をする権限を有するものとみなされる（13条本文）。本来、支配人であるか否かは、前述のごとく、支配権を有するか否かによって定まるのであるが、このような名称を会社が使用することを許諾して（明示、黙示どちらでも構わない）、その者が支配人であるかのような外観を生じさせたことに対して責任があると考えられる場合に、取引の安全を図るため、外観法理、禁反言によりこのような規定が置かれている。ただし、取引の相手方が悪意の場合は、その相手方は保護されない（13条ただし書き）。

②　事業に関するある種類または特定の事項の委任を受けた使用人

　事業に関するある種類または特定の事項の委任を受けた使用人は、当該事項に関する一切の裁判外の行為をする権限を有し、これに反する使用人の代理権に加えた制限は善意の第三者に対抗することができないとされる（14条）。平成17年改正前の商法では、この商業使用人を江戸時代の商店等で用いられていた番頭、手代などと呼称していたが（平成17年改正前商法43条参照）、現代では、会社の部長、課長、係長、主任等の肩書を持つ者がこれに当たる例が多いであろう。

③　物品の販売等を目的とする店舗の使用人

　物品の販売等を目的とする店舗の使用人は、その店舗にある物品の販売等をする権限がある者とみなされるが、相手方が悪意であった場合にはこの限りではないとされている（15条）。物品の販売等を目的とする店舗の使用人は、その物品の販売等に関する代理権を有する場合が一般的であるが、例外的に代理権を有しない場合もあり得る。しかし、顧客は代理権を有する者であると信用して取引関係に入ることが通常であることを考慮して、顧客を保護するために置かれた規定と解することができる。

（2）　会社の代理商

　会社の代理商とは、一定の会社のために、平常その事業の部類に属する取引の代理または媒介をなす者で、商業使用人ではないものをいう（16条かっこ書き）。特定の会社を補助するという点では、商業使用人と同様であるが、代理商は会社に従属せず、自らも営業を行う商人である（商法4条1項、502条11号・12号）。また、代理商は、会社の代理人として契約を締結する締約代理商と、契約が成立に至るように仲介、あっせん、勧誘等を行う媒介代理商とに分けられる。会社と代理商との関係は、締結された代理商契約によって定まる。

　代理商は会社に対して、取引の代理または媒介をしたときは、遅滞なく、会社に対してその旨の通知を発しなければならない義務を負う（16条）。また、代理商は、会社の許可を受けなければ、①自己または第三者のために、

会社の事業の部類に属する取引をすること（競業避止義務）、②会社の事業と
同種の事業を行う他の会社の取締役、執行役または業務を執行する社員とな
ることができず、これに反した場合には会社の受けた損害を賠償しなければ
ならないが、競業取引により代理商または第三者が得た利益の額は会社に生
じた損害の額と推定される（17条）。支配人にも競業避止義務などが課され
ているが（12条参照）、禁止行為の範囲は支配人の方が広い。支配人は会社に
従属する立場であるが、代理商は自身も固有の商人であるため、禁止行為の
範囲がより狭く設定されている。

　代理商は、当事者が別段の意思表示をした場合を除き、取引の代理または
媒介をしたことによって生じた債権の弁済期が到来しているときには、その
弁済を受けるまでは、会社のために当該代理商が占有する物または有価証券
を留置することができる権利を有する（20条、代理商の留置権）。代理商も、あ
る物に対して生じた債権を担保するためにその物を留置できる民法上の留置
権（民法295条）や、商人間においてその双方のために商行為により生じた債
権が弁済期にあるときは、その債権を担保するために、その債務者との間に
おける商行為により自己の占有に属した債務者所有の物または有価証券を留
置できる商事留置権（商法521条）もこれらの条件を満たせば行使できるが、
20条の留置権は代理商だけが行使できる固有の留置権である。代理商は、債
権の弁済を受けるまでは目的物を留置することができ（民法295条1項）、そこ
から生じた果実を収得して優先弁済に充てることもできる（同法297条）。競
売は認められるが（民事執行法195条）、他の債権者とともに配当に加入できる
だけで、他の債権者に先んじて弁済を受ける権利はない。

　物品の販売またはその媒介の委託を受けた代理商は、売買の目的物の瑕疵
または数量の不足、その他の売買の履行に関する通知を受ける権限を有する
とされている（18条）。相手方は代理商に通知すれば、本人に通知したのと同
様となる。相手方の保護を図った規定である。

　会社と代理商間の代理商契約は、契約期間の定めがない場合には2か月前
までに予告をして契約の解除をすることができるが、やむを得ない事由があ
る場合には例外的にいつでも契約を解除できる（19条）。

3　会社の事業譲渡と競業禁止等

　ここでいう事業譲渡とは、単なる会社の財産の譲渡ではなく、一定の営業目的のために組織化され有機的一体として機能する財産（それには得意先やのれん等も含まれる）の譲渡をいう（この点については、第25章Ⅰで詳しく説明する）。会社が事業の全部あるいは重要な一部の譲渡、他の会社の事業の全部の譲受けをする場合には、株主総会決議が必要である（467条1項1号〜3号）。平成17年改正前は会社の「営業」譲渡という用語が用いられていたが、改正後は「事業」譲渡となった（内容的差異はないとされている）。

（1）　譲渡会社と譲受人の間の関係

　事業譲渡当事者間で特約がない限り、事業譲渡会社は事業譲渡をした日から20年間、同一の市町村（特別区および地方自治法252条の19第1項の指定都市にあっては、区または総合区を含む）の区域内およびこれに隣接する市町村の区域内で同一の事業を行ってはならない（21条1項）。また、譲渡会社が同一の事業を行わない旨の特約をした場合、その効力は事業譲渡をした日から30年を限度とする（同条2項）。また、譲渡会社は不正競争の目的をもって同一の事業を行ってはならない（同条3項）。

　事業譲渡会社が事業を譲渡した後もその事業を継続した場合、譲受人の利益を侵害する可能性があるため、事業譲渡会社の競業避止義務を明文化したものである。

（2）　譲渡人が第三者に対して負う責任

　事業譲渡により、契約でこれを除外しない限り、その事業に含まれる債務も譲渡会社から譲受会社に引き継がれるのが通常であるが、債権者に対する関係では、債務引受け（民法470条以下）などの債務負担行為がなければ譲受人は債務者とはならない。

　しかし、その債務の債権者が債務者の交代を知らない場合には債務者の同一性についての外観が存在し、また、事業譲渡の事実を知っていた場合も譲受会社が債務を引き受けたと考える場合には債務引受けの外観が存在するた

め、このような外観を信頼した債権者の保護を図るため、事業譲渡の際に譲受会社が譲渡商号を引き続き使用する場合には、譲受会社は譲渡会社とともに譲渡会社の事業によって生じた債務を弁済する責任を負う（22条1項）。商号を続用しても、譲受会社が遅滞なくその本店所在地において、譲渡会社の債務を弁済しない旨を登記した場合、または第三者に対しその旨を通知した場合には、譲受会社は責任を負わない（同条2項）。これに対して、商号を続用しない場合には、原則として、譲受会社は責任を負わないが、譲受会社が譲渡会社の事業によって生じた債務を引き受ける旨の広告をしたときは、譲受会社も責任を負う（23条1項）。22条1項および23条1項の規定する、譲渡会社と譲受会社が負う責任は不真正連帯債務であると解され、この場合の譲渡会社の責任は、22条1項の場合は事業を譲渡した日、23条1項の場合は公告があった日から2年以内に請求または請求の予告をしない債権者に対しては消滅する（22条3項、23条2項）。

　譲渡会社が譲受会社に承継されない債務の債権者（残存債権者）を害することを知って事業を譲渡した場合には、残存債権者は譲受会社に対して、承継した財産の価額を限度として当該債務の履行を請求できるが、この譲受会社の責任も、譲渡会社が残存債権者を害することを知った時から2年以内に残存債権者が請求または請求の予告をしない場合、または、事業譲渡が効力を生じた日から20年を経過した場合には消滅する（23条の2）。

　また、譲渡会社の事業によって生じた債権について、事業譲渡に際して商号が続用された場合、弁済者が譲受会社に善意でかつ重大な過失がなく弁済をしたときには、その弁済は有効である（22条4項）。

　会社が商人に事業を譲渡した場合は、商法17条ないし18条の2を適用し、会社が商人から営業を譲り受けた場合は会社法22条ないし23条の2を適用する（24条）。

第4章　会社の種類

会社法は株式会社と持分会社を区別して規定している（第2編、第3編
参照）。持分会社の中には、合名会社、合資会社、合同会社がある。それ
ぞれの会社の特質について説明する。

　会社法上の会社には、合名会社、合資会社、合同会社、株式会社がある（2
条1号）。その種類は、会社債権者に対して社員が負う責任によって区分さ
れている。本来、会社の属性にはさまざまのものがあって構わないが、会社
債権者に対して会社が責任を負うほかにその社員（社団の構成員としての社
員）がどのような責任を負うかについて、債権者は強い関心を持っているた
め、法は会社として以上の4種類のみを定型化し、会社法上の会社としてこ
れ以外のものを認めないという立場をとっている。
　会社の商号には○○株式会社のように会社の種類を含めなければならず、
異なる種類の会社と誤認されるおそれがある文字を商号中に用いることは禁
じられ（6条）、また、会社でない者がその名称や商号中に会社であると誤認
されるおそれがある文字を用いてはならない（7条）。

1　持分会社と株式会社

　合名会社、合資会社、合同会社を総称して**持分会社**といい、会社法におい
ては、この持分会社と株式会社が対比される。
　持分会社の**持分**とは、社員の地位のことである。この社員の地位（持分）
は社員1人に対して一つ与えられるが（**持分単一主義**）、それぞれの大きさが

異なる。持分会社では、原則として社員が業務執行を行い（590条1項）、社員が2人以上ればその過半数で決定をし（同条2項）、また重要事項の決定については総社員の同意を必要とする（例：637条）。そのため、持分会社の運営は、社員どうしがお互いを理解して協力しなければ難しく、あまり多くの社員の結集は不可能で、資金を集めるにも限界がある。社員の持分の譲渡についても、原則として他の社員全員の承諾が必要である（585条1項）。

　持分会社は、小規模でかつ閉鎖的な会社であるといえる。

　それに対して、株式会社は、**株式**制度に基づいた会社である。株式会社の構成員は社員とは呼ばず株主という。この株主の地位を株式という。株式は、すべて均一の単位で分かれており、株主はその持株数に応じて会社から平等な待遇を受ける。たとえば、10株を持っている株主は、1株を持っている株主の10倍の議決権を認められるなど、所有する株式の数により比例的に取り扱われる（**持分複数主義**）。会社にとって株主は原則として誰でもよく、株式の譲渡は自由である。また、大勢の株主がそのまま経営に携わるのは無理があるため、株主以外からも経営に手腕のある人であれば取締役に選任して経営に当たらせることができる（所有と経営の分離）。このような仕組みにより、株式会社は多くの資金を集めることができるために、大規模でかつ公開性のある会社をつくり出すことが可能になる。

　以下、まず、持分会社である合名会社、合資会社、合同会社のそれぞれの特徴について考え、次に株式会社の特徴について考えてみよう。

2　持分会社（合名会社、合資会社、合同会社）

（1）　持分会社の社員の責任

　会社は前述したように、法人であるから、法人自身が債務を負い、固有の財産を持つ（☞第2章3参照）。そのため、会社債権者はまず取引の相手方である会社に対して会社の財産で支払いをすることを求めるが、会社に財産のない場合には債権者は満足を得られないままになってしまう。合名会社は、会社債権者に対して社員の出資額に限らず無限に責任を負う社員（**無限責任社員**）のみで構成されているが（576条2項）、合資会社は無限責任社員と出資

の価額を限度として責任を負う社員（**有限責任社員**）から構成されている（576条 3 項、580条 2 項）。会社がその財産で債務を完済できなかった場合、あるいは、会社財産への強制執行が効を奏しなかった場合に、これらの社員は会社債権者に対して連帯して責任を負う（580条 1 項）。会社債権者は社員に対して直接に責任を追及できるから、このような責任を**直接責任**という。

　これに対して、合同会社は、有限責任社員のみで構成されているが（576条 4 項）、合同会社の社員は会社が成立するまでに出資の履行を求められるため（578条）、会社が成立すれば会社債権者から責任を追及されることはない。すなわち、この場合、社員から出資された財産が会社債権者の担保となり、社員は会社債権者に対して直接責任を負うことはない（直接責任に対比して、これを**間接責任**という）。

持分会社の社員の責任

合名会社	直接無限責任
合資会社	直接無限責任、直接有限責任
合同会社	間接有限責任

　これをさらに持分会社の社員がＡＢＣの 3 人である例を用いて詳しく説明すると、合名会社で社員ＡＢＣがそれぞれ10万円ずつ出資して会社を設立し、会社に対して90万円の債権を有している債権者が会社に対して請求しその会社の財産でその債務を完済できなかった場合、または、会社財産に対する強制執行が効を奏しなかった場合には、ＡＢＣは債権者に対して連帯責任を負うため、その債務の全部の履行を請求されれば、90万円全額の支払いをしなければならない（580条 1 項、民法436条）。民法では、多数の債務者が債務を負う場合、債務者はそれぞれ等しい割合で義務を負うのが原則であり（分割債務、民法427条）、それによればそれぞれ30万円ずつ責任を負うのであるが、会社法ではこの場合の責任を連帯責任とし、債権者が容易に債権を回収することができるようにしているのである。したがって、債権者からＢが請求を受けた場合には、Ｂは債権者に90万円を支払ったのち、ＡとＣにその負担部分について求償することができる（民法442条）。

　以上のことから、合名会社では、会社自体に財産があるかということより

も、誰が社員であるかが重要であると考えられる。

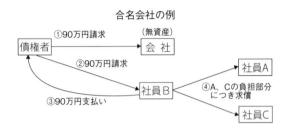

合名会社の例

次に、これが合資会社で、社員ＡＢが無限責任社員、Ｃが有限責任社員である場合は、会社債権者は会社に請求した後、ＡＢに対しては直接に無限の責任を、Ｃに対してはＣの出資額の限度で（580条2項）責任を追及できる。合資会社の有限責任社員は、合資会社の設立前には出資を履行することを強制されていないので（この点合同会社と異なる。578条参照）、その出資が履行されていない範囲で直接債権者から請求を受ける。

このように有限責任社員が債権者に対して負う責任は無限責任社員のものより軽いので、安心して出資に応じてくれる者が増え、合名会社よりも容易に資金を募れるのが、合資会社のメリットである。

合同会社では、社員ＡＢＣがみな有限責任社員であり、会社設立前にその出資の履行を終えているため、会社が支払いに応じられなくても、社員は会社債権者に対して責任を負うことはない。

合資会社の有限責任社員が自己を無限責任社員であると誤認させる行為をした場合の責任、合資会社・合同会社の有限責任社員がその責任の限度を誤認させる行為をした場合の責任については588条、持分会社の社員でない者が自己を持分会社の無限責任社員または有限責任社員であると誤認される行為をした場合の責任については589条が規定している。

COLUMN　合同会社の特徴

　合同会社は、平成17年の会社法制定時に新設された会社制度である。アメリカの LLC（Limited Liability Company）を参考にしたので、立法段階では日本版 LLC といわれていた。株式会社とは、①社員が間接有限責任を負うため、社員が設立前に全額出資を完了しなければならないこと（578条）、②計算・剰余金規制については、株式会社並みに厳格であること（計算書類の債権者閲覧について625条、剰余金分配の制限について628条を参照）の点で類似しているが、株式会社よりも定款自治の範囲が広く認められて使い勝手が良いため小規模な会社やベンチャー企業などを設立する場合に便利で、株式会社では会計監査人の設置が強制され、決算公告もしなくてはならないが、合同会社ではいくら規模が大きくてもその必要はない。

　また、合同会社が立案されていた当時においては、実務的にはパス・スルー課税（税金が会社に課税されずに、直接出資者に課税される仕組み。会社が損をした場合には節税になる）が期待されていたが、有限責任事業組合契約に関する法律（平成17年5月6日公布）によって創設された有限責任事業組合（LLP（Limited Liability Partnership））はその組合としての性質を考慮されて、パス・スルー課税を認められたが、合同会社にはそれが認められなかった。しかし、LLP の法的性質は組合なので、1人での設立は認められず、設立後に組合員が1人になると組合は解散に至る（同法37条2号）。また、合同会社のように会社ではないので、会社に組織変更することも、組織再編することもできないなど、合同会社の方が優れている点もある。

（2）　持分会社の種類の変更

　平成17年改正より前は、合名会社、合資会社、株式会社が設立後その同一性を保ちつつ他の種類の会社になるためには、会社の組織変更のための手続が必要とされていた。しかし会社法では、合名・合資・合同会社を持分会社として株式会社と対比させ、株式会社から持分会社、持分会社から株式会社への変更は組織変更であるが（743条以下、☞第28章参照）、持分会社どうしの種類の変更は組織変更ではない。したがって、たとえば合名会社は、その定款における社員の責任に関する定めを変更して新たに有限責任社員を追加するか、あるいは一部の無限責任社員の中から少なくとも1人を有限責任社員に変更することによって、合資会社にすることができる（638条1項1号・2号）。

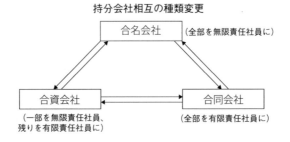

持分会社相互の種類変更

（3）　持分会社の設立・運営・投下資本の回収・退社

　持分会社を設立するためには、定款を作成し（575条〜577条）、設立登記（579条）を行うのみでよい。ただし、合同会社の場合には、社員の責任が間接有限責任なので、その設立前に社員が出資の履行を完了しなければならない（578条）。

　平成17年改正により、社員が1人で持分会社を設立できるようになり（☞第2章2参照。制度上、合資会社は社員が2人以上必要）、社員が1人になっても会社が解散しない旨が定められた（641条4号では、「社員が欠けたこと」を解散事由としている）。また、平成17年改正前商法55条では、会社が他の会社の無限責任社員になることを禁じていたが、平成17年改正でこの規定は削除された。

　有限責任社員は設立に際して金銭等の財産を出資することしか認められない（576条1項6号かっこ書き参照）のに対して、無限責任社員は信用や労務も出資の対象にすることができる（したがって、提供した信用や労務を評価して持分を与えることができる）。

　設立の瑕疵については、設立無効の訴（828条1項1号）に加えて、設立取消しの訴（832条）が設けられている。

　持分会社の運営に関しては、社員は原則としてそれぞれ業務執行権を持つ（590条1項。定款でそれに反する規定をすれば、一部の社員が業務を執行しないことを認めることができる。業務を執行する権利を有しない社員にも会社の業務・財産の状況を調査できる権利が与えられる（592条））。社員が2人以上いる場合に

は、定款に別段の定めがある場合を除き、社員の過半数で業務執行を決定するが（590条2項3項）、日常の業務は各社員が単独で行う（同条3項）。法人が業務執行社員である場合には、その法人が業務執行をする自然人を選任しなければならない（598条1項）。また、業務執行社員は原則として会社を代表する権利も持つ（599条）。このように、持分会社では、出資を行い会社を所有する者と会社を経営する者が原則として一致している（所有と経営の一致）。

　平成17年改正前商法では、合資会社の有限責任社員は業務執行権を持たなかったが、17年会社法以降は有限責任社員も原則業務執行権を持つ（これは、定款で別段の定めをすることができる）。

　利益の分配に関しては、その請求方法と配当に関する事項を定款で自由に決めることができるが（621条）、特に定款に定めがなければ、損益分配の割合は社員の出資額に応じて定める（622条）。しかし、有限責任社員に対する利益配当については制限がある（623条）。

　また、社員は出資の払戻しを請求することもできる（624条。間接有限責任社員しか持たない合同会社の場合には、制限がある（632条以下））。

　共同して会社の経営をしなければならない持分会社においては、社員が互いに協力することが不可欠である。そこで、誰でも簡単に持分を他に譲渡して社員の地位を喪失し、それに対して持分の譲渡を受けた者を加入させることを許すと、会社の業務執行がうまく進まなくなることもあり得る。そこで、持分を譲渡するには、他の社員全員の承諾が必要である（585条1項）のが原則である。しかし、業務執行をしない有限責任社員の持分は、業務を執行する社員全員の承諾があれば譲渡することができる（同条2項）。すなわち、持分会社の性質は閉鎖的であるといえる。

　持分を全部譲渡した場合でも、その旨を登記するまでに生じた持分会社の債務について、無限責任社員であるか、有限責任社員であるかにかかわらずこれを弁済する責任を負担するが、その責任は、登記後2年以内に請求（請求予約）しない債権者に対しては、登記後2年を経過したときに消滅する（586条）。

　社員は任意にあるいは法定された事由が生じた場合退社することが許され

（606条、607条）、その場合には金銭によって持分の払戻しを受けることができる（611条。合同会社の場合には、持分の払戻しに関して制限がある（635条以下））。持分会社の社員が法定の重要な義務を尽くさなかった場合、その社員以外の社員の過半数の決議に基づいて、訴えをもってその社員の除名を請求することができる（859条）。

3　株式会社

（1）　株式会社の特質

　株式会社の社員（株主）の地位を株式といい、株式は細分化された割合的単位の形をとり、会社はそれぞれ持株数に比例した平等な取扱いをしなければならない。これを**株主平等の原則**という。これは、多数の出資者が会社に参加しうるようにするための技術である。

　また、出資を履行して株主になった後は、株主は会社債権者に対して一切責任を負わない（104条）。これを**株主有限責任の原則**という。株主の責任の性質は、間接有限責任であり、この意味では、持分会社のうち合同会社の社員と同様である。

　株主はこの有限責任の恩恵を受けることができることから株主になることをためらわずに出資することができるので、その結果、株式会社は多くの資金を集めることができる。

　また、会社債権者の担保になる会社財産の減少をもたらすので、会社は株主が会社に出資した財産を株主に払い戻すことが許されないため、株主は会社から投下資本を回収することができない。そこでその代わりに、株主には自由に株式を売り譲受人から代金の支払いを受けることにより投下資本を回収することが認められなくてはならない（**株式譲渡自由の原則**）。この場合、株式の譲渡を受けた者が新たに株主となるが、一般には株式会社は会社に投資してくれる株主であればそれは誰であっても構わないので、株主が入れ替わっても問題はない。

（2） 株式会社と有限会社の違い

平成17年改正以前は、会社の種類は、会社法による合名会社、合資会社、株式会社と、有限会社法による有限会社の4種類が認められていた。有限会社とは、株式会社と同じく、間接有限責任の社員から構成されている会社であるが、社員数は50人以内でなければならず、社員が他の社員に持分を譲渡する場合をのぞいて持分を譲渡する場合は社員総会の承認が必要であり、最低資本金も昭和13年の有限会社法制定当初は1万円、26年改正でも10万円と、会社の性質は小規模であり閉鎖的な会社に適合する会社として設計されていた。

立法者は、株式会社は大規模で公開性の強い（ここでの公開性は閉鎖性（定款によって譲渡制限がなされている会社のみならず、譲渡制限はないが株式を譲り受けたいという人が実際におらず株式が譲渡されないという状態も含む）と対応させて用いられていた）会社、有限会社は小規模で閉鎖性の強い会社と、理念的にこれらを分けていたが、昭和41年改正により、株主どうしの緊密な関係を重視したいという株式会社も存在することが認められ、定款に株式の譲渡を制限する旨の規定を置いた株式会社では譲渡を制限することが認められて、閉鎖的な会社も株式会社組織を利用することがごくごく普通になった。また、個人企業である場合には個人の所得に対して累進税率で所得税が課されるが、法人企業は法人税を一律に課されるだけであるので、**個人企業の法人成りの傾向は顕著であり**、会社の種類を選択する場合にはその中でも社員（株主）の有限責任が魅力的であった。その結果、社員が間接有限責任を負うという点では同一の株式会社と有限会社が並立することになったが、本来は有限会社を利用することが適当であるような会社も、株式会社を選択するという現象が生じた。それは、株式会社の方が社会的な地位が上であり、信用性があるという社会の一般認識があったからである。

（3） 株式会社の法規制の細分化

このように、株式会社としてさまざまな性質を持つものが混入してきたことによって、商法はすべての株式会社を同一に規制することが難しくなってきた。もともと株式会社は大規模公開会社を念頭に置いて法制度がつくられたため、法の規制が厳しかったが、小規模閉鎖会社はこれを遵守することが

できず、法規制を意図的に守らず、あるいは守ろうとしても守ることができ
ないような状況であった（東京地方裁判所民事８部の裁判官であった長谷部茂吉
氏は、その著書『裁判会社法』（一粒社、昭和39年）の中で「弱小会社にとっては、
会社法の存在は大きい負担となっており、したがって可及的にその適用を免れよう
とするとともに、その潜脱を口実として会社の経営者と対立しその実権を奪おうと
する闘争が開始される」と指摘されている（６頁））。

　そこで、昭和49年に制定された「株式会社の監査等に関する商法の特例に
関する法律」では、株式会社を資本金の額により、大会社（会社の資本の額が
５億円以上の株式会社をいう。昭和56年改正では、これに加えて最終の貸借対照表
の負債の部に計上した金額の合計額が200億円以上の株式会社も大会社とされた）
と小会社（資本の額が１億円以下の株式会社）に特則を設けて、それぞれに適
した法規制を行おうとする動きも始まった。

　このような状況を経て、小規模閉鎖株式会社は強制的に有限会社に移行さ
せてしまおうとの動きもあったが、経済界からは反対が大きかったため実現
はかなわず、平成２年改正では、あまりにも小規模な会社が株式会社を利用
しないように、株式会社は最低1000万円の資本を有しなければならず、有限
会社は300万円の資本を有しなければならないという、**最低資本金制度**が置
かれた（最低資本金制度の適用には改正法施行後５年間の猶予期間が置かれ、それ
でも資本金の総額を増やすことによって最低資本金を達成できなかった株式会社・
有限会社は合名会社、合資会社に組織変更しなければ、警告のための２か月の公告
期間を経て、登記官により強制的に解散登記が行われた（みなし解散））。

会社の数（平成２年～14年）

	２年	５年	８年	11年	14年
株式会社	1,054,491	1,125,491	1,100,428	1,089,082	1,048,920
有限会社	971,394	1,155,366	1,271,198	1,366,236	1,423,132
合名会社	5,595	6,743	8,290	5,642	7,848
合資会社	28,483	33,194	26,356	30,610	29,867

（国税庁企画課編『税務統計から見た法人企業の実態(各年度版)』より再構成）
　平成２年改正を経て最低資本金制度の経過措置が終了する平成８年までの推移をみて
いくと、平成５年で一時期駆け込み設立の影響か株式会社の数は増えるが、８年にはみな
し解散の影響を受けてか、減少に転じていることがわかる。他方、有限会社数は順調な伸
びをみせ、５年には株式会社を上回り、その後も有限会社優位の状況は続いた。

（4）　会社法下の株式会社法制の在り方

　しかし、平成17年改正により、有限会社制度そのものが廃止され、それま
でにあった有限会社は株式会社の中に吸収された。株式会社の有限会社化と
は逆の発想である。

　会社法は、有限会社を株式会社に吸収した結果、一番規制が緩和されてよ
い有限会社タイプの株式会社、すなわち、大会社でない会社でかつ公開会社
でない会社（法律上の用語ではないが便宜上これを非公開会社という）を前提に
規定をまとめ、それに対する例外規定として、大会社あるいは公開会社に対
する規定を置くという形式をとった。

　大会社とは、最終事業年度に係る貸借対照表に資本金として計上した額が
５億円以上であるか、または、その負債の部に計上した額の合計額が200億円
以上である株式会社をいい（２条６号）、これらの会社はいわゆる大規模会社
で多くの利害関係人がいると考えられるため、規制が強化される。

　また、**公開会社**とは、その発行するすべての株式の譲渡に会社の承認を要
する旨の定款の定めを設けている会社以外の株式会社をいう（２条５号）。こ
の会社は、株式譲渡が自由で多くの株主を集めることができるため、非公開
会社に比して、厳格なルールが必要となる。平成17年改正前には上場会社を
指して公開会社といっていたのとは異なり、かなり広い範囲の会社が対象と
なっているが、他方、その発行するすべての株式譲渡について定款による株
式譲渡制限の定めがあるか否かが基準となっていることに注意を要する。す
なわち、事実上株式の譲渡が活発に行われていないような会社でも、定款規
定が置かれていない場合は公開会社のカテゴリーに入るので、規制を緩和し
てもらうためには、会社が自発的に定款規定を置かなくてはならない。

　以上のことから、会社法は、以上の概念を組み合わせて、株式会社を

　・大会社でない非公開会社

　・大会社でない公開会社

　・大会社である非公開会社

　・大会社である公開会社

の４種類に分け、それぞれが実態に応じた規制を受けることができるように
なった。

　また、会社法施行以降は、新たな有限会社の設立は認められない。会社法
施行以前に設立された有限会社は、「会社法の施行に伴う関係法律の整備等
に関する法律」により株式会社として存続することになった（同法2条）。た
だ、例外として、有限会社という商号を使い続けた場合には（同法3条1項）、
廃止前の有限会社法の規定の適用を幅広く認めた（これを「**特例有限会社**」と
呼ぶ）。つまり、これまでの有限会社の選択肢としては、特例有限会社として
現状を維持するか、商号を変更し登記をして完全に株式会社に移行して（同
法45条）株式会社に関する規定の適用を受けるかという2つが考えられる。
平成17年改正では株式会社法制自体も非常に柔軟化しているので、有限会社
が株式会社になってもほとんど問題は生じないように手当てがされている。

会社の数（平成17年～令和3年）

	17年	18年	19年	20年	21年	22年
株式会社	1,041,067	2,497,365	2,505,132	2,507,661	2,521,706	2,478,804
有限会社	1,454,078	―	―	―	―	―
合名会社	5,758	5,753	5,682	4,614	5,272	5,399
合資会社	31,887	31,932	25,550	25,173	25,646	26,365
合同会社	―	619	3,998	11,831	10,206	14,338

	23年	24年	25年	26年	27年	28年
株式会社	2,483,247	2,422,469	2,469,378	2,477,769	2,490,479	2,520,823
合名会社	4,394	4,219	4,092	3,991	3,876	3,794
合資会社	22,099	21,467	20,553	18,989	18,349	17,042
合同会社	16,882	20,804	28,370	39,405	49,807	66,045

	29年	30年	令和元年	2年	3年
株式会社	2,537,667	2,554,582	2,559,561	2,583,472	2,612,677
合名会社	3,814	3,371	3,343	3,352	3,325
合資会社	16,112	14,170	13,540	12,969	12,482
合同会社	82,931	98,652	113,196	134,142	160,132

（国税庁企画課編『税務統計から見た法人企業の実態（各年度版）』（国税庁 HP 統計情報で閲覧可）より再構成）

　平成17年改正を経て改正法が施行された18年には、有限会社がなくなり、株式会社の数は、およそ改正前の有限会社と株式会社の数の和となっていることがわかる。また、合同会社の数は年を追って増加している。

　18年調査から対象事業年度が「同年2月から1月」から変更されて、「4月から3月」ベースとなった。18年度はそのため2つの調査データが公表されているが、19年以降と同様4月から3月の決算ベースのものを用いた。

第5章　株式会社の設立手続

設　立　｜　株　式　｜　機　関　｜　資金調達　｜　その他

第5章以下では、株式会社に限定して記述してゆく。
第5章から第7章では、株式会社の設立について考える。本章では、ま
ず設立手続の概略を説明する。なぜこのような手続が必要なのかを考えながら、
学んでほしい。

　株式会社を設立する場合重要であるのは、会社の根本規則である定款を作
成すること、出資者を確定すること、出資財産を確定すること、会社成立後
の機関を選任することであり、これらすべてを行った後、最後に設立登記を
すると株式会社は成立し（49条）、法人格を持った独立の権利主体となる。

1　設立の方法

　株式会社を設立する場合、発起人が**設立時発行株式**（設立に際して発行する
株式）の全部を引き受ける方法と、発起人が設立時発行株式の一部を引き受
けるほか、他の引受人を募集する方法とがある（25条1項）。前者を**発起設立**、
後者を**募集設立**という。どちらの場合も、発起人は少なくとも1株以上を引
き受けなければならない（同条2項）。

　募集設立は、発起人以外に引受人を募集するための特別の手続が必要にな
るので、発起設立よりも手続が複雑になるため、設立に関する規定は、発起
設立・募集設立で共通に適用される規定と、募集設立のみに適用される規定
に分かれている（25条1項参照）。

2 定款の作成および基本事項の決定 —— 発起設立・募集設立に共通する手続

定款作成 → 定款の認証 → 株式発行事項の決定

まず、会社の組織・運営に関する根本規則である定款を作成することが必要となる。発起人は定款を作成し、発起人全員がそれに署名（記名押印）する（26条）（平成13年改正により定款は書面に代えて**電磁的記録**で作成することが認められた。磁気ディスクその他これに準ずる方法により情報を記録し（施行規則224条）、署名も電子署名（施行規則225条）で代替することが可能になった）。

定款に発起人として署名した者が、法律上の**発起人**といえる（大判昭和7年6月29日民集11巻1257頁）。実際に設立に関与しているかどうかで、発起人であるかないかを区別すると、その関与の程度は外部から見て明らかでなく、法的効果も安定しないためである。

発起人は1人以上でよく、その資格に制限はない（未成年者・成年被後見人、成年被保佐人なども可能で（民法102条参照）、法人でもよい）。定款は発起人が定めた場所（会社成立後は本店・支店）に備え置き、発起人・設立時募集株式引受人（成立後は株主・会社債権者。裁判所の許可があれば、親会社社員も同様）は、そこで発起人が定めた時間（成立後は営業時間）内であればいつでもその閲覧と謄本・抄本の交付を請求できる（定款が電磁的記録である場合にも認められる。31条、102条1項）。

> **COLUMN** 定款とはなにか
>
> 合名会社、合資会社、合同会社、株式会社は、設立に際して定款を作成する（26条、575条）。定款とは、会社の根本規則をいう。
>
> 会社の定款には、27条の絶対的記載事項、28条の変態設立事項（持分会社では576条に規定する事項）のほか、「この法律の規定により定款の定めがなければその効力を生じない事項」（会社法の条文中には「定款に別段の定めがある場合は、この限りでない。」などのように、定款に法律規定と異なる規定が置かれることを想定しているものが散見される）と「この法律の規定に違反しないもの」を記載し、または記録することが

できる（29条、577条）。

　近年、会社法の規定の中で強行法規が減少するのに対して任意規定が増加し、定款自治の範囲が拡大していることが指摘できる。たとえば、平成17年会社法は、株主総会、取締役以外の機関を置くことを定款自治に委ねている（326条2項参照）。

　定款の法的性質を会社という団体において定められる自治法規であるという説にしたがえば、社員はその意思によると否とにかかわらず定款に拘束されることになり、法令や慣習法などと同じく、定款を会社法の法源と解することになるが、自治法規と解されない場合でも、当該会社に定款が法律に優先して適用されるのは、民法と契約条項との関係と同様である。

　定款には、以下の事項を必ず記載しなければならず、この中のどの事項が欠けていても、定款自体を無効にしてしまう事柄を、**絶対的記載事項**という。

①　会社の目的（27条1号）

　会社の目的はある程度具体的に記載する必要がある。民法34条では「法人は、法令の規定に従い、定款その他の基本約款で定められた目的の範囲内において、権利を有し、義務を負う」と規定しているが、会社の権利能力の範囲内において行うことができる行為とは、そこに記載されている目的から「広く演繹することができる行為」まで広げて解釈することができるというのが判例・通説の立場である（☞第2章3（2）参照）。

②　商号（27条2号）

　会社の商号には、会社の種類にしたがい、たとえば株式会社であれば株式という文字を必ず用いなければならず（6条）、不正目的で他の会社と誤認されるおそれのある商号を使用してはならない（8条）。

③　本店の所在地（27条3号）

④　設立に際して出資される財産の価額またはその最低額（27条4号）

　「株主となる者が当該株式会社に対して払込み又は給付をした財産の額」が原則としてその会社の設立時の資本金になる（445条1項）。

⑤　**発起人の氏名または名称および住所**（27条5号）

⑥　**会社が発行することができる株式の総数**（37条、98条）

　これを**発行可能株式総数**といい、27条には規定されていないが、その内容が決まりしだい、会社が成立するまでに必ず定款に記載しなければならないとされているため（37条1項、98条）、絶対的記載事項である。新たにこれに関する規定を置き定款を変更する場合は、発起設立の場合は発起人全員の同意、募集設立の場合は創立総会の決議を必要とする（37条1項、98条）。また、一度決定したものを変更する場合も同様の手続をとる（37条2項、96条）。

　発行可能株式総数は、**授権資本**ともいわれる。公開会社では、設立時に発行可能株式総数の4分の1までは必ず株式を発行しなければならないという規制がある（37条3項）。この残りの部分に関しては、会社の成立後に取締役会が株式の発行を決定して、資金を調達でき、もし、授権資本の枠がなくなれば、定款を変更してこの数を増やすことができるが、定款変更後の発行可能株式総数は定款変更効力発生時の発行済株式総数の4倍以内にしなくてはならない（113条3項）。これは、株式の発行権限を広範に会社成立後の取締役会に与えないようにするための方策である。

　また、定款に記載していなくても定款の効力には関係ないが、定款に記載しなければその効力が生じない事項（**相対的記載事項**）や、定款に定めがなくても定款自体の無効、記載事項の無効を生じないが、事柄を明確にするために特に記載される事項（**任意的記載事項**）も記載することができる（29条）。

　相対的記載事項は、法で定められていれば定款で規定できるが（例：発行する株式の全部あるいは一部の譲渡の制限、取締役会設置会社の株主総会権限の拡大）、その他の事項も株主に重要な影響を与えるものであれば定款に定めなければならないと考えられている（例：株主総会の議決権行使の代理人資格を株主に制限すること）。

　設立に関する相対的記載事項として重要なものの1つに**変態設立事項**がある。これは、設立手続が終了して会社が成立したときに、会社の財産に重大

な影響を及ぼしうる事項であるため「**危険な約束**」ともいわれる。これらの
ことを設立において実行するためには、定款に定めておかなければならない
（28条）。

①　現物出資（28条1号）

　金銭以外の財産の出資を**現物出資**という。たとえば、土地、家、工場、有
価証券、無体財産権などを出資する場合がある。設立の際には、発起人のみ
が現物出資をすることができ（34条1項本文参照）、募集設立の引受人は金銭
による出資しかできない（63条1項参照）。現物出資の評価は難しく、出資さ
れた財産に対して過大な評価をし、出資の価値以上の株式を与えることを防
止するため、現物出資者の氏名または名称、出資財産とその価額、その出資
者に対して割り当てる設立時発行株式の種類・数を定款に記載する。

②　財産引受け（28条2号）

　発起人が会社の成立を条件として特定の財産を譲り受ける契約を**財産引受**
けという。現物出資が会社の成立前に行われるのに対して、財産引受けは契
約のみ会社の設立中にするが、会社の成立を条件として効力を生ずる。現物
出資の規制を免れるために財産引受けを利用することがないように、これも
規制の対象となっている。財産引受けの対象となる財産とその価額、譲渡人
の氏名または名称を記載する。

③　発起人の報酬・特別利益（28条3号）

　発起人の報酬とは、発起人の労務に対して与えられる対価をいう。発起人
の報酬その他の特別の利益（施設の優待利用など）、それらを受ける発起人の
氏名または名称を記載する。

④　設立費用（28条4号）

　発起人は設立費用を支出することができるが、会社成立前に無制限にあま
り多くの費用が支出されることは望ましくないので、定款に記載させ（定款
認証手数料等、施行規則5条で定めるものに関しては、一定の金額が予想できるの

で、定款に記載する必要がない）、その範囲内でそれを成立後の会社が負担する。

　定款に変態設立事項を定めた場合は、原則として、公証人の定款の認証後遅滞なく、裁判所に**検査役**の選任を申し立て、検査役が変態設立事項について調査する（33条。この調査については、☞本章3（4）参照）。

　会社は公告をする方法として、①官報への掲載、②時事に関する事項を掲載する日刊新聞紙への掲載、③電子公告（2条34号）のうちいずれを採用するかを定款で定めることができる（939条1項）。この記載事項も任意的記載事項と解することができる。しかし、定款に特別の定めがない場合には、会社は公告を官報に掲載しなければならない（同条4項）。

　その他の任意的記載事項としては、定時株主総会の招集時期、取締役・監査役の員数、決算期などが考えられ、特に定款に記載しなくても、会社法上の効力に関係はないが、一度定款に記載されてしまうとそれを変更するためには、定款変更手続（株主総会の特別決議）が必要である（466条、309条2項11号）。

　次に、このようにして作成された定款は、公証人の認証を受けなければならず、認証を受けなかった場合、定款は効力を生じない（30条）。公証人とは、当事者の委託で公正証書（公証人が法律行為（たとえば契約）その他の私権に関する事実について作成した文書。執行力を持つ）を作成し、私署証書や定款に認証を与える者のことであり、認証とは、文書の成立・記載が正当な手続でなされたことを公の機関が証明することをいう。公証人の公証を要求するのは、定款の内容を明らかにし、定款をめぐって後日争いが起こらないようにするためである。

　発起人は定款を3通作成し、そのうち1通を公証人が保管し、もう1通を正本として発起人が保管し、最後の1通は設立登記申請時に登記書類に添付される（商業登記法47条2項1号）。

　また、設立時発行株式に関する事項（①発起人が割当てを受ける設立時発行

株式の数、②発起人が割当てを受ける株式と引換えに払い込む金銭の額、③成立後
の会社の資本金および資本準備金の額に関する事項等）を定款で定めなかった場
合には、発起人全員の合意で決定する（32条1項）。これらは本来、定款で定
めなければならないほどの重要事項であるが、定款は公証人による認証を得
なければ効力を生じないとされており、法定された例外を除いて、認証を受
けたのちは定款を変更することができないので（30条2項）、設立手続中に状
況によって判断し臨機応変にこれらの事項を決定した方が便宜と考えられた
ためであるが、他方、重要事項であることに鑑みて、これらを決定するため
には発起人全員の同意が必要とされている。

3　社員の確定、財産の確定・充実、設立時役員等の選任に かかわる手続 ── 発起設立に関する手続

発起人の出資　→　設立時役員等の選任　→　設立時取締役等による調査

（1）　社員の確定

　発起人は必ず設立時発行株式を1株以上引き受けなければならない（25条
2項）。発起設立は発起人だけですべての株式を引き受ける方法なので、こ
れによって社員が確定する。設立時発行株式の引受けに係る意思表示には、
民法の93条1項ただし書き、94条1項の適用はない（51条1項）。

（2）　財産の確定

　発起人はその引き受けた設立時発行株式につき引受け後遅滞なく、出資が
金銭ならば全額の払込み、現物出資なら財産全部の給付をしなければならな
いが、現物出資の場合には、登記等に時間がかかる場合があるので、発起人
全員の同意があるときはそれのみを会社の成立後にすることが許されている
（34条1項）。金銭の出資は払込取扱場所として発起人が定めた銀行等（施行
規則7条参照）に払い込まなければならない（34条2項）。出資の履行をしな
い発起人に対しては、期日を定めてその期日の2週間前までに通知をしなけ
ればならず、期日までに履行がない場合には設立時発行株式の株主となる権

利が失われる（36条）。これは、当然の結果ではなく、法が付与した効果と考えられる。

（3）　成立後の機関の選任

　会社が成立したのちには、業務執行や監査を担当する機関（機関の概念については、☞第11章Ⅰ参照）が必要であるため、出資の履行後に**設立時役員**等（39条4項参照）を選任しておくことが必要になる（38条以下）。

　会社は成立したのちの業務執行機関となる取締役を1人以上選任しなければならないが（38条1項）、そのほかはその会社が成立後どのような機関を設置するかにより選任する機関と員数が異なる。取締役会設置会社（2条7号）の場合には、取締役を3人以上選任しなくてはならない（39条1項）。監査役設置会社（2条9号）である場合には、原則として1人以上（38条3項2号）、監査役会設置会社（2条10号）では3人以上（39条2項）の監査役を、会計監査人設置会社（2条11号）である場合、会計参与設置会社（2条8号）の場合には、それぞれ1人以上の会計監査人、会計参与を選任しなければならない（38条3項1号・3号）。このように設立中に選任される役員等は会社成立後のものと区別するために、「設立時〇〇」（たとえば、**設立時取締役**）と呼ばれる。設立時取締役・設立時監査役は、設立事項の調査を担当し（46条）、発起人とともに設立に関する責任を負うこともある（52条以下）。

　設立時取締役（監査等委員会設置会社の場合は、監査等委員である取締役も含むが、監査等委員とそれ以外の取締役の選任はそれぞれ区別して行う。38条2項）・監査役・会計参与・会計監査人の選任は、発起人の議決権（1株で1議決権）の過半数で決定し（40条以下）、解任手続についても同様の規定がある（42条以下）。

　また、さらに、取締役会設置会社では、設立時取締役の中から設立時代表取締役を（47条1項）、また、指名委員会等設置会社の場合には、設立時取締役の中から各委員会の設立時委員を選定しなければならず、また別に設立時執行役の選任、設立時代表執行役の選定を行わなければならない（48条1項）。これらの選任・選定は、設立時取締役の過半数をもって決定し（47条3項、48条3項）、解任・解職手続もまた同様である（47条2項・3項、48条2項・3項）。

> **COLUMN**　機関の選任と選定
>
> 　一見わかりにくいが、会社法では取締役を選ぶことを「選任」というのに対し、代表取締役を選ぶことを「選定」という。平成17年改正前では、どちらも「選任」であったが、会社法では言葉を使い分けている。ある機関資格を前提に別の機関に選ばれることを、「選任」とは区別して「選定」といっているのである。たとえば、代表取締役や委員会設置会社の委員は取締役としての資格を持つ者の中から選ばれるものであるため、「選定」であって、「選任」ではない。同様に、「選任」に対応して「解任」、「選定」に対応して「解職」が用いられる。これらは会社成立後に行われる機関の選任・解任等でも同様であるので、覚えておくと、混乱しない。

（4）　財産の充実

　設立時取締役（監査役設置会社の場合には設立時取締役および設立時監査役）は、選任後遅滞なく出資の履行が完了していること、設立手続が法令・定款に違反していないことなどを調査する（46条1項3号・4号）。調査により法令・定款に違反する事項または不当な事項があった場合には、設立時取締役は発起人にその旨を通知しなければならない（同条2項）。会社成立後取締役となるべき設立時取締役が、設立手続を遂行する発起人とは異なる立場から調査することが要請されているのである。

　また、定款に変態設立事項を定めた場合には、定款認証後遅滞なく会社は裁判所に検査役の選任を申し立て、裁判所によって選任された検査役は裁判所および発起人に対して調査結果を報告する（33条1項〜6項）。問題がなければそのまま手続を続行するが、裁判所が変態設立事項を不当と認めたときはこれを変更する決定をしなければならない（同条7項）。この変更に対して、発起人はこの決定の確定後1週間以内に限り設立時発行株式の引受けに係る意思表示を取り消すことができ（同条8項）、また、発起人全員の同意があれば同じく1週間以内に限り決定により変更された事項の定めを廃止する定款変更をすることができる（同条9項）。しかし、現物出資・財産引受けをした場合について、例外的に検査役の調査が不要な場合もある。①目的財産の総額が500万円以下である場合（同条10項1号）、②相場がある有価証券について定款に記載された価額が市場価格を超えない場合（同条10項2号）、③

弁護士・公認会計士・税理士等の証明がある場合（同条10項 3 号）である。し
かし、その場合でも設立時取締役等は①②では定款に記載された価額が相当
であること、③では弁護士等の評価の証明が相当であることを調査しなけれ
ばならない（46条 1 項 1 号・ 2 号）。

4　社員の確定、財産の確定・充実、設立時役員等の選任に かかわる手続 ── 募集設立に関する手続

募集決定 → 設立時募集株式に関する事項の決定 → 募集申込み →
割当て → 引受人の出資 → 創立総会

（1）　社員の確定

　発起人は発起設立と同様の手続で 1 株以上の株式を引き受ける。次に、設
立時発行株式を引き受ける者の募集をする旨を決定するには、発起人全員の
同意を得なければならない（57条）。また、その場合には同じく発起人全員の
同意で、**設立時募集株式**（募集に応じて引受けの申込みをした者に対して割り当
てる設立時発行株式）に関する事項（①設立募集株式の種類・数、②設立時募集株
式 1 株と引換えに払い込む金銭の額、③金銭の払込期日または期間、④一定の日ま
でに設立登記がされない場合に設立時募集株式の引受けを取り消すことができる
とする場合はその旨とその一定の日）を決定しなければならない（58条）。発起
人はその全員の出資の履行後、設立時募集株式の引受けの申込みをしようと
する者に対して募集についての通知をし（59条 1 項・ 2 項、施行規則 8 条）、引
受けの申込みをする者はその氏名または名称および住所、引き受けようとす
る設立時募集株式の数を記載した書面を発起人に交付（電磁的方法により提
供）する（59条 3 項・ 4 項）。発起人は、その申込者の中から割当てを受ける者
と、割り当てる設立時募集株式の数を決め、申込者に申込期日（期間の初日）
の前日までに通知する（60条）。この割当ては、発起人が自由に決めることが
できると解されている（**割当自由の原則**という）。株主になったのちは、会社
は株主を平等に扱わなければならないが（株主平等の原則）、株主になる以前
の引受人にはこの原則は必ずしも当てはまらないからである。これによっ

て、たとえば、申込者に設立時募集株式の数に達するまで順に割り当てることもできるし、また、申込者の中から発起人が自分たちの好きな者を選び出して割当てをすることも認められる。設立時募集株式を引き受けようとする者がその総数の引受けを行う契約を締結する場合には、59条、60条を適用しない（61条）。この割当てにより、申込者は引受人となる（62条）。

　設立時募集株式の引受けの申込み、割当て、61条の契約に係る意思表示については、民法93条1項ただし書きや94条1項は適用されないため、これらの意思表示が心裡留保、虚偽表示に当たる場合にも無効にはならない（102条5項）。

（2）　財産の確定

　設立時募集株式の引受人は、58条1項で定めた払込期日または期間内に払込取扱場所に払込金額の全額を払い込まなければならず、払込みを行わなかった場合は設立時募集株式の株主となる権利を失う（63条。ちなみに、発起人以外は現物出資ができないため、金銭の払込みのみが行われる）。発起人は、払込みの取扱いをした銀行等に対して払い込まれた金額に相当する金銭の保管をしたという証明書の交付を請求することができ、その銀行等は、証明書の記載と事実が異なっていること、または払い込まれた金銭の返還に関する制限があることをもって成立後の会社に対抗できないことになっている（64条）。これは、発起人と銀行が結託して行う預合い（☞第6章5参照）の防止に役立つ。定款に変態設立事項を定めた場合に検査役の調査が必要なのは、発起設立の場合と同様である。

（3）　創立総会の開催

　募集設立では、発起人のほかに募集に応じた株式引受人がいるため、これらの**設立時株主**（出資の履行をした発起人、払込みを行った引受人をいう）を招集し**創立総会**を招集しなければならない（65条）。創立総会の招集手続については67条から71条に定められている。設立時株主は、創立総会で決議に参加する場合には、引き受けた設立時発行株式の数に比例する議決権を持ち（72条）、決議は設立時株主の議決権の過半数で、かつ、出席した設立時株主の議

決権の3分の2以上に当たる多数の賛成で成立する（73条）。74条から86条の規定は、会社成立後に開催される株主総会（または種類株主総会）に関する規定とほぼ同様である。

　創立総会では、まず、発起人から設立に関する事項が報告され（87条1項）、また、定款に変態設立事項を定めた場合に選任された検査役（33条2項）が作成した調査報告の内容と33条10項3号の証明の内容が書面等で提出される（87条2項）。また、設立時役員等の選任がなされ（88条以下）、選任された設立時取締役（設立する会社が監査役設置会社の場合は設立時取締役および設立時監査役）は、変態設立事項中、検査役の調査を免れた現物出資等について定款に記載された額が相当であること、同じく弁護士等によって行われた証明が相当であること、出資の履行、払込みが完了していること、設立手続が法令または定款に違反していないことを調査し、総会でそれを報告する（93条）。また、設立時取締役の全部または一部が発起人である場合には、検査役を総会で選任して調査を行わせ、それを総会で報告させることができる（94条）。

　創立総会では、設立の廃止、創立総会の終結その他の株式会社の設立に関する事項についても決議をすることができ（66条）、定款を変更することが必要があると判断されれば、決議によって定款の変更をすることができる（96条以下）。

　すなわち、募集設立では、設立時役員等を選任し、会社成立後の財産が十分であることを確認する作業は、創立総会において行われる。

5　登　記

　発起設立の場合は、設立時取締役の調査が終了した日か、発起人が定めた日のいずれか遅い日から2週間以内に本店の所在地において登記をしなければならず（911条1項）、募集設立の場合は、創立総会終結の日など911条2項各号に定められた日のいずれか遅い日から2週間以内に登記をしなければならない（同条2項）。登記しなければならない事項については、同条3項が定める。

　登記を行うことによって会社は成立する（49条）。

　株式会社は設立手続によって徐々にその実体を形成していくが、それが完了したのち、最後に設立登記を行う。第三者が客観的にその成立を確認できるようになったときに、設立中の会社は法人格を取得し、会社自らが権利を有し、義務を負うことができるようになる。

第6章　設立に関係する法的問題点

第5章で説明したように、株式会社の設立手続は複雑で時間もかかるので、その設立中の状態を法的にどのように捉えるべきかを考えなくてはならない。また、会社債権者の担保となるべき会社財産が設立の過程でどれだけ出資されたかを正確に把握し、仮装払込みを防止するためにどのような規制がなされているかをみてみよう。

1　設立中の会社と発起人組合

　会社が成立するまでには発起設立・募集設立を問わず、細かい手続を遂行しなければならず、会社の成立前の状況が比較的長く継続することになる。しかし、設立の登記をしなければ会社は成立しないから（49条参照）、会社が成立するまでの過程の団体はまだ権利主体として成立しておらず、固有の財産を所有したり、権利を取得したり義務を負ったりすることができない。通説は、この成立前の団体（発起人が定款を作成し発起人が1株以上引き受けたときに設立中の会社は成立する、と考えるのが一般的である）を**設立中の会社**と呼び、これと成立後の会社を実質的に一体のものとして把握することができると考えた（これを**同一性説**と呼ぶ）。この同一性説によれば、設立中の会社と会社の関係は以下のように説明される。

　設立中の会社の法的性質は「権利能力なき社団」と考えられ、発起人はこの設立中の会社の機関であるが、会社はまだ設立中払い込まれた財産や現物出資を自ら所有することができないので、それらは法的に一時発起人に帰属するが、会社が成立するとこれらは特別の手続を行うことなく成立後の会社に承継される。また、出資の履行をした発起人または払込みをした株式引受

人は、会社成立後は株主となり（50条1項、102条2項）、設立時役員等もそれぞれ成立後の会社の機関あるいはその構成員となる。

同一性説をとると、以上で説明したように、会社の成立前と会社の成立後の法的関係をスムーズに説明することができるという点がメリットであるが、その反面、同一性説は、会社成立前にはまだ会社が法人格を持たず、発起人がその信頼を基に自ら行動していることに対する法的評価を軽視しており、単なる説明の便宜のために用いられる説ではないかという批判も成り立ちうる。

また、これと同時に、発起人が複数いる場合には、発起人はそれぞれに作業分担をして会社の成立という共通の目的を目指すことになるが、このとき、**発起人組合**が形成される。発起人間では組合契約が締結され、民法の組合の規定が適用される（民法667条以下）。発起人が組合契約を履行することにより、設立手続が進められる。

したがって、設立中の会社と発起人組合は、法的には別の存在で、発起人組合が成立している場合には、これらは併存すると考えられる。

2　発起人が行った行為の成立後の会社への帰属

設立中に発起人が行った行為の効果がどの範囲の行為まで成立後の会社に帰属するのかについては、以下の4つの考え方がありうる。

まず、一番狭く解する考え方は、会社の設立に法的に必要な範囲の行為（たとえば、定款作成、株式引受け、払込みに関する行為、創立総会の招集等）に限定されると解するものであるが（これを仮に第1説とする）、それをさらに広げて会社の設立に経済的に必要な行為（第1説ができるとする行為に加えて、設立事務所の借入れ、設立事務員の雇用など）まで含むとするもの（第2説）、さらに会社の事業を開始するための準備行為（**開業準備行為**という。たとえば、工場用地の買収、材料の仕入れなど）までとするもの（第3説）、会社の成立後と同様に事業行為まですべてであると考えるもの（第4説）である。しかし、第1説と第4説は極端であり、特に第4説は成立後の会社とそれ以前を区別していないから不当であると考えられる。これらをとる学説はほとんどな

く、第2説と第3説が対立している。

　同一性説はこの発起人が権限内で行った行為の効果は会社成立前には発起人に帰属せざるをえないが、それが会社成立後は会社に帰属すると考える。変態設立事項である財産引受けは、開業準備行為の一種と考えることができる。第3説をとれば、発起人は本来開業準備行為をすることができるところを、現物出資の潜脱を防ぐために財産引受けについては特に定款に規定し検査役の検査を経ることを要するなどの規制を受けていると解されるが、第2説をとれば、そもそも発起人は開業準備行為をすることができないが、会社の開業をスムーズに進めるために財産引受けのみを特に厳重な手続の下で認めたと解することになる。これについて、判例（最判昭和38年12月24日民集17巻12号1744頁）が、第1説をとるのか第2説をとるのかは必ずしも明らかではないが、第3説をとるものではない。以上の説明によれば第2説の方が矛盾が少なく、また、発起人の行為により成立後の会社に不利益を被らせる危険も限定できるため、第2説が妥当なのではないかと考える。

【発 展】

法定の手続を経ずに財産引受けを行った場合の効力と発起人の責任

　本文の第2説あるいは第3説のどちらの説をとっても、定款に財産引受けの記載がなかったなど、法定の手続を欠いた場合にはその財産引受けは無効であり、会社からはもちろんのこと、財産引受けの相手方からも無効を主張することができる（最判昭和61年9月11日判時1215号125頁）。また、無効な行為として、会社はこれを追認することもできないと解するのが判例（最判昭和28年12月3日民集7巻12号1299頁）・多数説である。まだ成立していない会社を代理するという点で民法117条1項の無権代理の規定を適用することには無理があるため、発起人は原則的には責任を負うことはないが、あたかも会社が成立しているかのように見せかけて発起人が代表取締役名で行為をしたような場合には、これを類推適用して発起人の責任を追及することはできると考えるべきである（最判昭和33年10月24日民集12巻14号3228頁）。

【発 展】

設立費用の帰属

　会社の設立に際して発起人が設立費用を支出した場合には、発起人が設立費用として定款に記載した額の範囲内であれば、成立後の会社に求償することができる。しか

し、会社が成立した後も支払いが未了だった場合には、設立費用とは会社の設立に必要な行為の費用であると解することができるから、その効果は会社に帰属し、会社に請求することが可能となる。しかし、その額が定款所定の額を超えていた場合には、会社は発起人に超過額の範囲で求償ができる。また、判例は定款所定の額は会社に請求できることを認めるため（大判昭和2年7月4日民集6巻428頁）、超過部分は発起人に請求するしかないことになるが、定款所定の額に会社の責任が限定されるのは、会社債権者のためには不利な解決であり、また、どの債権者が会社に請求できるか問題となる。したがって、会社に全額請求することができ、あとは発起人との求償関係で解決するのが妥当ではないかと考える。

3　会社の成立前後の相違

　株式会社は本店の所在地において設立の登記（911条）をすることによって成立する（49条）。商業登記の効力については908条に一般的効力が規定されているが、これと異なり、設立登記の場合は登記により会社の成立という新しい法的関係が創設される創設的効力という特別の効力である。したがって、設立登記は、第三者が善意でも悪意でもすべての者に対して対抗できる。

　会社が成立すると、発起人・引受人は出資の履行をした設立時発行株式の株主になり（50条1項、102条2項）、設立時役員等は役員等となり、設立時に払い込まれた出資や取得された財産は、当然会社の財産となる。

　その他、会社成立の前後では、どのような違いがあるだろうか。

　第一に、会社の成立前は株式の引受けに関する意思表示に錯誤・詐欺・強迫を理由に取消しを主張することができるが、会社成立後（募集設立では、創立総会（または種類創立総会）で議決権行使後）にはこれが制限される（51条2項、102条6項）。これは、会社成立後に引受けの意思表示の取消しを認めると会社成立後の法的な関係の安定性を害するためである。

　第二に、株式引受人の地位（これを権利株という）は会社成立前も当事者の間では有効に譲渡することができるが、会社にもそれを主張することができるようになると、それに設立中の会社が対応しなければならず事務手続が煩雑になるので、会社の便宜のために権利株の譲渡は「成立後の株式会社には対抗することができない」と規定されている（35条、50条2項、63条2項）。し

たがってこれは、通常法律用語で用いられる「対抗できない」の用法にしたがい、譲渡当事者は会社に対して権利株の譲渡を主張できないが、会社の方からは認めることができると解することで十分である。会社は、最初の株式引受人のみを引受人として扱えばよいが、そのままでは権利株の譲受人は会社から株主として扱われないため、譲受人は、会社成立後に譲渡人の協力を得て、株主名簿の株主の名を譲渡人から譲受人に書き換えてもらわないと会社に権利株の譲渡を対抗できない。

4　出資の確定と設立段階での財産の充実の要請

　株式会社では発起人ならびに株式引受人は、設立中の会社に払込みをすることを強制されるが、会社が成立した後は、株主は会社債権者に対しては一切責任を負わない（**株主有限責任の原則**）。会社の財産だけが、唯一会社債権者に対する支払いの担保になるのである。そのため、設立の際にどれだけの出資がなされる予定であり、また、それが実現されて実際に会社がそれを保有した状態になったかどうかが問題である。

　出資の履行をしていない発起人に対して期日を定めて催告をした場合にその期日までに払込みがなければ、発起人は会社が成立した場合株主となる資格を失い（36条）、また、募集設立の場合にも、株式引受人が定められた払込期日または期間内に払込みをしなければ株主となる権利を失うこととなっており（63条3項）、これらの発起人あるいは株式引受人を除いて設立手続を続けることができるが、他方、実際に行われた払込みが定款に絶対的記載事項として定めた「設立に際して出資される財産の価額又はその最低額」（27条4号）を下回った場合には、設立無効の原因となりうると解されていて、出資をどれだけ集めるかが定款作成時に計画されれば、それを上回る出資を集めなければならない。

　また、金銭による出資の場合、払込みの取扱場所を決め、払込みを把握しやすくし（34条2項、63条1項）、変態設立事項を定款で規定した場合には、出資された財産の評価に検査役の調査を要求すること（33条）で出資の過大評価を防いでいる。また、後述のように（☞第7章Ⅰ(1)参照）、会社成立時の

現物出資・財産引受けの価額が定款に表示された価額よりも著しく不足する場合には、発起人・設立時取締役は、会社に対して不足額を支払う責任を負わされる（52条、103条1項）。

このようにして設立時に株主となる者が当該会社に払込みまたは給付した財産の額が、原則として会社設立時の**資本金**の額となる（445条1項）。ただし、この額の2分の1を超えない額は、これを資本金として計上せず、資本準備金とすることができる（445条2項・3項）。株主に剰余金を分配する場合には、会社の純資産のうち資本金および準備金（資本準備金、利益準備金）に当たる額は会社に留保しなければならないという仕組みであり（461条）、また、純資産額が300万円以上ないと剰余金の配当ができないという規制はあるが（458条）、会社が成立したのち活動を続ける中で、資本金の額以上の財産が会社に残されているということが保証されているのではない。

COLUMN 最低資本金制度の撤廃について

　従来、株式会社の最低資本金については規制がなく、また、有限会社については有限会社法制定当時は1万円、昭和26年改正により10万円と規定はあるものの、規制としての意味は薄かった。平成2年改正では、株主または社員が間接有限責任を負うに過ぎず、会社財産のみが会社債権者の担保になる株式会社、有限会社では、それなりの資本を有していることが必要であると考えられたため、株式会社では最低1000万円、有限会社では最低300万円の資本がなければこれらの会社を設立することができず、また、この制度が置かれるまでにすでに存在していた資本金がこれに満たない株式会社・有限会社も、一定の日までに資本金を増加しなければ、一定の日に解散したものとみなされた（☞第4章3（3）参照）。しかし、これは他方、会社の設立を計画する者にとって大きなハードルになる点で問題を生じ、また、資本金が高額であれば必ず会社財産もそれに見合っているということではないので（☞本文参照）、最低資本金制度の効果は限定的でしかないという批判もあった。

　そこで、平成17年改正では、最低資本金制度を撤廃し、資本金1円（発起人1人が1株につき1円を出資）でも株式会社を設立することが認められ（計算の結果、設立時の資本金の額がゼロになることも認められる（計算規則43条1項）、有限会社は廃止された（改正後の有限会社については☞第4章3（4）参照）。しかし、実際に会社を設立するには、定款認証費用、設立登記費用などが必要であるため、ほんとうに1円で会社を設立できるという意味ではない。これにより、株式会社といっても、過小な

財産しか保有しない会社もあるから、取引相手もその会社の資産がどれほどであるかを考慮してから取引に入ることが必要であり、このような会社債権者の保護の手段として、法人格否認の法理（☞第2章3（1）参照）や役員等の第三者責任（☞第19章5参照）の追及などを活用することが考えられよう。

5　仮装払込みの防止

設立の際の仮装払込みをどのように防止するのかも問題となる。

仮装払込みの方法の1つに預合いといわれる方法がある。これは、払込取扱銀行等と発起人が通謀し、発起人が銀行等から金を借りて、その金を銀行等に開設されている発起人の口座に払込金として振り替え、発起人は銀行等に借金の返済までその口座の金を引き出さない旨を約束する方法をいう。

典型的預合いの例

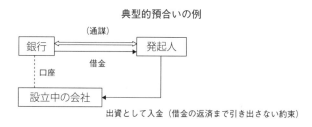

出資として入金（借金の返済まで引き出さない約束）

この預合いをした者、またそれに応じた者は5年以下の懲役または500万円以下の罰金を科され（965条）、その払込みの違法の度合いは高いと考えられるため、払込みも無効と解釈されている。また、預合いは、払込取扱銀行等が発起人と通謀して協力しなければ行うことができないが、どのような通謀がなされていたとしても、募集設立の場合に発起人が払込取扱銀行等に保管証明を請求することができ、その場合には、銀行はその証明が事実と異なること、または、払い込まれた金銭の返還に関する制限があることを成立後の会社に主張することはできないことを定めている（64条）。

このように預合いに対する規制が厳しいため、この規制を逃れるために、**見せ金**という方法がとられることもある。これは、発起人が第三者から借金をして、払込取扱銀行等に払込みをし、会社が成立すると取締役に就任した

発起人がすぐにその金を引き出して貸主に返済してしまい、会社の口座に金が残らないという方法である。

典型的見せ金の例

　見せ金に関しては預合いに相当する罰則もなく、また、その効力についても見解が分かれている。判例・多数説は、この払込みに仮装の意図がある場合、払込みは無効であるとの説をとっており、その判断基準として、「会社成立後前記借入金を返済するまでの期間の長短、右払戻金が会社資金として運用された事実の有無、或は右借入金の返済が会社の資金関係に及ぼす影響の有無等、その如何によっては本件株式の払込が実質的には会社の資金とするの意図なく単に払込の外形を装ったに過ぎないものであり、従って株式の払込としての効力を有しないものではないかとの疑いがある」とした判例がある（最判昭和38年12月6日民集17巻12号1633頁）。確かに仮装の意図というのは目に見えないものなので、その払込みが仮装であると主張するためには、それを客観的事情によって証明することが必要になるため、判例では払込みに及んださまざまな状況を考慮に入れるべきとするのである。しかしそれに対して、預合いと違い、見せ金ではいったんは会社の口座に払込みがなされており、借金で払込みを賄うこと、また、設立時に行った出資を会社の成立後引き出すことは通常行われていることから、見せ金による払込み自体は有効であると解する説もある。

　出資を仮装した発起人、引受人の責任については、第7章Ⅰ(Ⅰ)で説明する。

第7章　発起人等の責任・設立の瑕疵

発起人は会社の設立手続を遂行する役割を担っているため、会社が成立した場合でもその任務を怠った場合等に厳しい責任を負わされる。また、会社の設立に瑕疵があった場合、会社成立後に会社の設立の無効を争うには、設立無効の訴えを提起しなければならない。

1　発起人等の責任

（1）　会社が成立した場合

会社が成立した場合でも、発起人・設立時取締役・設立時監査役（設立する会社が監査役設置会社の場合）が会社の設立についてその任務を怠り、これによって会社に損害が生じた場合、発起人等はそれを賠償する責任を負う（53条1項）。また、これらの者が職務を行うについて悪意または重大な過失（注意義務違反の程度が著しいことをいう）で会社以外の第三者に損害を与えた場合にも賠償責任を負う（同条2項）。本来、発起人等は第三者とは特別の関係には立たないが、法は第三者を保護するために特別の責任を規定したものと考えられる（これは、役員等の第三者責任の性質と同様であると考えられている。詳しくは、☞第19章5参照）。これらの責任を負う者は、他の発起人・設立時取締役・監査役も責任を負うときは、連帯責任を負う（54条）。

また、会社成立時の現物出資・財産引受けの価額が定款に表示された価額よりも著しく不足する場合には、発起人・設立時取締役は、会社に対して連帯して不足額を支払う義務を負う（**財産価額塡補責任**。52条。ただし、現物出資・財産引受けについて検査役の検査を受けた場合には責任を負わない（52条2項1号））。財産価額塡補責任は、発起設立の場合には、発起人等の過失があっ

たことが前提となり、責任を負わないためには自らが注意を怠らなかったことを証明しなければならない（同条2項2号）。しかし、例外として、発起人が現物出資者であった場合または財産引受けの譲渡人であった場合は、変態設立事項について検査役の調査を受けた場合、過失がなかったことを証明できたとしても責任を負わなければならない（同条2項）。それに対して、募集設立の場合には、発起人等は過失の有無にかかわらず責任を負うことになる（103条1項では52条2項1号しか適用されないため）。これは、募集設立における引受人を保護するためと説明されている。また、現物出資の相当性について専門家として証明をした弁護士・公認会計士・税理士等も、過失がなかったことを証明できなければ、発起人等と連帯して責任を負う（52条3項）。

出資を仮装した発起人または引受人は、その払込金額全額の支払い（発起人が現物出資をした場合は財産全部の給付）をする責任を負い（52条の2第1項、102条の2第1項）、その出資の仮装に関与した発起人または設立時取締役として法務省令で定める者は、発起人または引受人と連帯して同上の責任を負う（52条の2第2項・第3項、103条2項、施行規則7条の2。ただし出資の履行をした者以外は、無過失を証明すれば免責される）。発起人または引受人はこの責任の履行後でなければこの設立時株主または株主の権利を行使できず、この設立時発行株式または株主となる権利を譲り受けた者は悪意または重大な過失がある場合を除き、設立時株主および株主の権利を行使することができる（52条の2第4項・第5項、102条3項・4項）。

上述の会社に対する責任については、会社が責任を追及しようとしない場合があるが、一定の条件を備えた株主は法定の手続を経て会社に代わり株主代表訴訟によって責任を追及することができる（847条）。

上述の責任は、総株主の同意がなければ免除することができない（55条、102条の2第2項、103条3項）。

さらに、募集設立において、募集広告等に自己の氏名または名称および設立を賛助する旨を記載することを承諾した者は、発起人とみなして（**擬似発起人**）、発起人と同様の責任を負うとされている（103条4項）。発起人とは、前述のように、定款に発起人として署名した者を発起人と解するのが通説であるが（☞第5章2参照）、このような協賛者も株式引受人等からみれば発起

人と区別ができず、あたかも設立についての責任を負うかのような外観が存在しているといえる。そのため、このような外観を作り出した擬似発起人に責任を負わせるものである。

（2）　会社が不成立だった場合

　会社が設立にとりかかったものの結局成立しなかった場合にも、発起人は連帯して設立に際してした行為について責任を負い、設立に関して支出した費用も負担する（56条）。

2　設立無効の訴え

　設立手続が株主を中心とする会社の利害関係人の利益を守るために要求されていることを考えれば、それに瑕疵がある場合、利害関係人の利益が害されることにつながるが、他方、設立の些細な瑕疵もすべて会社設立の効力を無効にする可能性があり、それをいつまでも主張することができるとすると、成立したことを前提に活動を始めている会社にとっては、法律関係がいつまでも安定しないという問題が生じる可能性がある。

　そこで、会社の設立無効を主張するには、会社の成立の日から2年以内に訴えを提起しなければならず、原告も株主、取締役、監査役（監査役設置会社の場合）、執行役（指名委員会等設置会社の場合）、清算人（会社が清算手続に入っている場合）に限定される（828条1項1号、2項1号）。被告は、設立した会社である（834条1号）。訴えの裁判の管轄は、被告となる会社の本店の所在地を管轄する地方裁判所に専属し（835条）、数個の訴えが係属する場合には弁論、裁判は併合して行われる（837条）。原告の訴えの提起が悪意によることを疎明し、被告が申し立てた場合には、裁判所は原告に相当の担保を提供すべきことを命ずることができる（836条）。

　また、なにが設立を無効にする原因となるかに関しては、法律に書いてあるのではなく、法律はあくまで守るべき手続を規定しているにすぎないので、規定の違反によって会社の利害関係人の利益を害するおそれと企業を維持しなければならない要請とを比較衡量し、解釈によって判断する。学説の一致

をみている設立無効原因を例として挙げると、①発起人が1人もいない（26条参照）、②定款に絶対的記載事項が書かれていない（27条参照）、③定款に記載された「設立に際して出資される財産の価額又はその最低額」に見合う出資がない（27条4号参照）、④定款に公証人の認証がない（30条参照）、⑤株式発行事項に関する決定に発起人全員の同意がない（32条、58条参照）、⑥変態設立事項を定款に定めた場合の検査役の調査を受けていない（33条参照）、⑦募集設立の場合に創立総会の開催がない（65条以下参照）、⑧設立時役員等の選任がされていない（38条以下、88条以下参照）等である。

　また、訴えで会社設立の無効が認められた場合、その効果は訴訟で争っている原告・被告の間のみならず、第三者との関係にも及び（838条、対世効という）、また、会社設立を無効にするといっても、設立無効の効果は過去に向かってさかのぼらず、将来に向けて生ずるのみである（839条、遡及効の禁止）。つまり、認容判決が出るとその時から将来に向けて、あたかも会社が解散する場合と同様の方法で会社が消滅していくというプロセスをとることになるのである（475条2号）。

　以上は会社が存在しているため設立の効力を争うことができるのに対して、そもそも会社が存在しておらず設立の登記しかなされていないような場合には、特に会社法上規定はないが、不存在を確認するために訴えを提起することは可能である。その場合には一般原則に戻り、提訴権者の範囲、提訴期間の制限はないものと解される。

COLUMN　会社の組織に関する行為の無効の訴え

　会社法上に特別に規定されている会社の組織に関する行為の無効の訴えは、この設立無効の訴え以外にも多数あるが（828条参照）、その特質は共通している。それは①本来無効はいつでも誰でもどのような方法によっても主張できるところ、ここでは法的安定性を図るため、訴えによる主張しか許されず、提訴権者および提訴期間を制限し、また、無効原因も制限的に解釈すること、②請求を認容する判決の効力が訴訟当事者（原告と被告）に限ることなく、会社の利害関係人に画一的に及ぶこと、③判決の効力が過去に向かってさかのぼることにより、これまでの会社をめぐる法律関係が一気にくつがえされて混乱が生ずることを避けるため、判決は将来に向けてのみ効力を生ずること、の3点であるといえる。

第8章　株式の本質

第8章から第10章では、会社法第2章株式（第8節「募集株式の発行等」を除く）の部分について説明する。本章では、株主の地位、株主の権利と義務、株式の内容と種類などについて詳しく学ぶ。

1　株主の地位

　株式会社における株主の地位を株式という。また、株式を有している者を株主という。株主は株式を所有することで、会社に対してさまざまな権利を主張できる。

　この地位を譲り渡すことを株式譲渡といい、その譲渡の方法、譲渡の制限などについては第9章、第10章で学ぶが、株主は株式を譲渡する場合、株式の特定の権利だけを個別に処分することはできない。

　また、株主の地位は、細分化された割合的単位の形をとり、これを1株より小さい単位に細分化することは、原則として認められない（**株式不可分の原則**）。

　ただし、株式を複数人で共有することは認められており、共有者は会社に対して権利行使を行う者1人を通知しなければ権利行使ができず（ただし、会社から権利行使に同意した場合は例外である。106条）、会社からの通知・催告を受領する場合にも、共有者が会社に対して通知受領者を通知し、会社はその者を株主としてみなして通知をする（126条3項・4項）。

2　株主の権利

　株主は、株式を有することで、会社に対するさまざまな権利を持つことが認められる。これらの株主権も、一般の権利と同様に濫用は許されない。

（1）　株主権の分類

　株主としての権利は、その性質からいくつかのカテゴリーに分けることができる。

①　自益権・共益権

　自益権は、株主が会社から経済的利益を獲得することを目的とする権利（権利行使の効果が直接に株主に帰属する権利）である。

　自益権の例としては、剰余金配当請求権（105条1項1号、453条）、残余財産分配請求権（105条1項2号、504条）、株券発行請求権（215条。株券発行会社の場合）、株主名簿名義書換請求権（133条1項）、株式買取請求権（116条など）、募集株式の割当てがあった場合の割当てを受ける権利（202条）などが挙げられる。

　これに対して、**共益権**は株主が会社の管理・運営に参加することを目的とする権利（権利行使の結果が直接会社に帰属する権利）である。

　共益権の例は、株主総会での議決権（105条1項3号、308条）、株主提案権（303条、304条、305条）、株主総会招集権（297条）、会社設立無効訴権など各種の会社法上の訴えを提起する権利（828条など）、株主代表訴訟（株主が会社に代わって役員等の責任を追及する訴訟）提起権（847条）、募集株式の発行等の差止請求権（210条）、取締役等の違法行為差止請求権（360条、422条）、役員の解任請求権（854条）、定款・株主名簿・株主総会議事録・取締役会議事録・会計帳簿・計算書類等・社債原簿の閲覧請求権（31条、125条、318条、371条、433条、442条、684条）などである。これらは、株主が出資者として会社の経営に関与し、取締役の不当な経営を防止し、救済を求めるための権利である。

②　単独株主権・少数株主権

　株主権は、株主が 1 株保有していれば行使できる**単独株主権**と、総株主の議決権の一定割合または一定数あるいは発行済株式総数の一定割合以上の株式を保有していないと行使が認められない**少数株主権**とに分けることができる。

　自益権のすべては単独株主権であるが、共益権には、議決権（308条 1 項）をはじめとして単独株主権もあるが、少数株主権も多い。前述の取締役等の違法行為差止請求権（360条、422条）や株主代表訴訟提起権（847条）は単独株主権であるが、取締役の違法行為を知って株式を取得して株主となったものが権利を行使しないように、「 6 箇月前から引き続き株式を有する」ことを権利行使の要件としている（ただし、非公開会社の株主の場合には、この要件は要求されない。360条 2 項、422条 2 項、847条 2 項）。

　公開会社の株主に認められる少数株主権の例を挙げると、まず、株主提案権のうち議題提案権（303条）・議案通知請求権（305条）は、総株主の議決権の100分の 1 以上の議決権または300個以上の議決権を 6 か月前から引き続き保有する株主が権利行使でき、株主総会招集権（297条）は、総株主の議決権の100分の 3 以上の議決権を 6 か月前から引き続き保有する株主が行使できる。また、会計帳簿閲覧請求権（433条）は、総株主の議決権の100分の 3 以上の議決権または発行済株式の100分の 3 以上の数の株式を有する株主が行使でき、役員の解任請求権（854条）は、総株主の議決権の100分の 3 以上の議決権または発行済株式の100分の 3 以上の数の株式を 6 か月前から保有する株主が行使できる（この権利行使について、選択的に発行済株式総数に対する割合を要件にしたのは、当該権利が必ずしも議決権行使を前提とした権利でないためである）。これらの議決権の一定割合あるいは議決権数、そして保有期間などの条件は、定款によりこれを下回る割合・数・期間を定めることができ、また、非公開会社では、これらの権利を単独株主権とする場合や、これらの条件のいくつかを要求しない場合があり、株主が直接に経営者を監視監督しやすいようにしている。少数株主権は、会社に対する強い効果を認めるものであるから、その権利の濫用を防ぐために立法政策上権利行使の要件を限定していると考えられる。株式会社は原則的に資本多数決で決定をすることを認

めている組織であるが、少数株主権は、多数派株主に対抗するために少数派
株主に認められている対抗手段と考えることもできる。少数株主権行使の要
件は株主1人で満たす必要はなく、複数の株主がその持株数を合算してその
要件を満たし、共同して権利行使することも認められる。

（2）　株主平等の原則

　また、会社は、株主をその有する株式の内容および数に応じて平等に取り
扱わなければならないと規定される（109条、**株主平等の原則**）。1株を有する
株主に認められる権利の内容は平等であり、株主は会社から持株数に応じて
比例的に平等に取り扱われなければならない。議決権（308条1項）、剰余金
配当請求権（454条3項）、残余財産分配請求権（504条3項）などにはこの旨が
具体的に明文で認められているが（「株式の数に応じて」など）、他の権利に関
しても規定がなくとも同様に認められると解される。これは、強行規定であ
るため、これに反する取扱いは無効であるが（定款で排除することも認められ
ない）、法律で規定されている場合にはこの例外も認められる（109条2項・3
項、189条1項・2項、308条1項ただし書き）。

（3）　株主の義務

　株主の責任は、その有する株式の引受価額を限度とするが（104条）、株式
引受人は資本充実の要請から会社成立前・新株発行効力発生前に出資義務を
履行しなければならないため（34条1項、63条1項、208条1項・2項）、厳密に
は株主になってからは一切義務を負うことはない。株主は株主になる前に一
定の出資をすれば、それが会社債権者の担保財産となって間接的に債権者に
責任を負うことはあるが、その責任も出資の額に制限されている。これを**株
主有限責任の原則**という。

3　株式の内容

　会社は、発行する株式の内容について、定款で特別な定めをすることがで
きる（107条）。種類株式を発行する場合（☞以下の4で後述）と異なり、発行する

全部の株式が①〜③になる。

①　譲渡制限株式（107条1項1号）

　株式を譲渡する際に会社の承認を要する株式である。会社には、出資してくれる人なら誰でも株主になってほしいという会社と、会社が認めた者だけを株主にしておきたいという会社がある。この後者のニーズに応えるのが、譲渡制限株式である（ただし、定款で定めた一定の場合には、会社の承認を擬制することができる。同条2項1号ロ）。

　譲渡制限株式を発行している会社は、その規模がいくら大きくなっても、金融商品取引所で株式を上場することはできない（譲渡制限株式の譲渡方法については、☞第10章1参照）。株式の譲渡が自由であった会社が発行する全部の株式の内容として譲渡を制限する定款変更をする場合の手続は、通常の定款変更手続より厳格に規定されている（309条3項1号）。

②　取得請求権付株式（107条1項2号）

　株主が保有する株式の取得を会社に請求できる株式。会社は株主からの請求に応じて剰余金の分配可能額の範囲で買い取ることができる（166条、167条）。取得請求をした株主に対して、会社は、対価として金銭ではなく、社債、新株予約権（権利行使により、あらかじめ決まった期間、決まった価額で —— 有利な価額であることが多い —— 新株を引き受けることができる権利）、新株予約権付社債、株式等以外の財産などを交付することを定めることもできる（107条2項2号ロ〜ホ）。

③　取得条項付株式（107条1項3号）

　会社が定める「一定の事由」が生じたことを条件として、会社が株主から株式の取得ができる株式。対価の種類に関しては、②と同じ（同条2項3号ニ〜ト）。会社の取得手続については168条以下で規定されている。この条項を新たに定款に定める場合には、株主全員の同意が必要である（110条）。

4　株式の種類

　会社は、定款で規定することにより、法律で定めた異なる２つ以上の種類の株式を発行できる（108条）。その目的は、会社の資金調達の便宜、株主の需要の充足、株主管理コストの削減など、多岐にわたる。

　種類株式を発行するためには、定款変更手続（309条２項11号、例外として110条、111条）が必要である。定款で、それぞれの種類株式の内容と発行可能種類株式総数を定めるのが原則であるが（108条２項）、法務省令で定めた事項については、定款で先に内容要綱だけを定めておき、種類株式をはじめて発行するときまでに、株主総会（取締役会設置会社では取締役会）で決定すればよいものもある（108条３項、施行規則20条）。発行する株式の種類は、登記で公示され（911条３項７号）、株券にも記載される（216条４号）。種類株式を発行した場合、その種類の株式を保有している株主を保護するために、一般の株主総会と別に、**種類株主総会**（２条14号）を招集することが必要な場合がある（321条以下）。

　また、これらの株式は１つの種類内容だけでなく、他の種類内容を併有することも可能である（たとえば、議決権制限種類株式である代わりに剰余金分配について優先的な取扱いを認めることなどができる）。

　種類株式の内容として、定款で定めることができる事柄は以下の９つである。

① **剰余金の配当についての定め**（108条１項１号）

② **残余財産の分配についての定め**（108条１項２号）
　①あるいは②の事項について、優先的な定めをしたものを**優先株式**、劣後的な定めをしたものを**劣後株式**という（これに対して、一般的な取扱いをするものを**普通株式**という）。劣後株も、普通株式を所有する株主の利益を侵さないために意義がある。**トラッキング・ストック**（tracking stock）とは、会社の特定の部門の業績に剰余金配当が連動するように定められた株式をいい、こ

の①を使って、発行できる。

③　議決権を行使することができる事項に関する定め（108条1項3号）

すべての事柄に関して株主総会で議決権を行使できない、完全無議決権株式と、特定の事項の議決権を持たない、一部無議決権株式を発行できる（同条2項3号イ）。また、議決権行使ができる条件も定められる（同条同項3号ロ）。株主の中には、配当さえもらえればよいという株主も少なくないので、会社のニーズと株主のニーズが一致すれば、このような株式の発行も可能である。しかし、**議決権制限種類株式**の発行を無制限に認めてしまうと、少数の議決権を所有する株主の意思で株主総会決議が成立するのを認めることになってしまうので、公開会社では、「議決権を制限する株式」の発行限度は、発行済株式総数の2分の1を超えて発行することができないという制限がある（115条）。

④　譲渡の制限に関する定め（108条1項4号）

株式の内容として譲渡制限を定めた株式と区別して、**譲渡制限種類株式**と呼ばれる。

⑤　株主が取得請求権を持つという定め（108条1項5号）

定款に株主が取得請求権を持つという定めを置いた場合、発行できる株式を**取得請求権付種類株式**という。

平成17年改正までは、一定の時期までに会社の買受けまたは会社の利益で消却が予定されている株式のことを償還株式と呼んでいたが、それには株主が自由な時期に償還を請求できるものと、会社から償還が強制されるものがあった。現行法では、取得請求権付種類株式を発行し、それに対して会社から金銭を対価として支払うことにすれば、株主主導の償還株式と同様の仕組みをとることができる（ただし同時に株式が消却されるものではない）。また、同様に、株主からの請求で他の種類株式に転換する予約権が付与されている株式を転換予約権付株式と呼んでいたが（平成13年11月改正までは転換株式といった）、これも取得請求権付種類株式を発行し、対価を他の種類株式にする

ことを決めておけば、同じことができる。

⑥　一定の事由の発生で会社が株式を取得できる定め（108条1項6号）

このような定めを置いた場合を、**取得条項付種類株式**という。

⑤で説明したように、会社からの主導で株式の償還を強制できる償還株式は、取得条項付種類株式を発行し対価を金銭にすれば可能である。同様に平成17年改正前は、定款に定めた事由が発生した場合、会社が別の種類株式に転換できる強制転換条項付株式が発行されていたが、これは取得条項付種類株式を発行し、対価を別の種類株式にすることを定めれば、これに代えることができる。

⑦　株主総会の決議で会社がその種類株式全部を取得できる定め（108条1項7号）

このような種類株式を**全部取得条項付種類株式**という。⑥は定款で一定の事由を定め、それが生じたときに会社は種類株式を取得することができるのに対して、⑦は全部の種類株式を取得する際、会社はあらためて株主総会の特別決議で承認を得る必要がある（171条以下、309条2項3号。これ以外の取得に関する手続については、171条の2以下参照）。会社が株式を取得してこれを消却すれば100％減資を行うことも可能になり、その上で新株を発行して株主を入れ替え、会社の再建を図ることもできる。

⑧　株主総会の決議事項のうち一定のものに株主総会のほかに種類株主総会の決議を必要とする定め（108条1項8号）

このような株式を**拒否権付種類株式**という。たとえば、第三者が株式を買い集めて企業買収を仕掛けてきた場合、ある株主に拒否権を持つ種類株式を発行しておけば、株主総会で買収者が過半数の株式を取得して会社を支配したとしても、さらに種類株主総会での決議を待たなければならないため、買収防衛策として有効であり、このような点からこれを**黄金株**と呼ぶこともある。

⑨　種類株主総会で取締役・監査役の選任をする定め（108条1項9号）

この規定がある場合、一定の取締役・監査役の選任はこの種類株式を有する株主の種類株主総会によって行う（347条、341条）。これは、もともと、ベンチャー企業が会社に出資する場合、出資する以上それに見合った取締役・監査役を役員として送り込むことを期待したことから、従来は多数派株主と少数派株主の間で契約により定められていたことを、種類株式として正面から認めたものである。したがって、このような経緯から、公開会社（2条5号）・指名委員会等設置会社（同条12号）では発行できないことになっている（108条1項ただし書き）。

なお、非公開会社では、剰余金配当請求権、残余財産分配請求権、株主総会における議決権について株主ごとに異なる扱いを定款で定めることができる（109条2項。その場合の定款変更手続は大変厳格である（309条4項））。

5　特別支配株主の株式等売渡請求

特別支配株主（会社の総株主の議決権の10分の9以上を当該会社以外の者およびその発行済株式の全部を有する株式会社等が有している場合の当該者）は、他の株主全員に対して株式全部（選択により、これに併せて新株予約権、新株予約権付社債）を特別支配株主に売り渡すように請求することができる（179条、179条の2）。特別支配株主は、この請求をする前に会社にそれを通知し、会社の承認（取締役会設置会社の場合は取締役会決議が必要）を受けることが必要である（179条の3。承認後の売渡請求の撤回については179条の6）。会社がそれを承認した場合には、取得日の20日前までに売渡株主等に対して通知（または公告）をしなければならない（179条の4）。特別支配株主は、取得日に、売渡株式等の全部を取得する（179条の9第1項）。会社は、事前または事後に開示をしなければならない（179条の5、179条の10）、売渡株主等は法が定める場合において不利益を受けるおそれがあるときは、特別支配株主に差止めを請求できる（179条の7）。売渡株主等は取得日の20日前の日から取得日の前日までに、裁判所に対して売渡株式等の売買価額の決定の申立てをすること

もできる（179条の8）。取得日において売渡株主であった者あるいは対象会社の取締役等であった者、対象会社の取締役・清算人（監査役・執行役が選任されている場合はこれらを含む）は、取得日から6か月（非公開会社で1年）以内に、特別支配株主に対して売渡株式等の全部取得の無効について訴えを提起することができる（846条の2〜846条の9）。

【発展】

キャッシュ・アウト

　キャッシュ・アウトとは、その会社の株主の株式を金銭を対価として買い取ることにより、その株主を強制的に追い出すことをいう。たとえば、合併を例にとれば、消滅会社の株主に存続会社の株式を割り当てず、金銭を割り当てれば、存続会社は消滅会社の株主を引き継ぐことなく追い出して、自社の株主のみを相手にしていくことが許されることになる。しかし、合併を行う際には、必ず合併当事会社の株主総会の特別決議で承認を受けなければならない（☞第24章3【発展】「キャッシュアウト・マージャーと三角合併」参照）。

　また、株式併合（☞本章7(1)）を用いる方法や、全部取得条項付種類株式を発行してその取得に際してその株式に代わり他の種類の株式を割り当てる方法によっても、株主のキャッシュ・アウトは可能であるが、その場合も株主総会の特別決議が必要となり、迅速な実行が妨げられる。

　そこで、株主総会の決議なしにキャッシュ・アウトを実現することができる端的な方法として、特別支配株主の株式等売渡請求制度が新設された。

　たとえば、それまで多様な株主の利害に目配りせざるを得ず、経営のパフォーマンスが上がらなかった上場会社の経営者が、株主から株式を集め、株主間の利害対立を解消して会社の経営効率の向上を目指す場合、MBO（マネジメント・バイアウト）が行われることがある。その際、まず公開買付けによって株式を買い付けたのちに株式併合・全部取得条項付種類株式を用いる方法よりは、最初にその会社の株式の9割以上を買い付けることができるならば、その後は特別支配株主の株式等売渡請求制度を用いてより容易にMBOを実行することができるのである。このような二段階の手続を経て行われる買収は、**二段階買収**と言われる。

　経済産業省は実務指針として「企業価値の向上及び公正な手続確保のための経営者による企業買収（MBO）に関する指針」（平成19年9月4日）を策定したが、これを改訂し、「公平なM&Aの在り方に関する指針──企業価値の向上と株主利益の確保に向けて──」（令和元年6月28日）とした。

6 単元株制度

（1） 単位株制度の思惑と廃止

　1株の大きさ（価値）と市場価値は同じではない。1株の理論上の価値は会社の純資産額（資産−負債）Aを発行済株式総数Bで除した数（すなわち1株当たりの純資産額）である。Bが不変であれば、Aが増えれば1株の価値は大きくなり、減れば価値は小さくなる。それに対して、市場で株式につく値段（時価）は、その会社の株式の需要と供給のバランスで決まるため、その本来の価値を上回っているときもあるし、逆に下回っているときもある。

COLUMN 額面株式の廃止

　株券に券面額が記載されている株式。券面額は、昭和25年改正以前に設立された会社は50円（一部20円）、改正後は500円とされており、発行価額は券面額以上でなくてはならないという規制がなされていた。それに対して、無額面株式 —— 株券に額面の記載がない株式 —— に関しては、設立時のみ発行価額に制限があるものの、その後は特に制限が加えられていなかった（平成13年6月改正後、この発行価額の制限もなくなった）。昭和25年から導入された無額面株式については、実務界がなかなか新しい制度に慣れず、最低発行価額に対する規制が緩い無額面株式を採用する会社は、業績が悪い会社であるとの誤った見方が広がる中、無額面株式採用はなかなか進まなかった。しかし、額面自体に意義はないうえ、額面が株式の価値であるような誤解を与えるため、平成13年6月改正で額面株式は廃止され、無額面株式に統一された。

　あまりに零細な株式投資を防ぐために、昭和56年改正は、1株当たりの純資産が5万円を下回らないように制約を加えた。すなわち、昭和56年改正以後設立した会社では、額面株式において、設立時に発行する株式の券面額は5万円以上でなくてはならないとし、設立以後も1株当たりの純資産5万円以上でなくては株式の分割はできないとし、端株（1株の100分の1の整数倍にあたる株式）を所有する者（端株主）に対しても、株主権の一部を認めた。

　昭和56年改正前に設立した、上場会社と定款で単位株制度導入を選択した非上場会社では、5万円をその会社の株式の券面額で除した数（例：20円券面

額の株式を発行する会社では１単位2500株、50円券面額の会社では1000株、500円券面額の会社では100株）を１単位として、１単位の株式を持つ株主には完全な株式と同様の権利を与え、１単位未満の株式には自益権は与えるが共益権を制限し、また、単位未満株式について新たな株券の発行を禁ずるという方法を採った。これを**単位株制度**という。証券市場では、１単位の株式数を単位として株式の売買が行われた。単位株制度は、一気にすべての会社に出資単位を引き上げることを強制せず、一定期間が過ぎたら、別に法律で定める日に１単位を１株にみなし併合することとしていた（昭和56年改正附則15条１項）。これには、単位未満株式を所有する者は、１単位以上を取得しようと努めるはずとの立法者の思惑があった。しかしその後、１株当たりの純資産が５万円以上でないと単位の引下げができないにもかかわらず、上場株式は１単位で売買いがなされていたため、市場価格が上った場合には、個人株主などはそれに値する金銭を用意できないため株式を買うことができないという問題が生じたため、単位株制度の撤廃が必要となった。

（2）　単元株制度の導入

　平成13年６月の改正は単位株制度を撤廃し、その代わりに、**単元株制度**を置き、同時に端株制度を廃止した。この制度では、会社は、単元株制度を採用するか否かを選択でき、1000（発行済株式総数の200分の１）を超えない数であれば単元の数をいくつとするかを強制されない（188条、施行規則34条。しかし、単位株制度を採っていた会社では、特別の手続をしなければ、平成13年改正前の１単位を１単元とするという取扱いになる）。単元の数の変更には、原則として定款変更が必要である（309条２項11号）。しかし、株主の利益に害がない場合あるいは単元株式数を減らす場合には、取締役（取締役会設置会社では取締役会）が決定できる（191条、195条）。

　単元未満株式には、議決権が与えられない（189条１項）。これは、株主総会で議決権を行使させるとすると、招集通知を送らなければならず、株主管理コストが膨らむためである。さらに定款で定めた場合、①全部取得条項付種類株式の取得対価の交付を受ける権利、②取得条項付株式の取得と引換えに金銭等の交付を受ける権利、③株式無償割当てを受ける権利、④単元未満株

式の買取請求権、⑤残余財産分配請求権、⑥その他法務省令で定める権利（施行規則35条）以外の権利の全部または一部を制限することができる（189条2項）。株主は会社に対し、単元未満株式の買取りを請求できる（192条、193条。議決権がないことから普通の株式に比べて譲渡がしづらいうえに、定款で株券発行請求権を制限することも認められるので（189条3項）、株主に換価の道を与えるためである）。反対に会社側も、定款で定めたとき、単元未満株主に単元未満株式を売り渡すように請求できる（194条）。

7　株式の併合と分割、無償割当て

（1）　株式併合

　会社は2株を1株、あるいは3株を2株とするように、すべての株式を一律に併合することができる。これを**株式併合**という。これにより、会社の発行済株式総数が減り、市場に出回っている株式の数が減るので、結果として株価が上がることもある。

　株主の地位は原則的には変化はないが、端数が生じた場合、株主に不利益になる場合もあるので、株主保護のため、取締役が株主総会で株式の併合が必要な理由を説明し（180条4項）、併合の割合、併合が効力を発生する日、効力発生日における発行可能株式総数（公開会社ではこれを効力発生日における発行済株式総数の4倍を超えて定めてはならない）等を株主総会の特別決議で定めなければならない（同条2項・3項、309条2項4号）。会社は、株主総会で定めた効力発生日の2週間前までに通知（公告）をし（181条）、事前・事後に開示手続をとらなければならない（182条の2、182条の6）。株主はその効力発生日に、その前日の株主の保有株式数に併合割合を乗じて得た数の株式の株主となる（182条）。端数については、会社はその端数の合計額に相当する数の株式を競売し、端数に応じた代金を株主に交付する（235条）。株式併合により端株が生ずる場合、反対株主に株式買取請求権が認められ（182条の4、182条の5）、株式併合が法令・定款に違反し株主が不利益を受けるおそれがあるときは、株主に差止請求権が認められる（182条の3）。

（2）　株式分割

　株式の併合と反対に、1株を2株にするように、株式を一律に分割することを**株式分割**という。発行済株式総数は増えるが、株主の地位には変化はない。出回る株式の数が増えるので、株価が下がるため、高くなった株価を下げるのに効果的である。

　株式分割をするための手続としては、原則としては、株主総会の普通決議で、分割の割合と基準日、株式分割が効力を生ずる日などを決定する必要がある（183条2項。取締役会設置会社では、株式分割の場合株主の地位には変更がないので、株式併合に比して手続が軽減されており、取締役会決議により速やかに実行することが可能である）。基準日に株主名簿に記載されている株主は、株式分割の効力発生日に基準日に有する株式に分割の割合を乗じて得た数の株式を取得し（184条1項）、会社は株主総会で発行可能株式総数を増加するという定款変更手続をとらないで、定款に定めた発行可能株式総数を株式分割の割合を乗じて得た数の範囲内で増加することができる（同条2項）。

（3）　株式無償割当て

　株主から払込みを要求せずに、所有する株式に対して株式を割り当てることを**株式無償割当て**という（185条）。株式分割の場合と同様、新たな出資はないので資産は増加しないが、発行済株式総数は増加する。しかし、無償割当ての場合には、会社が保有する自社株式に対しては株式を無償割当てすることはできないとされている（186条2項）。

　この場合にも、株主に割り当てる株式の数、無償割当てが効力を生ずる日などを株主総会（取締役会設置会社では取締役会）の決議で決定しなければならない（同条3項）。株主は、無償割当ての効力発生の日に割り当てられた株式の株主になる（187条1項）。

第9章　株式の譲渡と担保化

設　立　　**株　式**　　機　関　　資金調達　　その他

株式の譲渡は株主の投下資本を回収するための重要な手段となる。本章では、株式譲渡と担保化の方法について学ぶ。株券や株主名簿などの意義や役割についても、説明する。

1　株式譲渡自由の原則

　株主は、原則として自由に株式を譲渡することができる（127条）。

　無限責任を負う社員がいる合名会社・合資会社では、社員が任意に退社することが認められ、その時には持分を払い戻してもらうことができる（611条）。持分会社でも社員が間接有限責任しか負わない合同会社の場合には、出資した金銭等の払戻しには制限がある（635条以下）。しかし、これに対して、株式会社では、株主が有限責任しか負わず、会社財産しか会社債権者の担保はないので、会社債権者を保護するために会社からの出資の払戻しが認められない。そこで株主は、誰かに株式を譲渡してその対価を得ることで間接的な出資を回収するしか方法がない。そのため、株主の地位である株式の譲渡を自由に認めること（**株式譲渡自由の原則**）は、株主保護の見地から大変重要であると考えられており（例外的に、法令あるいは定款による制限は可能である（☞第10章参照））、また、その譲渡方法も簡易迅速で、かつ安全なものであることが必要である。

2　株式譲渡の方法

　株式譲渡の方法はその会社が**株券発行会社**（定款で株券の発行を定めた会社、

214条）であるか、株券不発行会社（特に株券の発行について定款で定めのない会社）であるかにより異なる。

　株券発行会社では、株式の譲渡をするためには、株券の交付が必要であり、交付がなければその効力は生じない（128条1項）。譲渡人と譲受人の譲渡に関する意思表示の合致と株券交付により、株式を譲渡することができる。

　これに対して、株券不発行会社では、当事者の意思表示の合致のみで株式を譲り渡すことができる。

　平成17年改正前は、株式会社は原則として株券を発行しなければならず、定款で株券を発行しない旨の規定を置いた会社では、例外的に株券を発行しないでよいとされていた。しかし、平成17年改正では原則と例外を反対にして、株券を発行しない場合を原則とし、株券を発行する場合には定款に規定を置くことにした（214条）。株券を利用した場合にはどのようなメリットがあるのかは、本章3で詳しく説明する。平成17年改正の経過措置では、改正前定款に株券を発行しない旨の規定を定めていなかった株式会社は、株券を発行する旨の定款規定があるもの（株券発行会社）として扱うとされている（整備法76条4項）。株券を発行する旨の定款を廃止する場合の手続については、218条参照。

3　株券の働き

（1）　株券の法的性質

　株券とは、有価証券（財産権を表章し、その権利の行使および移転に証券が必要であるもの）の一種で、株式を表章するものである。株主は、会社設立時に出資した場合は会社が成立したとき、新株発行の場合は新株発行の効力が発生したときに、株主の地位である株式を取得したことになり、株券の発行により株式を取得するものではない。有価証券の中には、手形のように有価証券の作成により手形上の債権が発生する設権証券もあるが、株券はすでに成立している株式を表章する**非設権証券**である。

　株券の記載事項は法律に規定されている（216条）。このように株券の形式は法律で定められているため、**要式証券**の一種であるが、手形のように記載

を要求される事項の1つでも欠けると証券としての効力を失うというような厳格な要式証券（手形法2条1項、同法76条1項参照）ではなく、株券の表章する株式の内容は、株券上の記載にかかわらず定款または株主総会・取締役会によって定まる（非文言証券）と考えられている。

（2）　権利推定と善意取得制度

　株券発行会社では、株券を占有している者が適法な所持人と推定される（131条1項）。推定とは、ある事実などが不明確な場合でも法律上一定の効果を認めることをいう。したがって、株券占有者は他に立証を必要とせずに権利行使ができ、会社は株券占有者が無権利であることを立証しないかぎり、株主の権利行使を拒否できない。株券のこの推定機能により、会社は、株券の所持人が株主の地位を有することを信じて権利行使をさせた場合、万が一その者が株主でなかったとしても免責される。また、株主権は、繰り返して行使されるので、その度ごとに株主に株券の提示を求めなくても、株式の譲渡時に株券の提示をして株主名簿の名義を書き換えていれば（☞本章5参照）、株券を一々提示しなくても名義書換以後はその名簿の記載に基づいて権利を行使することができる。

　このように、株券の占有者は適法な所持人と推定されるため、実は株券を所持していた者が無権利者であったという場合にそれを信じて株式を取引した者を保護する制度として、**善意取得制度**がある（同条2項）。

善意取得制度

　Aは株主でありながら株券を盗まれ、無権利者（盗取者・拾得者）のBがCに対して株式を譲渡した場合、本来Bは無権利者なのでCも株式を取得することができない。しかし、Cが「Bが無権利者であること」を知らず（善意）かつ知らないことに重大な過失がない（無重過失）場合には、Cを保護し株式取引の安全を図るために、Cがこの株券に係る株式についての権利を取得す

ることを認める。この場合、Ｃが株式を取得したことで、反射的にＡは株式を失う。これは、ＡからＣへの株式の承継取得を認めるのではなく、Ｃの株式の原始取得を認めるものである。

（3）　株券の発行

　株券発行会社において株式を譲渡するためには株券の交付が必要であるため、株券発行会社では、株式を発行した日以後遅滞なく株券を発行しなければならない（215条1項）。そうでないと、株式を譲渡したい株主が、株券が発行されないことにより、事実上譲渡を制限され、不利益になるためである。しかし例外として、非公開会社では、あまり頻繁に株式が譲渡されないため、株主が請求するまで株券を発行しなくても許される（同条4項）。

　株券の効力はいつから発生するかについては、学説上対立がある。会社が作成した株券がどの株主のものか確定したときと考える作成時説、会社が会社の意思で他人に発行したときと考える発行時説、株券を株主に交付したときと考える交付時説などである。保管中・郵送中の事故については、作成時説ではすでに株券は効力を生じているので、善意取得が成立し、株主は不利益を受けるが、交付時説ではまだ株券ではなく紙片にすぎないので、株主に損害は生じないが、それを取得した者がいても保護されない。発行時説では、保管中の事故はまだ株券ではないので、善意取得は成立しないが、郵送中の事故により株主は権利を失うという結果になる。取引の安全を保護するべきか、または、株券を失ったもともとの株主を保護するべきかという難しい問題である。判例（最判昭和40年11月16日民集19巻8号1970頁）・従来の多数説は交付時説をとっている。

（4）　株券不所持制度と株券喪失登録制度

　株券を用いて株式を取引することは、株式の譲渡を円滑にするために有用な方法であるが、一方、株主が株券をきちんと保管せず、万が一その株券が流通して善意取得されたような場合には、本来株主であった者は株式を失う危険がある。このようなことを防ぐために、**株券不所持制度**が設けられている。株券の所持を希望しない株主は、会社にそれを申し出ることができ、株

券が発行されている場合には株主は会社にそれを提出し、会社は株券を発行しない旨を株主名簿に記載（記録）し、記載（記録）後は株券を発行することができず、提出された株券は無効となる（217条1項〜5項）。株券の不所持を申し出た場合も、株主は会社に株券の発行を請求できる（同条6項）。たとえば、株主が株式を譲渡する場合などには、株券の交付が必要となるからである（128条1項）。

　株券を喪失した者（盗まれた者、火災で株券を焼失した者、どこかに株券を置き忘れてしまいその所在がわからない者等を含む）は株主名簿に記載されている限り、会社から株主として扱われ権利行使が可能であるが、株式を譲渡する際には株券が必要であり（128条1項）、また、株券がそのまま人手に渡り、善意取得が成立すると善意取得者が株式を取得し、株券喪失者は株式を奪われてしまうこともあり得る（131条2項）。そこで、株券喪失者は、会社に株券の再発行を請求する前に、以下に説明する**株券喪失登録**という制度による手続を踏まなければならない。

株券喪失登録制度

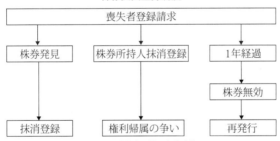

株券発行会社は株券喪失登録簿を作成し（221条）、会社の本店に備え置き、何人も請求の理由を明らかにした者はその閲覧・謄写を請求できる（231条）。株券を喪失した者は、その氏名・名称および住所ならびに株券の番号を明らかにし、喪失の事実を証明する資料を提供して、株券喪失登録簿に登録を請求できる（223条、施行規則47条）。登録がされると、株券喪失登録が抹消されるか、あるいは、株券が無効になるまでの間、株主名簿の書換えができなく

なる（230条1項）。また、名義人と喪失登録者が異なる場合には株主総会で議決権を行使することができなくなるため（同条3項）、株券発行会社は名義人に喪失登録がなされた旨を通知しなければならず（224条1項）、また、喪失登録された株券の所持人が株主名簿の名義書換えなどのために会社に株券を提出した場合にも、会社はその所持人に喪失登録がなされている旨を通知しなければならない（同条2項）。株券の所持人は会社に対して株券を提出して喪失登録の抹消を請求でき、会社は抹消を申請した者の氏名・名称および住所ならびに株券番号を株券喪失登録者に通知し、その通知から2週間後に抹消登録をして、その株券を登録の抹消を申請した者に返還する（225条、施行規則48条）。この場合は、喪失登録者と抹消申請者間でどちらが本当の株主であるかが争われることになる。他方、喪失登録をした者は、株券を発見するなどにより登録が不要になった場合には、登録を抹消することを請求できる（226条、施行規則49条）。登録が抹消されないまま、株券喪失登録日の翌日から起算して1年が経過すると、喪失登録の対象となっている株券は無効となり（228条1項）、会社は、喪失登録者に株券を再発行しなければならないこととなる（同条2項）。

4　株券発行会社以外の株式譲渡

（1）　株券不発行会社の場合

　株券不発行会社では、譲渡人と譲受人の意思表示の合致のみで株式の譲渡は有効である。株券不発行会社ではもともと株式が譲渡されることが少ないので、株券によってスムーズに譲渡ができないということに関して不便を感じることはあまりないが、株券が発行されないことに代えて、会社が発行する名簿記載証明（122条）を示して、株主であることを証明し取引をすることもできる。

（2）　上場会社の場合

　平成16年に「社債等の振替に関する法律」の改正により同法の題目が「社債、株式等の振替に関する法律」（以下「振替法」という）となり、その施行日

である平成21年1月5日から上場会社では**株券の電子化**が実視された。この制度は株券不発行会社で株式譲渡制限会社でない会社では同制度の利用に同意した場合に適用されるが、上場会社では一斉に、株主の意思にかかわらずすべてこれを利用することになった（これを**株式振替制度**という）。

　上場会社の株式等に係る株券はすべて廃止され、これまで株券の存在を前提とした株主権の管理は電子的に行われる。主務大臣から指定を受けた振替機関（振替法3条。現在、日本では㈱証券保管振替機構が唯一の振替機関である）では、口座管理機関（証券会社・金融機関）に対して口座を開設し、その管理機関の口座にそれぞれの株主が口座を開くというような重層的な組織がつくられる。

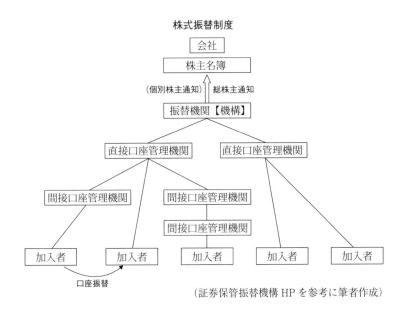

（証券保管振替機構 HP を参考に筆者作成）

　そして、口座の株式数の付け替えで譲渡が効力を持ち（振替法140条）、同時にこれが第三者に対する対抗要件になる。加入者は口座で記載された振替株式についての権利を適法に有するものと推定され（同法143条）、善意取得の制度により保護される（同法144条）。しかし、株式譲渡を会社に対抗するためには、株主名簿の書換えが必要である（同法161条3項）。そして、振替機関

は同法151条で定めた場合に、会社に対して株主が誰であるかを通知しなければならず（同法151条）、この通知を**総株主通知**という。したがって、たとえば会社が株主総会の招集通知を行う際、会社は振替機関からの総株主通知により株主が誰かを知ることになる。会社はそれにしたがって株主名簿を書き換えなければならず、通知日に書換えがされたものとみなされる（同法152条）。また、株主が少数株主権等の行使をする場合、加入者からの申出により振替機関は会社に対し通知をしなければならない（**個別株主通知**。同法154条）。

　この制度の導入で、それまで存在した上場会社の株券は完全に無効となった（電子化の実施までに振替機関に株券を預託せず、株券が手元にある場合には、株主名簿上の名義人の名前で口座管理機関に「特別口座」が開設され、権利は保全されているが、特別口座に記録されている株式は売却・担保設定等ができない。取引をするためには、新たに株主が証券会社に口座を開設し、特別口座から株式の振替手続をすることが必要である）。

5　株主名簿の働き

　株主名簿は、株主および株券に関する事項を明らかにするために所定の事項を記載した帳簿である。その記載事項は法律に規定されている（121条）。会社は株主名簿を作成し、本店に備え置き（125条1項）、株主・債権者は営業時間内ならいつでも、名簿の閲覧・謄写を請求することができる（同条2項）。しかし、会社は以下の①〜④に該当する場合には閲覧・謄写を拒むことができる。それはすなわち、請求を行う株主または債権者が①その権利の確保または行使に関する調査以外の目的で請求を行ったとき、②会社の業務の遂行を妨げ、または株主の共同の利益を害する目的で請求を行ったとき、③株主名簿の閲覧・謄写によって知り得た事実を利益を得て第三者に通報するため請求を行ったとき、④過去2年以内において株主名簿の閲覧または謄写によって知り得た事実を利益を得て第三者に通報したことがある者であるとき、である（同条3項）。また、親会社社員が子会社の株主名簿に関して閲覧請求する場合には、裁判所の許可が必要であり、裁判所は①〜④に該当する

事由があるときは、許可をすることができない（同条 4 項・5 項）。

　また、会社は定款で**株主名簿管理人**を別に置く旨を定めたときは名簿作成、備置き、管理に関する事務を株主名簿管理人に委託することができる（123条）。

　株式の譲渡を行った場合には、株主名簿の株主の名義を書き換えなければ、株式の移転を会社に対抗できない（130条 2 項）。これは、大勢の株主を抱えている会社が、株主を把握するための便法でもある。株主名簿に株主として名義を記載された者は、株主であると証明しなくても会社に株主として権利行使ができ（株主名簿の資格授与的効力）、会社は名義人を株主として取り扱えば免責される（株主名簿の免責的効力）。このとき、株券発行会社は株券発行がされている場合には、株券を持っている者が株主と推定されるため（131条 1 項）、株式の取得者が株券を提示して名義書換えを請求する場合には、会社はその者が無権利者であると証明しない限り名義書換えに応じなくてはならず、株主でないことを知り、または容易に証明できるにもかかわらず名義書換えに応じた場合以外は免責される。これに対して、株券不発行会社（振替株式をのぞく）の場合は、株券がないため株式取得者と株主名簿に記載された者とが共同で名義書換えを請求しなければならず（133条 1 項・2 項、施行規則22条）、株主名簿の名義書換えが会社に対する対抗要件であるほか、第三者に対する対抗要件でもある（130条 1 項）。

【発 展】

株主名簿の名義書換えが未了な場合に、会社は自らの責任で譲受人を株主として取り扱ってよいか

　会社法130条 1 項の「対抗することができない」とは、法律用語としての一般的な用法では、会社に対して主張することはできないが、会社から認めることはできるという意味に理解される。したがって株主名簿というのは、会社が株主の取扱いの便宜のために用いている制度であるため、会社が自らの危険で実質的な権利者を株主として認めることはできると考えるのが判例（最判昭和30年10月20日民集 9 巻11号1657頁）・多数説の立場である。これに対して、株主名簿は大勢の株主を画一的に処理するための制度と解した上で、会社が場合によって株主として扱ったりまたそれを否定したり

することは不当であると考える説もある。理論的には、前者の判例・多数説の立場が妥当であろうが、実際には大勢の株主を擁する株式会社であれば、例外を認めず画一的に処理をするほかはないと考えられよう。

　また、株主に対して会社が行う通知・催告は、株主名簿に記載しまたは記録した株主の住所にあてて郵送すれば足り、これらは通常到達すべきであったときに到達したものとみなされる（126条）。会社が株主に対して通知・催告を5年以上継続して行ったにもかかわらずそれらが未到達である場合はその株主に通知・催告の必要はなく、会社の義務の履行場所は会社の住所地となる（196条）。また、通知・催告が5年間到達せず、かつ5年間継続して剰余金の配当を受領していない場合には、会社は所在不明の株主の株式を競売し、あるいは買い取って、その代金を株主に交付することができるとされている（197条、198条）。

【発展】

会社が株主名簿の名義書換えに不当に応じない場合、譲受人はどのような措置をとることができるか

　譲受人は本来会社による名義書換えが完了しないうちは、会社に対して株式譲渡を対抗できないから、譲受人が会社に名義書換えを請求したにもかかわらず、名義書換えの手続が不当に拒絶された場合には、会社に対する関係で株主の地位を主張できないだけでなく、株券不発行会社では第三者にも株主としての地位を主張できないことになる。

　そこで、株主名簿の名義書換えを正当な理由なしに会社が拒絶した場合には、譲受人は名義書換えがなくても会社に対して株主であることを主張でき、会社も株主として扱わなければならないと解するのが判例（最判昭和42年9月28日民集21巻7号1970頁）・多数説である。

　会社は、権利を行使できる株主を確定するため（たとえば、株主総会時に議決権を行使する株主を確定するため）、ある一定の日（**基準日**）を定めて、基準日に株主名簿に記載されている株主を権利者として取り扱うことができる（124条1項）。権利行使日は基準日から3か月以内でなければならず（同条2項）、基準日の2週間前には、株主に基準日に関する事項について公告をしな

くてはならない（同条 3 項。議決権の場合には、基準日以後に株式を取得した株主にも権利行使させることを定めることができる（同条 4 項））。

【発 展】

株主名簿の名義書換えを忘れた場合、譲渡人間で配当金などの取扱いはどのように行うのか（失念株の問題）

　株式の譲渡がすでに行われていても、株式の無償割当てや剰余金分配の基準日までに名義書換えが行われないと、譲受人は会社からこれらを受け取ることができない。判例は、このような場合、会社は名簿上の株主に対して割当あるいは剰余金の配当の支払いを行い、それらは名簿上の株主に帰属すると解する（最判昭和35年 9 月15日民集14巻11号2146頁）。しかし、学説ではこれに対して批判がある。株式は当事者間では譲受人に譲渡されているのであるから、当事者間の株式譲渡と会社に対する関係とは異なるとして、株式譲受人は譲渡人に対して新株または剰余金を引き渡すように請求できると主張する。この場合の利益の返還を不当利得と解する立場(不当利得説)は、譲受人に利益が存在する範囲でそれを返還すればよいと考えるが、事務管理に準ずる法律関係があると解する立場（準事務管理説）では、譲渡人には引渡義務があり、譲渡人が有益費用を支払った場合にはそれを譲受人に請求できると考える。日本証券業協会では、このような場合の慣例的な取扱いとして、譲受人は一定の期間、配当金あるいは新株の返還を請求でき、それに対して譲渡人は払込金額その他の経費および所定の支払いを受けて新株の返還をする旨を定める（株式の名義書換失念の場合における権利の処理に関する規則 2 条）。

6　株式の担保化

　株主は、その有する株式に質権を設定することができる（146条 1 項）。

　たとえば、A（借主）とB（貸主）が金銭消費貸借契約をし、Aの保有する株式に質権を設定する場合を考える。この場合、Aを質権設定者、Bを質権者とする質権設定契約が結ばれる。

　株式に質権を設定する方法には、略式質と登録質の 2 つがある。

　まず、略式質を設定する場合にはAがBに株券を交付しなければ効力を生じないとされ、株券の交付が要件とされるのであるから、略式質を設定できるのは後述する振替株式の場合を例外として、株券発行会社の株主のみである。また、この場合、株券の継続的な占有がなければBは会社その他の第三

者に対抗できない（147条2項）。

　これに対して、**登録質**を設定する場合には、質権設定に際して、質権者の氏名、住所等を株主名簿に記載等をしなければ（148条）、Bは会社その他の第三者に対抗できない（147条1項）。これに加えて株券発行会社である場合には、株券を継続的に占有することもまた対抗要件である（同条2項）。

　質権者は、株券を占有している間は債権の弁済までそれを留置することで債権の弁済を促すことができ（民法362条2項、347条）、株式について優先弁済権を持ち（同法362条2項、342条）、また、質権者は債務者が受けるべき金銭その他の物に対しても質権を行使できること（物上代位権。同法362条2項、350条、304条）を前提にして、会社法は、質権の目的物である株式に代わる金銭等についても物上代位権を主張することができることを明らかにしている（151条）。さらに、略式質権者は、金銭等が会社から質権設定者に交付される前に差押さえをしなければならないが（民法362条2項、350条、304条1項ただし書き）、登録質権者は、物上代位によって株主が受ける金銭を直接受領して、他の債権者に優先して自己の債権の弁済に充てることが認められている（152条～154条）。

　振替株式（☞本章4（2）参照）の場合には、振替口座の質権欄に質入れによる数の増加の記載等があれば質権の効力が生ずる（振替法141条）。質権者が申し出ない限り質権設定者（すなわち株主）が総株主通知で通知されるため（同法151条2項2号）略式質となり、質権者が申し出て質権者の氏名等が会社に通知され（同法151条3項・4項）会社が株主名簿に記載した場合は登録質となる。

　これらに対して、株式を担保の目的物にするとき、上の例でいえば、A（借主）とB（貸主）が金銭消費貸借を結ぶ場合、担保設定の目的のためにBに株式を譲渡して（株券発行会社では株券の交付が要件であり、株券不発行会社では当事者の譲渡の意思表示の合致のみでよい）、債務の弁済があればその株式をAに再譲渡するが、債務の履行がなければ担保権が実行される。これを**譲渡担保**という。譲渡のみでなく、株主名簿の書換えまでした場合には、会社は譲渡担保権者を株主と扱うが（登録譲渡担保）、名簿書換えをしない場合もある

（略式譲渡担保）。振替株式の場合は、通常の譲渡の方法と同様、譲渡担保権者に振替口座の記載・記録を行い（振替法140条）、総株主通知を行う際にも振替機関が加入者（譲渡担保権者）を株主として会社に通知するため、会社はその株式が譲渡担保に供されていることは認識できない。しかし、これに対して、特に加入者が申し出た場合には、譲渡担保設定者を「特別株主」として会社に通知してもらうことができる（同法151条2項1号）。

　株券発行会社で担保が設定される場合は、略式質の設定と譲渡担保が同じく株券交付により効力を生じるため、外形的には区別がつきにくい。原則としては当事者の意思表示により定まると考えられているが、それでも不明である場合には、担保権者にとって有利と考えられる譲渡担保と解される。

　譲渡制限会社の株式に質権を設定した場合には、質権設定時には会社の承認は必要なく、競売により株式を取得した者が会社に対して承認を求めればよいが（137条）、譲渡担保設定の場合にはどのように考えればよいか。形式に合わせて担保設定時に承認を要するとする説と、目的に合わせて担保実行のときに承認を要するとする説がある。

第10章　株式譲渡の制限

設　立　**株　式**　機　関　資金調達　その他

株式譲渡自由の原則に対する例外として認められているのは、定款で定めた場合と、法令で定めた場合である。前者は、定款に別段の規定をして株式の内容として譲渡制限株式を発行した場合と譲渡制限種類株式を発行した場合が該当し、後者は、株券発行前の株式譲渡と自己株式の取得が該当する。

1　定款による株式の譲渡制限

　株式会社では、資金の調達先として株主は重要であるが、それが誰であってもよいのが本来の株式会社の姿である。しかし、株式会社であっても、株主の緊密な関係を重視した会社もないわけではないので（たとえば、同族会社など）、このような会社では、株式の自由譲渡に制限を加える必要がある。

　これには、会社の発行する株式全部の譲渡制限を定める場合（107条1項1号）と、ある種類の株式にだけ譲渡制限を定める場合（108条1項4号）がある。それを定めるには、定款に規定を置く必要がある。設立の際に作成する原始定款でそれを定める場合は、通常の設立手続において行えばよいが（新しくその会社に出資する株主は、その定款を前提に出資すると考えられるので、特別に保護する必要はない）、定款であらためて株式全部の譲渡を制限する規定を置くためには厳格な手続（議決権を行使できる株主の半数（定款でこれを上回る割合を定めることができる）以上でかつその議決権の3分の2（定款でこれを上回る割合を定めることができる）以上の多数が賛成しなければならない）が必要である（309条3項1号。通常の定款変更手続（同条2項）と比較）。また、種類株式の内容の変更には、定款変更手続のほかに種類株主総会の決議も必要である（111条2項）。これらの場合、株主総会においてこの定款変更に反対し

た株主には、株式買取請求権が認められる（116条1項1号・2号）。

COLUMN　公開会社と非公開会社

　会社法2条5号は、公開会社を「その発行する全部又は一部の株式の内容として譲渡による当該株式の取得について株式会社の承認を要する旨の定款の定めを設けていない株式会社をいう」と定義している。すなわち、定款で会社の発行する株式の内容として譲渡を制限する旨の規定が置かれている（つまりその発行する株式すべてが譲渡制限株式である）会社はここで規定されている公開会社ではないが、譲渡制限種類株式の発行を定款で規定している会社では、ある種類については制限の規定があるが、その他の種類の株式については制限が置かれていないので、公開会社ということになる。

　発行する株式の全部の譲渡を定款で制限している会社は、株主の数も多くないことが一般的で、株主が会社経営にも関心を持っている場合が多い。かつての有限会社は平成17年改正で株式会社に吸収されたが、この有限会社も持分の譲渡に一定の制限を置いている会社であった。そこで、会社法では、非公開会社についての規定を一般規定とし、公開会社に関する規定は特別規定として整理することとした。このことから、何が「公開会社」であるかをよく理解しておくことが大切である。同じことは、大会社以外の会社と大会社（2条6号）の関係にも当てはまる。

　では、このように定款に譲渡制限株式あるいは譲渡制限種類株式を発行する旨を定めた会社では、株主は株式を全く譲渡できないのであろうか。その答えは否である。なぜならばそれは、会社の株式譲渡制限の意図も尊重しなければならないが、他方、株主の投下資本の回収という利益も最大限に尊重することが必要であるためである。

　そこで、たとえば、譲渡制限株式を保有する株主が他人に株式を譲渡したい場合には、株主は会社に他人に対する譲渡を承認するか否かの決定を請求することができる（136条）。また、譲渡制限株式の取得者も株主名簿に株主として記載された者と共同して、会社に対してその譲渡を承認するか否かの決定を請求することができる（137条、施行規則24条）。またこれらの場合、譲渡等承認請求者は、会社が承認をしない場合には、代わりに会社、あるいは譲渡制限株式を買い取る者（**指定買取人**）に、買取りを請求することもできる（138条1号ハ、2号ハ）。それに対して、会社は株主総会（取締役会設置会社で

は取締役会）決議でそれを承認するか否かを決定し、その決定の内容を譲渡
等承認請求者に通知しなければならない（139条）。もし、承認をしないと決
定した場合、譲渡等承認請求者が会社あるいは指定買取人による買取りも請
求していたときは、会社または指定買取人が買い取ることを決定し（決定に
は原則として株主総会の特別決議が必要であるが（140条2項・5項、309条2項1
号）、取締役会設置会社では指定買取人を指定する場合には取締役会の決議に代替
できる（140条5項）。また、指定買取人は定款であらかじめ定めておくこともでき
る）、通知しなければならない（141条1項、142条1項）。そして、会社または
指定買取人は1株当たりの純資産額に株式数を乗じた額を、譲渡等承認請求
者はその会社が株券発行会社である場合にはその株券を、会社の所在地の供
託所に供託しなければならない（141条2項・3項、142条2項・3項）。譲渡が
認められない場合、会社あるいは指定買取人に買取りを請求をした者はこれ
らが承諾をしなければ請求を撤回することができない（143条）。売買価格の
決定は、原則として会社または指定買取人と譲渡等承認請求者で協議して決
定するが、この協議が成立しなかった場合には、裁判所に売買価額の決定の
申立てをすることができる（144条）。会社が株主からの譲渡承認の請求を受
けても請求から2週間以内に139条2項の通知をしなかった場合、または、譲
渡を承認しない決定をしたにもかかわらず会社が139条2項の通知の日から
40日以内に、または指定買取人が10日以内に買い取る旨を通知しなかった場
合には、原則として会社が譲渡を承認したものとみなされる（145条）。

　また、法定の譲渡承認の手続以外の手続を定款で特別に定めることも認め
られている（139条1項ただし書き）。たとえば、特定の譲受人（既存株主、従業
員など）への譲渡には承認不要とすること、承認機関を代表取締役にするこ
と、取締役会設置会社でも株主総会が承認することなどについて定款で規定
すれば、その会社ではその手続によることができる。

　このように、譲渡制限株式の譲渡を会社が承認しない場合でも、会社また
は指定買取人が株主から株式を買い取ることで、株主の投下資本回収の利益
は守られる。

　また、会社の承認を行わずに株式譲渡をした場合の効力は、会社との間お
よび当事者間でも無効とする説、当事者間では有効であるとする説（最判昭

和48年6月15日民集27巻6号700頁）、会社との間でも、当事者の間でも有効で
あるとする説等が対立している。

【発 展】

従業員持株制度と契約による株式譲渡の制限

　従業員持株制度とは、会社がある程度の便宜を供与して従業員に会社の株式を取得
させるもので、従業員にとっては福利厚生や財産形成の一環であるが、会社にとって
も、従業員の愛社精神を高め生産性を向上させることが会社の利益を高め、また安定
株主対策ともなるなどの利点があると考えられている。

　このような従業員持株制度を用いる場合には、従業員が従業員でいる間はその株式
を保有し続けることを強制し、また、退職する際には速やかにその株式を会社あるい
は他の株主に譲渡させるという仕組みを整える必要がある。そのため、定款による譲
渡制限の制度を利用せずに、会社と従業員間、あるいは、会社以外の第三者（従業員
持株会などである場合が多い）と従業員間で、取得時には株式を廉価で取得できるが、
その代わり従業員でいる間にはその株式を譲渡してはならず、また、退職後には取得
価額と同額で株式を譲渡しなければならない旨を契約した場合、その契約の有効性が
問題となる裁判例がみられた。当初はこの契約が定款による株式譲渡制限の脱法行為
となるか否かが争われる例が多かったが、近時は契約自由の原則、特に民法90条の公
序良俗違反との関係で問題となった。下級審では、これを無効とする判決（東京地判
平成4年4月17日判時1451号157頁）も出されたが、概ね有効とする判決が続き、最高
裁もこれを有効と判断した（最判平成7年4月25日集民175号91頁）。定款で譲渡制限
が規定されている場合には、譲渡時に会社に承認を得なければならないものの、いつ
譲渡するかを決め、その譲渡のタイミングでどの程度のリターンが得られるかの判断
は株主に任されている。しかし、従業員持株制度においてこれらの契約が用いられた
例では、この点に制約があることが問題である。

2　株券発行前の株式譲渡制限 ── 法令による制限その1

　株券発行会社では、株券を交付しなければ株式の譲渡ができないため（128
条1項）、株式を発行した日以後遅滞なく株券を発行しなければならない（215
条）。この株券発行前の状態においては、株式の効力は生じていて、譲渡当事
者の間では譲渡の効力も認められる。しかし、会社との関係でも株券発行前
に株式の譲渡を認めると、会社にとって取扱いが煩雑になるので、株券発行
前に行った株式譲渡の効力は、会社に対して生じないとされている（128条2

項）。これは、政策目的からの規定と考えられているが、「会社に対抗できない」ではなく、「効力を生じない」とされているので、会社からも譲渡を認めてはならないという意味である。しかし、これに対して、会社成立前の権利株の譲渡については、成立後の会社に対抗できないと規定されているのみであるので（35条、50条2項、63条2項）、会社からはその権利株の譲渡を認めることができる（☞第6章3参照）。どちらの場合も会社の事務が煩雑にならないための政策規定であると解するならば、会社との効果について差異が生ずる理由が理解できない。少なくとも立法論としては、権利株の譲渡に関する規定の扱いにそろえるべきではないだろうか。

3　自己株式の取得 —— 法令による制限その2

　会社が発行する株式（自己株式）を会社自身が取得することは、完全に禁止されているわけではないが、かといって自由に行うこともできない。現行法では、一定の手続にしたがった場合、会社は自己株式を取得することが認められている。

　自己株式取得に関する規制は、平成6年以降大きく変化している。すなわち、平成6年改正前は、自己株式取得は原則的には禁止されていたが、平成6年改正で例外的に取得できる場合を拡大させ、そして平成13年改正によって現行法のように原則許容へ方向転換した。まず、これらの改正にはどのような意味があったのかをみてみよう。

（1）　自己株式取得禁止の理由と事前規制・事後規制

　平成6年改正前、自己株式取得は、規定されるいくつかの場合を例外として、原則的には禁止されていた。これを禁止とする理由は、自社の発行する株式を取得することは、自社の株主になることであり、理論的におかしいからであると説明されることもあったが、出資者が誰であるかは機械的に定まることが認められるため、それが理由とはならないと考えてよい。むしろ、これは政策的なものであり、かつ、それは1つの理由によるものではなく、複合的なものであるとの見解が多数だった。それは、①資本の空洞化、②会

社支配の歪曲化、③不正取引のおそれ、④株主平等の原則違反などであった。

　まず、①の資本の空洞化の問題は、自社の財産による株式取得を認めると、取得の対価は適正でも、株式の値下がりにより会社は損害を被る可能性があり、また、出資を払い戻すことで債権者の担保が減少し、資本維持の原則に反するということが懸念された。次に、②の会社支配の歪曲化は、会社の自己株式を取得するとその株式の議決権は停止するが（308条2項）、それを除いた株式の数は全体より少なくなるから、その分少ない数の株式で会社を支配できるようになり、経営者の地位の安定のために不当に利用されるおそれがあると考えられた。③の不正取引としては、自己株式取得が株式の相場操縦に利用される場合や、会社内部の情報によって株式取得（インサイダー取引）による利益を不正に利得する場合などが考えられる。最後の④株主平等の原則違反は、自己株式を取得する場合、一部の株主についてだけ会社が投下資本回収の道を開くことになり、株主平等の原則に違反するおそれがあるのではないかという問題である。このような複合的な弊害をもたらしうる自己株式の取得は危険視され、そもそも取得自体を規制するという事前規制が行われていた。しかし、形式的に自己株式取得に当たっても、実質的に以上の政策目的に反しない場合は（たとえば、無償譲渡、他人の計算による譲渡など）、解釈でこれを認めていた。

　その後、平成6年改正、平成9年改正などにより、一定の目的に限って例外的に自己株式取得を認める範囲はどんどん拡大していき、ついに、平成13年6月の改正では、それぞれの弊害に対して一定の手続・規制により対処して原則許容し、それでも結果的に問題が生じた場合には自己株式の取得を決断した取締役の責任で対処するというような事後規制へと転換が行われ、これが今の会社法にも受け継がれている。

　すなわち、①の弊害の自己株式の値下がりに関しては、公正妥当な企業会計によって処理し、原則として自己株式を資産として評価しないことで対応し、また、資本の空洞化については剰余金分配と同様の規制に則って財源規制と手続規制を行うこととした。また、自己株式取得が②の会社支配の歪曲化につながらないように株主の同意を得る手続を前提とし、③の不正取引の弊害に関しては、金融商品取引法の規制を強化し、また、④の株主平等の原

則違反には、特定の株主からの取得に関して特に厳重な手続を課すことで透明性を高めた。

　しかし、これらの規制は、自社の株式を取得する場合にしか機能せず、現行法でも、会社が子会社（2条3号）を利用して親会社（2条4号）の自己株式を取得させることに関しては弊害を防止する策がないため、平成6年改正以前と同様に原則として取得は禁止され、例外的に取得が許されてもなるべく早くこれを処分しなければならないとされている（135条）。これに対して、逆に子会社株を親会社が取得することに関しては、三角合併（☞第24章3【発展】「キャッシュアウト・マージャーと三角合併」参照）をする際に親会社株式を取得して消滅会社株主に交付する必要性があるため、むしろ一般の自己株式取得規制に比べて緩和されている（163条（157条〜160条の適用除外））。

（2）　自己株式取得の許容

　どのような場合に自己株式取得が認められるかについては、会社法155条が列挙している。これをその目的によって分類すると、以下のようになる。

①　株主との合意による取得（155条3号）

　不特定多数の株主からの取得する場合（156条）、特定の株主からの取得する場合（160条）。

②　種類株式に関連する取得

　取得条項付株式の定款に定めた事由が発生した場合（155条1号、手続：168条以下）、譲渡制限株式を会社が買い取る場合（155条2号）、取得請求権付株式の株主からの請求があった場合（155条4号、手続：166条以下）、全部取得条項付株式を発行し、全部取得を株主総会が決議した場合（155条5号、手続：171条以下）。

③　株式に関する問題を解決する手段

　会社が相続により譲渡制限株式を取得した者への売渡請求をした場合（155

条 6 号、手続：174条以下）、単元未満株式について株主からの買取請求があった場合（155条 7 号、手続：192条以下）、所在不明株主の株式を競売で売却してその価額を分配するのに代えて会社が買取りをすることを定めた場合（155条 8 号、手続：197条 3 項・4 項）、端株を金銭で売ってその価額を分配するのに代えて会社自身が買取りをすることを定めた場合（155条 9 号、手続：234条以下）。

④　他会社との合併その他による他社が所有している自己株式の取得・承継
事業全部の譲渡の場合（155条10号）、吸収合併の場合（同条11号）、吸収分割の場合（同条12号）。

⑤　その他
法務省令で定める場合（施行規則27条）。

このように会社が自己株式を取得する場合はさまざまであり、すべてについて説明することはかえって煩雑になるため、以下では、①の株主との合意による取得を前提に説明する。

COLUMN　自己株式取得によるメリット

会社は、近時、業績が連続して好調なため余剰資金が溜まっている場合などに株主への還元策として増配と併せて自社株買いを重視するようになった。また、自社株を取得して消却すると発行済株式総数からその分が差し引かれ、1 株当たり当期純利益が上昇すると、市場での需給関係が改善され、また、株価の上昇も期待できるといわれている。

しかしながら、増配はすべての株主を対象とするが、株式を売りたい株主のみを対象とするものであるところから、自己株式取得は株主への還元策としては十分とはいえない。日本では、まだまだ低額かつ安定した配当をすることを重視する企業が多くみられる。株主還元を考えるなら、まず増配が検討されるべきである。

（3）　財源規制

　自己株式取得による弊害として挙げられていた資本の空洞化という問題については、自己株式の取得を剰余金の株主分配の一場合と考えて、剰余金分配の場合と同じく、おおざっぱに説明すれば純資産から資本・法定準備金を減じて算出した剰余金（446条）を基準として算出される**分配可能額**の範囲ならば自己株式を取得することができる（461条1項2号〜7号）。また、この分配可能額を超えて自己株式を取得した場合、譲渡人および当該職務執行を行った取締役等は交付を受けた金銭等の帳簿価額に相当する金銭を連帯して会社に支払う責任を負い（462条1項1号〜5号）、それを行った事業年度の計算書類において分配可能額がマイナスになった場合（欠損が生じたという）には、取締役等は欠損と株主に対して交付した金銭等の帳簿価額の総額の少ない方の額を会社に塡補する責任を負う（465条1項2号・3号）。これらの責任はその職務を行うについて無過失だったことを証明したときは、免れることができる（462条2項、465条1項ただし書き）。

（4）　手続規制

　自己株式取得は、剰余金分配と同様、株主総会で承認を受けるのが原則である。

　まず、株主を特定せずに自己株式を取得する場合には、会社はあらかじめ取得できる株式の数（種類株式発行会社では種類と種類ごとの数）、株式を取得するのと引換えに交付する金銭等の内容およびその総額、取得できる期間（1年以内）を株主総会の決議（普通決議）で決定する（156条。平成17年改正前は定時総会に限るとされていたが、現行法は定時総会に限らず臨時総会でもよいとされている）。そして、実際的に自己株式を取得しようとするときは、その都度、取得条件等を株主総会（取締役会設置会社であれば取締役会）で決定し（157条）、それを株主に通知（公開会社では公告に代えられる）しなければならない（158条）。株主から譲渡の申込みがあれば（159条1項）、会社はその譲受けを承諾したものとみなされるが、取得できる総数を上回る申込みがあった場合には、取得株式数は按分比例で決められる（同条2項）。

　さらに、特定の株主から取得する場合は、156条の決定に合わせて158条の

通知を特定の株主にすることを決定しなければならならないが（160条1項）、これは特定の株主のみを特別扱いにし株主平等原則に違反するおそれがあるため、その承認は株主総会の特別決議によらなければならない（309条2項2号）。また、この場合、会社に対して自己株式を譲渡する特定の株主は、この株主総会において議決権を行使できない（160条4項）。会社はその決定を行う際には、その旨を株主に対して通知しなければならず（同条2項、施行規則28条）、特定の株主以外の株主も自分を売主に追加するように請求できる（160条3項、施行規則29条）。特定の株主から取得する場合でも、取得する株式が市場価格のある株式であって、株式1株取得する際に会社から交付される対価が市場価格として法務省令（施行規則30条）により算定されたものを超えないときは、他の株主を害するおそれがないため売主の追加請求手続（160条2項・3項）は適用されない（161条）。非公開会社において会社が相続人その他の一般承継人から相続等により取得した株式を取得する場合（162条）、子会社からの取得の場合（163条）、定款にあらかじめ規定を置いた場合（164条）も同様である。

　会社が市場取引あるいは公開買付によって自己株式を取得しようとする場合には、会社に株式を買ってほしい株主は誰でも平等に取り扱われるため、以上に説明した157条から160条に規定される手続は適用を排除される（165条1項。156条での株主総会による大枠の決議さえあれば（取締役会設置会社では、定款で規定すれば取締役会決議で決定することもできる（165条2項・3項））その後の手続は必要ない）。

（5）　違法な自己株式取得の効力

　（3）の財源規制または（4）の手続規制に反して自己株式が取得された場合、その効力がどうなるのかについては明らかではない。

　これは、財源規制違反と手続規制違反を分けて考えるべきである。

　まず、財源規制違反に関しては、同規制違反の剰余金分配が無効であることに鑑み、この場合も無効と考えられるべきであろう。これに対して、手続規制違反については、通説は、原則無効と考えられるべきであると考えている。また、これに対して、無効を前提としながらこれらの諸手続は会社の利

益を保護するためのものであるため、無効主張は会社からのみ許されるとする説もある。また、会社も、相手株主が善意である場合には、取引安全の見地から無効を主張できないと解するべきであるとする説もある。

（6） 金庫株の地位

平成13年改正前は、自己株式の取得をしても、会社はそれをすぐに処分するか消却しなければならないと定められていた。しかし、平成13年改正は、自己株式の保有と、合併や会社分割の場合に相手会社の株主に株式を交付する際に自己株式を利用することも認めている。

会社が保有しつづける自己株式を金庫に入れておいてまた必要な時に利用するというイメージから、13年改正は「金庫株の解禁」といわれた。

自己株式の地位については、これまでに明らかだった議決権（308条2項）、剰余金配当請求権（453条）が会社に与えられないという規定以外にも、平成17年改正により、残余財産分配請求権（504条3項）、募集株式・募集新株予約権の株主割当てを受ける権利（202条2項、241条2項）も会社に与えられないことが明記された。

（7） 自己株式の処分と消却

自己株式の処分により会社は再び社会に株式を流出させることになるため、自己株式の主文にも新株発行と同様の規制が及ぶことになる。会社法では、新株発行と自己株式の処分を「募集株式の発行等」と呼び、199条以下でこれらを同一に取り扱っている（☞第20章Ⅰ参照）。

また、平成17年改正前は株式の強制消却が認められていたが、同改正以降は取得条項付（種類）株式の取得と自己株式の消却（178条）の手続を組み合わせて行うことができる。この場合、自己株式の消却により発行済株式総数は減少するが、発行可能株式総数は減少しないと考えられている。

総　論　　株式会社

第11章　株式会社の機関

設　立　　株　式　　**機　関**　資金調達　その他

📖　第11章から第19章は、株式会社の運営の仕組みについて記述する。会社
　　は無形の存在であるため、会社が活動するためには、機関を備えていな
ければならない。
　第11章では、機関とはなにか、それぞれの機関の役割、相互の関係性について、
説明する。

1　株式会社の機関の役割

　自然人は自分で考え、行動することができる身体と能力を持つが、会社は
自らその実態を備えた組織ではなく、無形の存在である。自分自身で行動で
きない会社では、組織上の一定の地位を与えられた自然人（または自然人の集
団）がその権限を行使して行動した場合、あるいは意思決定をした場合に、
それを法律上会社の行為・意思決定とする仕組みを整える必要がある。

　これを会社の**機関**という。

　株式会社には、原則として、会社の基本的事項に関する意思を決定する機
関、業務執行の決定・実行をする機関、業務執行の適法・適正を監査する機
関などが必要であると考えられるが、株式会社も大規模なものから小規模な
もの、公開性が強いものから閉鎖性が強いものまでさまざまな実態があるの
で、その機関構成も一様である必要がない。

　たとえば、大会社でない公開会社を例に挙げる。公開会社（2条5号）で
は、**株主総会**は会社の重要事項を決定する機関である。公開会社では、株式
の譲渡が自由であるため株主は頻繁に入れ替わり、株主の数は多いが、株主

は会社経営に興味を示さないことが多いため、株主総会において経営者として取締役を3人以上選任し、その取締役全員を構成員とする**取締役会**を設置して、業務執行の決定は取締役会に委ねる。また、取締役会において取締役の中から、代表機関として**代表取締役**が選定される。そして、代表取締役を含む取締役の職務執行を監査する機関として**監査役**が置かれる。取締役の場合と同様、株主総会が監査役を選任する。

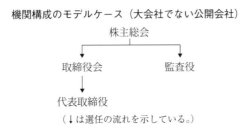

機関構成のモデルケース（大会社でない公開会社）

（↓は選任の流れを示している。）

　このように、会社の機関は、代表取締役や監査役のように1人以上を選任（選定）すればよいとされている場合は単独でその機関権限を行使するが、株主総会や取締役会のように構成員が複数である場合には、どのような手続で意思決定をするかをあらかじめ決めておく必要がある。

　株主は、会社の経営を専門家に一任するが、他方、取締役の選任・解任をつうじて、間接的に会社の経営を監督する。取締役会においては、その構成員らが慎重に検討を行ったのちに決定をし、お互いを監督することが期待されている。また、株主によって選任された監査役は、株主の利益のために監査をする。

　この機関構成は、比喩的に立法・司法・行政の三権分立になぞらえて説明されることがある。すなわち、立法が機関の頂点に立つ株主総会、行政が取締役会、司法が監査役である。しかしながら、国家における三権分立は互いをけん制し合っているバランスのとれた制度であるが、株式会社では、株主総会を取締役会または監査役が監督する仕組み、あるいは監査役を取締役会が監督する仕組みは取られていない。

> **COLUMN**　トップダウンの経営体制
>
> 　左の図と異なり、実際の会社においては、従業員出身の代表取締役がピラミッドの頂点となり、トップダウンの会社経営が行われている。法的には頂点にあるはずの株主は少額の利益配当をもらって満足し、取締役・監査役の人事権は代表取締役が握っており、株主総会はそれを追認するばかりである。人事権を代表取締役に握られている監査役も、これまで取締役を務めた者が退職前の花道としてその役職を与えられているか、あるいは取締役に至る出世の途中段階であるため、その権限を活用できない。このような本音と建前の違いは、日本の株式会社の弊害ともいえる。

> **COLUMN**　社長－経営者の肩書
>
> 　会社には、社長、副社長、専務取締役、常務取締役などの役職があるが、法律上、そのような区別はなく、代表取締役か取締役（あるいは指名委員会等設置会社の代表執行役、執行役）のどれかに当たる。また、実際に社長であるからといって、必ずしも法律上の代表取締役ではないこともある。しかし、「代表取締役社長」を名乗る者が多いように、社長は代表取締役であることが多い。しかし、代表取締役ではないのに社長などと名乗っている者を代表取締役であると勘違いして取引してしまう者もないとはいえない。このような取引相手がどのように保護されるのかについては後述する（☞第15章6参照）。

2　機関構成に関する改正（平成17年改正に至るまでの変遷）

　商法が制定されてから昭和25年改正までは、会社の機関として、株主総会、取締役、監査役が置かれていた。株主総会は会社に関するすべての事項を決定することができる最高かつ万能機関であると位置づけられ、各取締役が代表権を含む業務執行権限を有する機関であり、監査役は業務監査権および会計監査権を有していた。しかし、そのころの株主総会でもすでに所有と経営の分離は進んでおり、昭和25年改正においてはその実態に鑑みて株主総会の権限を法定事項および定款に規定した事項に限定するとともに、それとの関係で広がった業務執行の決定を適切かつ慎重にさせるために、3人以上の取締役によって構成される取締役会による合議制を取り入れ、また、取締役会

で選定される代表取締役に代表権を与えた。また、これまでの監査役による業務監査と取締役会の構成メンバーである取締役の業務執行に関する監督が重複することが考慮されて、監査役の権限は会計監査権限に限定され、その任期も2年から1年に短縮されることとなったが、昭和49年改正においては監査役に再び業務監査権限を与え、任期も2年に戻している。これが、Iにおいてすでに説明した、株主総会、取締役会、監査役という現行法でいえば「大会社でない公開会社の機関構成」である。

　しかし、昭和49年以降、株式会社の規制はその会社の実態に応じて分化していく傾向を見せた（☞第4章3(3)参照）。たとえば、昭和49年改正においては、株式会社の規模に基づいてそれぞれにふさわしい規制をする方法が採られ、同年に制定された「株式会社の監査等に関する商法の特例に関する法律」は、大会社（資本の額が5億円以上の株式会社）と小会社（資本の額が1億円以下の株式会社）について、大会社では通常の監査役監査に加えて、会計に関して専門的な知識を持つ会計監査人の設置強制を、小会社では監査役の権限を会計監査に限るなどの特例を設けた。昭和56年の改正では（この改正により負債の合計金額が200億円以上の株式会社も大会社となり、この条件を満たす会社は小会社から除かれた）複数の監査役を置き、そのうちの1人は常勤でなくてはならないとされた。

　また、つづいて平成5年改正では監査役の任期を3年に伸ばし、大会社においては監査役を3人以上選任し（そのうちの1人以上は社外監査役）それによって構成される監査役会制度を強制した。平成13年12月改正では監査役の任期は4年となり、大会社の監査役会ではその半数以上を社外監査役としなければならなくなった。

　そして平成14年改正では、大会社では定款に規定を置いた場合に、取締役会の中に委員会を置く「委員会等設置会社」（これは平成17年改正時の「委員会設置会社」を経て、現行法では「指名委員会等設置会社」と名称を変更している）を選択できるようになった。

　しかし、「委員会等設置会社」以外のものについては、株式会社はそれぞれの規模に応じてこれらの機関を設置することが強制されていたのであって、この規制は、場合によっては厳重すぎるため、小規模閉鎖会社に対して必要

以上の負担を課していたということが問題だったといえよう。

COLUMN コーポレート・ガバナンス論とはなにか

　コーポレート・ガバナンス論とは、会社、特に株式会社は誰のものであり、また、誰がどのように会社を監視することが適切であるかを論じる、会社統治論のことをいう。

　会社経営者が会社をわがものと考え株主の利益を顧みないような場合、あるいは、会社で不祥事が起こったような場合に、どのように会社が統治されるべきであったかが論じられることが多い。わが国では、平成の初期から欧米のコーポレート・ガバナンスへの取り組みが紹介されるとともに、わが国でも同様にそれに取り組むべきであるという論調が増えていった。

　会社法では、株主総会が重要事項について決定していく仕組みがとられており、最終的には株主の意向を仰ぐため、原則としては、会社は株主のものと考えるべきである。しかしながら、株式会社をめぐっては、会社従業員、取引先、債権者など多くの利害関係者（ステークホルダー）がいるため、それらの利益との調和をどのように考えたらよいかも問題となっている。

3　株式会社の機関構成のいろいろ

　このような問題を解消するため、平成17年制定会社法では、会社は一定の規制を守れば、自社に使い勝手のよい機関構成を自ら選択できるようになった。株式会社は、定款によって、取締役会、会計参与、監査役、監査役会、会計監査人、監査等委員会、指名委員会等を置くことができる（326条2項参照。監査等委員会設置会社は、平成26年改正により創設された制度である）。

　これに対して、一定の会社には特定の機関の設置が強制される場合もあり、ある機関を設置した場合別の機関を設置しなければならない、また反対に、ある機関を設置した場合別の機関を設置してはならないというような機関相互の関係によりその規制は複雑である。それぞれの機関の詳細に関してはそれぞれの箇所に譲るが、ここではまずそれらを鳥瞰しておきたい。

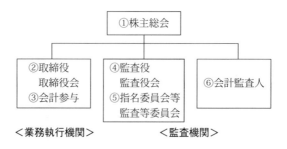

<＜業務執行機関＞　　　　　　　＜監査機関＞>

②～③は業務執行機関であり、②の取締役を置くか取締役会を置くかはどちらかを選択しなければならないが、③の会計参与はすべての会社で任意に選択できる。④～⑥は監査機関であるが、④～⑤の1つを選択するとほかは選べない。⑥は会計に専門化した監査機関であるため、これを置く場合必ず④～⑤の中のどれか1つと並置する。

以下、上の図で付された番号にしたがって説明する。

①　株主総会はどの株式会社にも必ず置かなければならない。ただし、取締役会非設置会社と取締役会設置会社では株主総会の権限に広狭の差がある（295条1項2項）。

②　業務執行機関として、取締役は必ず1人あるいは2人以上置かなければならない（326条1項）。公開会社では、必ず取締役会を置かなければならないが（327条1項1号）、定款に規定した場合には非公開会社でも取締役会を置くことができる。取締役会設置会社では、取締役を3人以上選任しなければならず（331条5項）、業務執行の決定は取締役会決議による。また、取締役会は取締役の中から代表取締役を選定しなければならない（362条3項）。

③　会計参与は会社の計算書類等を取締役と共同して作成する機関である。計算書類の作成は業務執行の一種なので、会計参与も業務執行機関に当たる。平成17年改正で初めて設けられた。会計参与は、公認会計士もしくは監査法人、または、税理士もしくは税理士法人でなくてはならない（333条1項）。すべての株式会社において他の機関との関係の問題もなく、任意に設置できる機関である。取締役会を置いた場合には原則として監査役を置かな

ければならないが（☞④で後述）、非公開会社では会計参与で代替できる（327条2項ただし書き）。

④　監査役は原則として、業務監査・会計監査権限を持つ（非公開会社（監査役会設置会社および会計監査人設置会社以外）の場合は、定款でその権限を会計に制限することができる。389条1項）。取締役会を置いた場合には、監査役を置かなければならない（327条2項）。取締役会設置会社では取締役会に業務執行が委ねられ、その代わりに株主総会の権限が狭まるため（☞①で前述）、株主に代わって監査役が厳重に監査をする必要性があるためである。

　これに対して、監査役会は、選任された3人以上の監査役によって構成され、このうちの半数以上は社外監査役（2条16号）でなければならず（335条3項）、そのうち1人以上は常勤でなければならない（390条3項）。監査役会を置く会社は取締役会も置かなければならない（327条1項2号）。監査機能が充実するのに対して、業務執行も同等でないと太刀打ちできないからであろう。また、大会社である公開会社は、監査役会を置かなければならない（328条1項。監査等委員会設置会社・指名委員会等設置会社を除く）。

⑤　指名委員会等設置会社は、取締役会の中に指名・監査・報酬の三委員会を置く会社をいう（327条1項4号、2条12号）。これに対して、監査等委員会設置会社は、取締役会の中に監査等委員会を置く会社をいう（327条1項3号、2条11号の2）。指名委員会等設置会社は監査等委員会を置いてはならない（327条6項）。各委員会の委員の数は3人以上でその過半数は社外取締役（2条15号）でなければならない（331条6項、400条1項・3項）。委員会を設置する場合には、同時に会計監査面についても充実させることが期待されるため、会計監査人を置かなければならない（327条5項）。指名委員会等設置会社の取締役会は業務執行よりも取締役会によって選任された執行役・代表執行役の職務執行の監督を中心的な仕事とし、また、監査等委員会、監査委員会が、監査役とほぼ同様の監査権限を有するため、職務の重複を避けるために監査役を置いてはならない（同条4項）。

選択できる機関と株式会社の実態の関係

	公開会社→取締役会設置強制	非公開会社
大会社 ↓ 会計監査人設置 強制	取締役会・監査役会・会計監査人 指名委員会等設置会社（会計監査人） 監査等委員会設置会社（会計監査人）	取締役・監査役・会計監査人 取締役会・監査役・会計監査人 取締役会・監査役会・会計監査人 指名委員会等設置会社（会計監査人） 監査等委員会設置会社（会計監査人）
大会社ではない 会社	取締役会・監査役 取締役会・監査役会 取締役会・監査役・会計監査人 取締役会・監査役会・会計監査人 指名委員会等設置会社（会計監査人） 監査等委員会設置会社（会計監査人）	取締役 取締役・監査役 取締役・監査役・会計監査人 取締役会・監査役 取締役会・会計参与※ 取締役会・監査役会 取締役会・監査役・会計監査人 取締役会・監査役会・会計監査人 指名委員会等設置会社（会計監査人） 監査等委員会設置会社（会計監査人）

※会計参与はこれ以外のすべての選択肢において任意に設置できる。

⑥　会計監査人は公認会計士または監査法人であることを必要とし（337条1項）、会計に関する専門的な監査をする。大会社は会計監査人を置かなければならない（328条1項・2項）。大会社では会社債権者も多数に及ぶため、会社の会計について、厳重な監査を必要としているからである。

会計監査人設置会社は監査役を置かなければならない（327条3項。そうでない場合は、指名委員会等設置会社か監査等委員会設置会社を選択しなければならない（327条5項））。第三者機関である会計監査人が監査をする場合、会社側にも監査役がいるほうがその業務をスムーズに実行できることがその理由として考えられる。

以上の法則を踏まえて、大会社である公開会社、大会社でない公開会社、大会社である非公開会社、大会社でない非公開会社で選択できる機関構成は上記の表のようになる。

これからわかるように、大会社である公開会社は、〈取締役会＋監査役会＋会計監査人〉、〈取締役会（指名委員会等）＋会計監査人〉（これはすなわち指名

委員会等設置会社）、〈取締役会（監査等委員会）＋会計監査人〉（監査等委員会設置会社）、の３種類の機関構成しか選択肢がない。それは、大会社や公開会社になるほど制約が強くなっているからである。

　大会社でない非公開会社では10種類の選択肢があるが、選択が認められているからといって、大会社である公開会社並の厳重な機関構成を選択しなければならない必要性は少ない。

　会社法２条では、取締役会設置会社（７号）、監査役設置会社（９号）、監査役会設置会社（10号）、会計監査人設置会社（11号）など、「○○設置会社」という定義が置かれている。これらは、取締役会設置会社を例にとれば、取締役会を置くことを法律で強制される会社と、強制はされていないが定款で取締役会を置くことを選択した会社の両方が含まれることに注意しなければならない（２条７号参照）。

第12章　株主総会の意義・招集・議事

設　立　　株　式　　**機　関**　　資金調達　　その他

> 第12章から第14章は、株主総会について説明する。株主総会は株式会社においては必ず設置しなければならない機関である。本章では、その役割と招集手続、議事を取り上げる。

1　株主総会の意義と権限

　株主総会は、会社の意思決定機関である。昭和25年改正前においては、会社の所有者である株主の意思を第一に尊重するために、株主総会は、会社のすべての事項に関して決定できる万能の機関だった。しかし、実際に決議される事項は限られていたために、25年改正で、法を現実に一致させて、株主総会の権限が縮小された。

　この25年改正による規定が、現行法では、取締役会設置会社における株主総会の権限に引き継がれている。すなわち、法律で定められた事柄に関しては、株主総会の決議によって決定しなければならない（295条２項）。この法定事項の中で重要なものを挙げると、定款変更、資本減少、会社の解散、合併、事業譲渡などの会社の組織・事業の基礎に変更を生じる事項と、取締役・監査役などの役員等の選任・解任に関する事項、取締役の報酬の決定などの役員等の専横のおそれがある事項、決算の承認、剰余金分配などの株主の重要な利益に関する事項がある。これ以外の事項は、取締役会の決議によって決定される。取締役会設置会社とは、「取締役会を置く株式会社又はこの法律の規定により取締役会を置かなければならない株式会社をいう。」と定義されている（２条７号）。つまり、法律が強制的に取締役会を置かなければならないとした公開会社、監査役会設置会社、監査等委員会設置会社、指名委

員会等設置会社（327条1項）、および、定款で任意に取締役会を設けた会社がこれに当たる。

　公開会社では、株主の自由な入れ替わりが想定され、株主の数も比較的多いので、所有と経営が分離しているほうが経営しやすいと考えられる。また、監査役会設置会社や委員会設置会社では、監査機関が厳格に組織されているため、それとのバランスの上でも取締役会の権限が相対的に強く、株主総会の権限は狭くなる。

　また、株主総会は原則としてすべての事柄を決定できる万能の機関であるから、取締役会設置会社でも、定款によれば、一般に取締役会決議事項とされている事項も株主総会で決議することと定めることができ（295条2項）、株主総会権限はその範囲で拡大する。また、株主総会の決議を要することが法定されている事項について、株主総会以外の機関が決定できる旨を定款で定めても、それは無効である（同条3項）。

　また、これに対して取締役会非設置会社では、昭和25年改正前商法（あるいは平成17年改正前の有限会社法）と同様、会社の組織、運営、管理その他会社に関する一切の事項について決議することができる（295条1項）。しかし、実際にこの形態を選択できるのは、実質的には、株主がいつも株主総会に参加することが可能であり、かつ、所有と経営が一致している会社に限られるであろう。

2　株主総会の実態

　株主総会は、このような重要な機関であるにもかかわらず、ほとんどの会社では1年に1回開催されるのみである（年に1度定時に開催されるのは、その営業年度の決算の承認をしなければならないからである）。また、一般の株主は配当金額には興味があるが、経営には関心がないため、その出席状況はあまりはかばかしくない。会社側も、株主総会が長引いたということになると会社経営になにか問題があったと受け取られることをおそれて、なるべく早く総会を終わらせることばかりに気をとられてしまう。株主総会の平均時間

はかつては30分から１時間の間であり、拍手の音になぞらえて、「シャンシャン総会」などと揶揄されたが、新型コロナウイルスの感染の影響がなかった令和元年株主総会の調査によれば、最も多かった回答は60分超から90分以下となっていた（商事法務2216号104頁）。

　しかし、株主総会本来の役割を考えると、会社経営者は常に株主の意向に気を配り、株主の利益を第一に考えることがその使命であり、株主の意思は尊重されなければならない。また、株主総会は、一度問題が生じれば、取締役・監査役などを解任して、委任を解き、自分たちに有利と考える道を選択することが可能であり、株主に残された最後の自己救済の手段である（その意味で、公開会社においても株主総会は会社の最高機関であるといえる）。したがって、株主総会の形骸化は防止しなければならず、株主の意思を会社経営に忠実に反映させる方策を考えなくてはならない。

　最近では、企業買収等によって株式の多数を握った大株主やファンドが「モノ言う株主」として活躍することもある。

COLUMN　総会屋という仕事

　総会屋と一口に言っても、その活動は一様ではない。すなわち、会社から金品をもらうことができると、総会の平穏な運営に協力する、いわゆる与党の総会屋と、金品をもらえないと質問を長引かせたりして総会を荒らす、野党の総会屋がいる。しかし、与党・野党は初めから決まっているのではなく、会社が金品を渡すか否かによって、総会屋は両方の役割を果たすのである。総会屋は、日本特有の現象であるといわれるが、総会屋に金を渡すと、暴力団の資金源などにもなって社会問題化するほか、総会の正常な運営が妨げられることも問題である。総会は早く終わらなければならないものではなく、議論すべきことはそれなりに時間をかけて、しっかり討論すべきである。しかし、総会本来の働きを正しく理解すれば、このような総会屋の脅しは本当は恐いものではなく、会社が一丸となって対処すれば、株主総会から総会屋を排除することは不可能ではない。その甲斐あって、現在は総会屋はほとんど姿を消している。

3　株主総会の招集・議事

（1）招　集
①　招集の決定
　株主総会は、多数の株主を集めて開催するものであり、また、株主も普段は会社の経営に常時携わっているのではないので、常設の機関ではない。

　したがって、招集権限のある者が法定の手続によって招集して初めて適法の株主総会ということができ、そうでないものは、たんなる株主の集合にすぎず、有効な総会ではなく、決議をしても株主総会の決定と法的に評価されない。

　まず、株主総会は、その招集時期によって、定時総会と臨時総会に分けることができる。**定時総会**は、毎事業年度の終了後一定の時期に招集される総会のことをいい（296条1項）、決算の確定・株主への剰余金分配等を決定するために招集される。それに対して、**臨時総会**は、必要がある場合に随時招集される総会のことをいう（同条2項）。

　株主総会を招集する場合、原則としては、取締役（取締役会設置会社では取締役会）が開催の日時・場所、会議の目的事項（議題）、書面投票をするか否か、電子投票をするか否か等を決定し（298条1項（施行規則63条）、298条4項）、取締役（取締役会設置会社では代表取締役）が招集する（296条3項）。株主が招集される場所は、平成17年改正前は本店の所在地にこだわり、「本店の所在地又は之に隣接する地」とされていたが（平成17年改正前商法233条）、改正後は、出席の便宜を考えて著しく不当でなければ、どこで総会を開催しても規制されることはなくなった。そのため、交通の便のよいところで、適切な会場を探すことができるようになった。議決権を行使することができる株主が1000人以上の会社では書面投票が強制される（298条2項、施行規則64条）。

　しかし、以上の方法に対する例外として、総株主の議決権の100分の3（定款でこれを下回る割合を定めることができる）以上の議決権を6か月（定款でこれを下回る期間を定めることができ、非公開会社では保有期間を問わない）前から引き続き保有する株主は、議題（当該株主が議決権を行使できるものに限定される）と招集の理由を示して取締役に招集を請求することができ、それにもか

かわらず請求後遅滞なく招集手続が行われない場合、または、請求があった日から8週間（定款でこれを下回る期間を定めることができる）以内の日を株主総会とする招集通知が発せられなかった場合には、株主は裁判所の許可を得て自分で株主総会を招集することができる（297条）。株主総会招集権は便宜上取締役会に委ねているだけであって、そもそも株主に招集権が認められるのは当然といえる。しかしながら、その権利が濫用されないように少数株主権となっている。

②　招集通知

　総会の会日の2週間（非公開会社であって定款で取締役会を設置した会社では1週間、取締役会を設置していない非公開会社では定款で1週間を下回る期間を定めた場合においてはその期間）前までに通知を発しなければならないが（299条1項）、それは、書面によらなくても、電話などでもよいと解されている（しかし、取締役会設置会社または書面投票・電子投票を行う旨を決めた会社では、書面によらなければならず、その通知には、総会の日時・場所、総会の議題等（298条1項各号）が記載または記録されなければならない。299条2項・4項）。また、株主の承諾を得た場合には、書面通知に代替して、電磁的方法で招集通知を発することもできる（同条3項）。書面投票の場合には、議決権行使書面（施行規則66条）と株主総会参考書類（施行規則65条、73条～94条）を交付しなければならず（301条）、電子投票の場合には、参考書類を交付しなければならない（302条）。これらは、電磁的方法による招集通知に株主が同意している場合は、電磁的方法で提供できる（301条2項、302条2項）。また、参考書類の提供に代えて、WEB上で開示することも認められている（施行規則94条）。

　以上に加えて、令和元年改正は、定款に規定した場合に、株主総会参考資料、議決権行使書面、会社法437条の規定する計算書類・事業報告、会社法444条6項の規定する連結計算書類の内容である情報について電磁的方法により株主が情報の提供を受けることができる措置（**電子提供措置**）をとることができることを認めた（325条の2以下、施行規則95条の2以下）。この場合、会社は、株主総会の3週間前の日または招集通知を発した日のいずれか早い日から株主総会の日後3か月を経過するまでの日までの間、継続して電子データ

情報を会社のホーム・ページなどの WEB サイトにアップロードするなどして電子提供を行い（325条の3）、株主にそれを閲覧させる。また、この場合においても、株主は上記の資料について書面の交付を請求することができる（325条の5）。電子提供が中断されてしまった場合の対処方法については325条の6、株主総会の規定の準用については325条の7参照。振替株式を発行する会社（上場会社を含む、☞第9章4（2）参照）においては、改正法施行日（他の令和元年改正と異なり、この施行日は令和4年9月1日とされた）を効力発生日とする定款変更をしたとみなされるため（会社法の一部を改正する法律の施行に伴う関係法律の整備に関する法律（令和元年法律71号）10条2項）、電子提供制度が強制される。

　ただし、株主全員の同意があれば（書面・電子投票の場合を除く）、招集通知を省略することが可能である（300条）。また、判例では、株主全員がそろったときにこの場を株主総会に代えることを全員が了承した場合、株主が招集通知によって出席の機会と準備の機会を与えられるという利益を自ら放棄したとして招集手続はないが適法な株主総会の開催と考えることができるとしている（最判昭和60年12月20日民集39巻8号1869頁）。これを、**全員出席総会**という。

　株主総会を延期すること、時間が想定よりもかかってしまい別の日に株主総会を引き続き行うこと（続会）を決議した場合には、改めて招集を決定し、通知をする必要はない（317条）。

COLUMN　バーチャル株主総会

　令和2年春から感染拡大した新型コロナウイルスにより、各会社も株主総会の開催方法についての工夫を余儀なくされた。通常業務も在宅ワークやオンライン会議などが増える中で、株主総会もオンラインで行うことができないかが模索された。しかしながら、会社法298条1項1号は、株主総会を招集する際には取締役（取締役会）が株主総会の開催日時と場所を定めなければならないとされているため、適法に株主総会を開催するには、実際に株主総会を行う場所が必要である。しかしながら、例えば、会社の本店の会議室を総会の会場としながら、リアル株主総会とオンライン株主総会を組み合わせた、ハイブリッド型バーチャル株主総会を開催することは適法であると

解される余地がある（ハイブリッド方式には、オンラインで参加する株主に議決権行使や質問も認める「出席型」と、株主総会を傍聴するだけの「参加型」が考えられる）。これに対して、令和3年6月に公布された「産業競争力強化法の一部を改正する等の法律」により、法務大臣および経済産業大臣の認定を受けることを条件として、定款に「場所の定めのない株主総会を開催することができる旨」を定めた上場会社では、バーチャルオンリー株主総会を開催することが認められた。このような開催方法が認められたことにより、今後の株主総会のあり方に変化が生ずることも期待される。

③ 株主提案権

　株主は議題（当該株主が議決権を行使できる事項に限る。例：取締役解任の件）を提案できる（303条1項）。ただしこれは、取締役会設置会社では、総株主の議決権の100分の1（定款でこれを下回る割合を定めることができる）以上または300個（定款でこれを下回る数を定めることができる）以上の議決権を6か月（定款でこれを下回る期間を定めることができる）前から引き続き保有する株主（非公開会社であって定款で取締役会を設置した会社では、株式の保有期間の要件が免除される）に限られ、かつ、株主総会の8週間（定款でこれを下回る期間を定めることができる）前までに請求しなければならない（同条2項・3項）。また、株主は、株主総会において議案（例：Aを取締役に選任する件）の提出も認められる（304条）。議題提案権行使の要件を満たした株主は、取締役に対して総会の8週間（定款でこれを下回る期間を定めることができる）前までにその議案の要領を株主総会の招集通知に記載することを請求することもできる（305条、施行規則93条株主が提案権を行使する際には、これまでも株主が権利を濫用するような例が近年しばしばみられていたので（例えば、東京高判平成27年5月19日金判1473号26頁）、令和元年改正では、株主による権利濫用が懸念されたため、取締役会設置会社の株主が提案した議案を他の株主に通知するように請求する権利に関して、その数を10以内に制限した（305条4項・5項））。ただし、その議案が法令もしくは定款に違反する場合、または実質的に同一の議案につき総会で総株主（その議案について議決権を行使することができない株主を除く）の議決権の10分の1（定款でこれを下回る割合を定めることができる）以上の賛成を得られなかった日から3年を経過していない場合は、304条の議案提案権、305条の議案通知請求権を行使できない（304条ただし書、305条6項）。

④　検査役の調査

　会社、あるいは、総株主（株主総会で決議できる事項（取締役会設置会社では法令・定款に定められた事項に限られる）の全部について決議できない株主をのぞく）の議決権の100分の1（定款でこれを下回る割合を定めることができる）以上の議決権を有する（公開会社である取締役会設置会社では6か月（定款でこれを下回る期間を定めることができる）の保有が必要である）株主は、招集手続あるいは決議の方法について調査させるために総会に先立って、検査役の選任を裁判所に申し立てることができ、裁判所が選任した検査役の調査結果は、裁判所と会社（会社以外が申し立てた場合には、会社およびその者）に報告され（306条）、裁判所は、一定の期間内に株主総会を開催すること、あるいは、株主へ検査役の調査報告を通知することの両方あるいは一方を取締役に命じなければならない（307条）。

（2）　議　事

　株主総会の秩序を維持し議事を整理するのは、**議長**の役割である（315条1項）。議長は定款で決めるのが実務では通例であるが（例：「社長は株主総会において議長を務める」）、特に規定がなければ総会において選任する。議長は、議場で議長の命令にしたがわない者、その他秩序を乱す者を退場させる権限を与えられている（同条2項）。

　総会において、株主には**質問権**が保障されなければならない。取締役、会計参与、監査役、執行役（取締役以外は、選任されている場合のみ）は、総会に出席して、株主からの質問に答える義務（説明義務）がある（314条）。しかし、株主の利益と会社の利益を比較衡量して、前者の実益が後者に劣る場合には、取締役等は説明を拒絶できると考えられる。それは、法律で列挙されていて、①質問事項が総会の目的事項に関しない場合、②説明することにより株主共同の利益を著しく害する場合、③その他省令で定める正当な理由がある場合（株主に説明するために調査をすることが必要である場合（株主が総会よりも相当の期間前に会社に通知した場合、説明のための調査が著しく容易な場合をのぞく）、株主が説明を求めた事項について説明することにより会社その他の者の権利を侵害することとなる場合、株主がその株主総会で実質的に同じ質問を繰り返す場合な

ど）である（同条ただし書き、施行規則71条）。実務においてはしばしば株主からの質問に対して会社が質問を整理しそれらに対して一括して回答するという方式が行われるが、判例は、法は説明の方法について特に規定を設けていないので、株主が会議の目的事項を合理的に判断するのに客観的に必要な範囲で説明すれば足りるとして、一括回答が直ちに違法となるものではないと判示している（東京高判昭和61年2月19日判時1207号120頁）。

　総会は、その決議により、取締役、会計参与、監査役、監査役会、会計監査人が総会に提出・提供した資料を調査する者を選任でき、株主の招集による総会の場合は、会社の業務・財産の状況を調査する者を選任できる（316条）。

　総会の議事については、法務省令の定めるところにより議事録を作成しなければならない（318条1項、施行規則72条）。議事録は株主総会の日から本店では10年間、支店ではその写しを5年間備え置かなければならず（318条2項・3項）、株主・債権者は、会社の営業時間内ならばいつでもそれを閲覧・謄写することを請求することができる（同条4項）。また、親会社の社員は、その権利を行使するために必要があるときは、裁判所の許可を得た場合、子会社の議事録を閲覧・謄写できる（同条5項）。議事録を見れば、株主総会の開催日時・場所、議事経過の要領とその結果、総会で述べられた意見または発言の内容の概要、出席役員等の氏名等がわかる（施行規則72条3項・4項参照）。

第13章　株主の議決権行使

株主の意思が総会決議に反映されるように、株主の議決権行使は保護されなければならない。法は、いくつかの議決権行使方法を認め、また、株主の議決権行使に関する利益供与を禁じている。

1　一株一議決権の原則とその例外

株主の議決権とは、株主総会に出席して総会決議に加わる権利をいう。

株主は、1株に対して1個の議決権を持つのが原則である（308条1項）。しかし、議決権制限種類株式（108条1項3号）、単元未満株式（308条1項ただし書き）、自己株式（同条2項）については、それを所有する株主は議決権を行使できない。

また、そのほかに、実質的にある会社を支配している会社において、被支配会社が保有する支配会社の株式の議決権行使は認められない（同条1項かっこ書き）。

25％以上保有

A社 ←——————————→ B社

×議決権行使

つまり、B社がA社の総株主の議決権の4分の1以上を保有している場合には、A社に対するB社の支配力はかなり確立していると考えられるので、B社の勢力を盾にB社の経営者の都合のよいようにA社にB社株式の議決権を行使するように強制する可能性があるので、これを防止するためA社は議決権行使を禁じられる。この要件は4分の1を保有するという形式的なもの

以外に、そのほかの事由を通じてその会社の経営を実質的に支配することが可能であるものとして法務省令が定めた場合（施行規則67条）にもこの規制は拡張される。わが国の株式会社はその経営を安定させるため、お互いに株式を持ちあうことをしてきた（株式相互保有）。近年、企業買収の防衛策として相互保有がまた見直されてきている。このように会社がお互いに結びついて互いの総会を支配したり、資産の裏づけのない資本が生ずることは問題である。しかし、会社法が相互保有を規制しているのは、この308条１項かっこ書きによる議決権制限や子会社による親会社株式取得制限（135条。☞第10章3（1）参照）など、ごく限られた場合のみであるといえる。

2　議決権行使の方法

　株主総会は会社の基本事項を定めるための大事な機関であるから、その構成員である株主は、自ら総会に参加して議事に加わり、質問し、説明を聞き、討論して、その結果自らの議決権を自らの意思で行使するというのが本来あるべき姿である。そもそも会社の経営には興味を持たない等の理由により総会に出席しない株主に対処することは難しいし、総会当日自分の仕事もあり、また、遠方に住んでいたりするために株主総会に出席できない株主をどのように株主総会に参加させていくかが課題である。そのための方策として考えられているのは、①代理人による議決権行使（議決権代理行使）、②書面による議決権行使（書面投票）、③電磁的方法による議決権行使（電子投票）などである。

　①の**議決権代理行使**は、株主は代理人を選任して自分の代わりに議決権を行使させることができる制度である。身体が不自由な高齢の親が子供に議決権を代理行使させる場合、法的な知識を持つ弁護士に議決権行使を代理させる場合、法人が総務部長などに議決権行使を代理させる場合などがある。株主が代理人によって議決権を行使させる場合には、代理権を証明する書面（委任状など）を会社に提出しなければならず（310条１項）、代理権の授与は総会ごとにしなければならない（同条２項）。会社の承諾を得た場合には、代理権

を証明する書面の提供に代えて書面に記載すべき事項を電磁的方法で提供してもよい（同条3項・4項）。また、会社は総会の混乱を避けるため、総会に出席できる代理人の数を制限できる（同条5項）。代理権を証明する書面あるいは電磁的記録は総会の日から3か月間会社の本店に備え置かれ、株主はそれを閲覧・謄写できる（同条6項・7項・8項）。

COLUMN　会社の委任状集め

　株主のほとんどは株主総会の出席に積極的ではない。しかし、それでは株主総会の定足数（定足数は、普通決議の場合には議決権行使可能株式を保有する株主の議決権の過半数を有する株主の出席であるが、定款で規定すれば排除できる。しかし、特別決議の場合は定足数は排除できない）も満たすことができず、株主総会の決議は成立しない。そこで、しばしば、会社は株主に対して、委任状を送付して、受任者を白紙のまま会社に返信してもらうことが行われる（このような委任状を白紙委任状という）。白紙委任状が会社に返送されると、会社は総務部長などに議決権行使を委任し、議決権を行使させる。議決権の委任勧誘は、少数株主等会社以外の者が行う場合もあり（金融商品取引所に上場されている会社の株式に関する議決権代理行使については金融商品取引法194条が規制している）、会社側からと、それに対抗する勢力の2つから委任状勧誘が行われ、委任状争奪戦になる場合もある。

　最高裁昭和60年12月20日判決（民集39巻8号1869頁）は、委任状に基づいて選任した代理人が出席した株主総会において、その株主本人が会議の目的たる事項を了知して委任状を作成し、決議が会議の目的たる事項の範囲内のものである限り、全員出席総会における決議として有効と解してよいと判示している。

【発　展】

「代理人は株主に限る」旨の定款規定の有効性

　総会屋の出席によって総会が攪乱されないように、「代理人は株主に限る」との規定が定款に置かれることが多い。これに対して、最高裁判例は、定款規定の「総会攪乱防止」という目的は妥当であるとして規定の有効性を認めるが（最判昭和43年11月1日民集22巻12号2402頁）、会社によっては、適当な代理人を見つけ出せない株主の議決権を実質上奪う結果となって不当である等の批判がある。総会屋は1株買えば、容易に株主として総会に出席することができるため、会社の「総会攪乱防止」という目的はこの規定で本当に守られるのかは疑問であるため、最近の下級審判例や有力説は、

「総会攪乱防止」という目的に関係ない場合には（子供が病身の親に代わって出席など）、定款の規定を制限的に解釈して議決権行使を認めることができると解釈しているものもある。また、株主の持株比率をより重視しなければならない閉鎖会社（現行法では非公開会社）では当該定款規定の有効性を認めるが、それ以外では定款規定を適用できないとする説や、議決権行使を不当に制限することは強行法規違反であるとして無効説も主張されている。

　②の**書面投票制度**は、一般の会社では、株主から白紙委任状を集め、それを会社経営者のいうがままに利用しているという実態に鑑みて、その弊害を補うために導入された。この方策では、株主は討論に参加することは不可能であるが、少なくとも自分の賛否を明らかにして、それを会社によって歪曲されることなく、決議に生かすことができる。

　書面による議決権行使を株主に認めるためには、取締役（取締役会設置会社は取締役会）が総会を招集する際に書面投票によることを決定しなければならない（298条1項3号）。1000人以上株主がいる会社では書面投票が強制される（同条2項）。ただし、上場会社が株主のすべてに金融商品取引法により委任状勧誘をする場合は例外である（同条2項ただし書き、施行規則64条）。

　この場合には、株主は総会での役員からの報告・説明を聞かずに議決権行使をするので、招集通知に株主総会参考書類および議決権行使書面を添付しなければならない（301条）。株主は、議決権行使書面に必要事項を記入して、会日の前日の営業時間の終了時までに提出し（311条1項、施行規則69条）、書面により行使した議決権数は、出席した株主の議決権の数に算入される（311条2項。議決権行使書面の備置き、閲覧・謄写については同条3項・4項・5項）。

　③の電磁的方法による議決権行使（**電子投票制度**）は、平成13年11月改正で新設された制度である（312条）。書面によるか、電磁的方法によるかという違いはあるが、それらのメリット・デメリットはほぼ同じである。取締役（取締役会設置会社では取締役会）が総会を招集する際に、電磁的方法により議決権を行使できることを決定する（298条1項4号）。②と異なり、どのような会社も電子投票を強制されることはない。書面投票と電子投票は併用できるが、重複して異なる内容の投票を行った場合について、会社はあらかじめ取扱いを定めておくことができる（施行規則63条4号ロ）。

　また、株主が複数株式を所有しているような場合、その議決権を一部は賛成・一部は反対というように行使することが認められている（313条1項）。これを**議決権の不統一行使**という。株式が信託されているような場合には、形式上株主は受託者であるが、受託者に委託者が議決権行使を一括して委ねるのではなく、自らの意思を決議に反映させたいのならば、会社に会日より3日前に書面をもってその旨と理由を通知しなければならない（同条2項。取締役会非設置会社では、通知は不要である）。しかし、「株主が他人のために株式を有する者」でないときは、会社は不統一行使を拒むことができる（同条3項）。

3　利益供与の禁止

　昭和56年改正法は、株主提案権（303条〜305条）、取締役に対する質問権（314条）、議長の権限（315条）等、形骸化した株主総会対策を多く盛り込んだ。株主権の行使に関する利益供与の禁止もその1つである。総会屋に企業が金を渡さなければ、総会で総会屋が会社に必要以上に協力することもなく議事がゆがめられることもないため、総会屋根絶のためには、企業からの金の流れを止めなければならない（総会屋については、☞第12章2のCOLUMN「総会屋という仕事」参照）。そこで、会社は何人に対しても株主の権利行使に関して、会社または子会社の計算で財産上の利益を供与してはならないとされるが（120条1項）、その要件を証明することが容易ではないため、会社が特定の株主に対して無償で利益供与をした場合、あるいは、会社または子会社の受けた利益が供与に比して著しく少ない場合は、「株主の権利行使に関し、財産上の利益の供与をしたもの」と推定する（同条2項）。利益供与を受けた者はこれを会社または子会社に返還しなければならないが（同条3項）、違法な利益供与をすることに関与した取締役・執行役として法務省令（施行規則21条）で定める者も、過失がなかったことを証明しない限り、会社に対して連帯して供与した利益の価額に相当する額の支払い義務を負う（120条4項）。この義務は総株主の同意がなければ免除できない（同条5項）。それに対して、利益供与をした取締役・執行役自身は無過失でも責任を負わなければならない（同

条4項かっこ書き）。

　最高裁平成18年4月10日判決（民集60巻4号1273頁）は、「会社にとって好ましくないと判断される株主が議決権等の株主の権利を行使することを回避する目的で当該株主から株式を譲り受ける対価を何人かに供与する行為」に同条を適用することを認めた。

【発展】

総会屋への利益供与に対する刑事罰

　①　総会屋への贈収賄罪（968条）

　不正の請託を受け財産上の利益を収受し、または要求、もしくは約束した者は、5年以下の懲役または500万円以下の罰金に処される。利益供与者（申込みをした者、約束をした者を含む）も同様である。

　②　株主の権利の行使に関する利益供与罪（970条）

　民事責任の規定（120条）とともに昭和56年改正で新設された。取締役・会計参与・監査役・執行役など（960条1項3号から6号までに掲げられた者）またはその他の使用人が、株主の権利行使等に関して会社（子会社）の計算で財産上の利益を供与したときは、3年以下の懲役または300万円以下の罰金に処される。事情を知りながら供与を受けた者・第三者に供与させた者（自分が受け取ると罪になるので、弟に供与させるなど）も同様である。

　平成9年改正は、当時起こった大規模な利益供与事件（総会屋の弟が社長を務める会社に7000万円の利益供与）などを受けて、罰則を強化した。9年改正より前は、①は供与者・収受者とも1年以下の懲役または50万円以下の罰金、②は6か月以下の懲役または30万円以下の罰金だったが、現行法の規定と同様に改正した。また、12年改正では、②で、それまで会社からの利益供与に限定していたのを、子会社に命じて資金を提供するような場合も視野に入れて、「会社又は其の子会社の計算で」との文言を加え、17年改正においても、②において威迫行為をしたときは、5年以下の懲役または500万円以下の罰金と法定刑を上げたが（970条4項）、同時に自首減免規定も置いた（同条6項）。

総　論　　株式会社

第14章　株主総会の決議と瑕疵

　　会社が株主総会によって意思決定をしたというためには、総会で決議が
成立することが必要であるが、決議事項の重要性に応じて決議の成立要
件は異なっている。
　　また、決議の瑕疵が軽微である場合は、決議を取り消すために訴えを提起する必
要があり、決議の無効・不存在についても訴えでそれらを確認することができる。

1　総会決議の種類

　株主総会では、株主全員の意思の合致で決定をすることが困難であるため
に、一定の株主の割合あるいは数の賛成が得られた場合、それを株主総会の
決定と考えることにしている。

　取締役会設置会社では、株主総会は総会を招集するときに定めた議題（298
条1項2号）以外の事項については決議ができないが（309条5項）、その反対
解釈として、取締役会非設置会社では、臨機応変にすべての事柄に関して決
議をすることができると考えられる。

　決議の要件については、決議事項の重要性に応じて、重要であるほど厳格
な決議要件が想定されており、それによって、その決議は普通決議、特別決
議、特殊の決議に分けることができる。

　まず、**普通決議**は、その総会において議決権を行使できる株主の議決権の
過半数を有する株主の出席があり（**定足数**）、その出席株主の議決権の過半数
の賛成で成立する（309条1項）。この場合、定足数は定款により加重するこ
とも軽減することも可能であり、多くの会社では定足数を外している。なお、

取締役等の役員の選任、解任は普通決議事項であるが、特則がある（341条。☞第15章３および４参照）。

　次に、**特別決議**は、定足数は普通決議と同様、その総会で議決権を行使できる株主の議決権の過半数（定款で３分の１以上の割合を定めることができる）を有する株主が出席し、その出席株主の議決権の３分の２（定款でこれを上回る割合を定めることができる）以上の賛成で決議が成立する（309条２項）。また、以上の要件に加えて、一定数以上の株主の賛成を要する旨等を定款で定めることもできる（同条２項後段）。普通決議よりも重要な事項の決定を行うときは、この特別決議で決議する（重要事項は同条２項１号～12号に列挙されている。例：事業譲渡、定款変更、会社の解散、合併など）。

　最後に、**特殊決議**には、その総会で議決権を行使できる株主の半数以上で、かつその株主の議決権の３分の２以上の賛成で成立する場合（309条３項。株式全部の内容として譲渡を制限する旨の定款を初めて置く場合などに用いられる）と、総株主の半数以上で、かつ総株主の議決権の４分の３以上の賛成で成立する場合（309条４項。平成17年改正で新設。非公開会社で剰余金分配請求権、残余財産分配請求権、議決権について株主ごとに異なる取扱いをする旨を定款で定める場合（109条２項。☞第８章４参照）に用いられる）がある。特殊決議では、議決権基準のみでなく、株主の数に対する割合が要件になっていること、309条４項の決議では、当該決議において議決権を行使することができる株主のみが対象ではなく、総株主が対象になっていることが特徴である。特殊決議でも、それぞれの要件を上回る割合を定款で定めることが可能である。

　また、取締役または株主が提案をした議題についてその事項に議決権の行使できる株主の全員が書面・電磁的記録で同意の意思表示をしたときは、その提案を可決する決議があったものとみなされ、その書面（記録）はその日から10年間会社の本店に備え置いて、株主、債権者、裁判所の許可があった場合の親会社の社員は、その閲覧・謄写を請求できる（319条）。また、取締役が株主全員に株主総会で報告すべき事項を通知した場合、株主全員が書面・電磁的記録でその報告を要しないことについて同意の意思表示をしたときは報告があったものとみなされる（320条）。しかし、これらの場合にも、議事録は作成しなければならない（施行規則72条４項１号・２号）。

2　株主総会決議の瑕疵

　瑕疵とは傷のことを指し、法律的になんらかの欠点、欠陥があることをいう。総会の決議に瑕疵があった場合、その瑕疵を争うために、民事訴訟法が規定する一般の手続に委ねずに、会社法は特別の訴えの制度を置いている。

　訴えの被告は会社であり（834条16号・17号）、訴えの管轄は被告会社の本店の所在地の管轄に専属する（835条）。担保提供命令、弁論等の必要的併合については、836条、837条で規定されている。

（1）　決議取消しの訴え（831条）

　決議が取消しの対象になるのは、①招集手続または決議の方法が法令もしくは定款に違反し、または著しく不公正なとき、②決議の内容が定款に違反するとき、③決議につき特別利害関係人が議決権を行使したことで著しく不当な決議がなされたときの3つの場合に限られており、また、訴訟を提起できるのは、株主、取締役、監査役（監査役設置会社の場合）、執行役（指名委員会等設置会社の場合）、清算人（会社が清算手続に入っている場合）、および当該決議の取消しによりこれらの資格を取り戻す者に限られ、決議から3か月を過ぎると訴えを提起できない（831条1項）。決議取消しの訴えの原因は、手続上の瑕疵でかつ比較的軽微なもの、あるいは時間の経過とともに判定の難しくなるものに限られている。取消原因として挙げられている「決議の内容が定款に違反するとき」は一見手続の問題と異なるように思われるが、決議前に定款変更決議をしてから決議をするべきだったのにそれを怠ったことをその他の原因と同視している。

　いつまでも当事者に決議の取消しを争わせるのは、法的安定性の見地から好ましくないため、訴訟提起権者と提訴期間が限定されている。

　また、招集手続または決議の方法が法令または定款に違反するときであっても、その違反する事実が重大ではなく、かつ、決議に影響を及ぼさないものであると認めるときは、裁判所は、訴えを棄却することができる（**裁量棄却**、同条2項）。

　勝訴判決の効力は、当事者以外の第三者にも及ぶ（838条）。法律関係の画

一的確定のためである。

　既に第7章2で説明した、会社設立無効の訴えでは、提訴期間および提訴権者が限定され（828条1項1号、2項1号）、判決の効力が第三者に及ぶことは同様であったが（838条）、設立の無効の訴えは将来に向けてのみ効力が失われることになっていたのに対し（839条）、決議取消しの訴えの場合にはこの規定の適用がない。すなわち、決議は取り消されるまで一応有効であるが、取消しの訴えが認容された場合、決議は決議の時にさかのぼって無効となる。たとえば、取締役の選任決議が取り消されると、それまでに取締役がしてきた行為のすべてが無効となる。しかし、これに対しては、908条2項（不実登記の効力）や表見代理の規定などで救済できる場合もある。

判例・学説などで認められている主な取消し・無効・不存在の原因

株主総会が開催された実態がないのに、議事録のみ作成	不存在
一部の株主が勝手に集合して決議	不存在
取締役会設置会社で取締役会の決定がなく、代表取締役が招集	取消し（招集手続の法令違反）
上記のケースで取締役が招集	不存在
招集通知漏れ、招集通知期間の不足	一般的には取消し（招集手続の法令違反）
株主の1人だけに通知漏れまたは招集通知期間1日不足	取消し（裁量棄却の可能性）
招集通知漏れが著しい	不存在
取締役の説明義務違反	取消し（決議方法の法令違反）
不公正な議事進行	取消し（決議方法の著しい不公正）
責任追及されている取締役が株主として決議に参加して責任の一部免除の決議を成立させた	取消し（特別利害関係人の議決権行使）
定款に定めた員数を超える取締役の選任	取消し（決議内容の定款違反）
欠格事由のある者を取締役として選任	無効
株主平等の原則に違反する決議	無効

【発 展】

決議取消しの訴えと訴えの利益

　決議取消しの訴えでは、提訴要件を満たす限り、訴えを起こす者には訴えを起こす必要性があると考えられ、訴えの利益が存在するが、訴えの係属中なんらかの事情の

変更により決議を取り消す実益がなくなったと評価される場合、訴えの利益がなくなったとして訴えは却下される。判例では、取締役選任決議の取消しの訴え係属中にその取締役が退任した場合（最判昭和45年4月2日民集24巻4号223頁）、株主総会決議取消しの訴え係属中にそれと同一の内容の決議がなされ、その第二決議の際第二決議は第一決議の取消判決が確定した場合にさかのぼって効果を有すると明示された場合（最判平成4年10月29日民集46巻7号2580頁）に訴えの利益の消滅が認められた。

（2）　決議無効確認の訴え・不存在確認の訴え

決議の内容が法令に違反するときには、その決議の無効を訴えで確認することができる（830条2項）。たとえば、株主平等の原則に反する決議、剰余金配当規制に反した分配を決定する決議などの場合である。また、手続の欠缺が著しい場合、決議が法律上存在しているとは認められない場合にも、訴えにより決議の不存在を確認することができる（同条1項）。たとえば、議事録のみ存在するが、総会開催の事実が全くない、あるいは、招集通知漏れが著しいなどの場合である。本来、無効は、誰でもいつでも争うことができ、また、訴訟によらなくても無効を主張することができるのであるが、決議の無効・不存在も一般原則に戻り、誰でもいつでも必ずしも訴えに拠らなくても無効が主張できる。訴える場合は、決議の瑕疵により侵害される利益が重要であると考えられるため、法的安定性は失われるが、提訴権者や提訴期間を制限するようなことはない。判決の対世的効力は認められるが（838条）、認容判決があれば、決議が無効であったあるいは不存在であったことが判決により確認される。

決議の瑕疵を争う訴え

	訴え提起の制限		認容判決の効力	
	原告	提訴期間		効力が及ぶ者の範囲
決議取消しの訴え	株主等	決議の日から3か月	遡及効	対世的効力
決議無効・不存在確認の訴え	無制限	無制限	遡及効	対世的効力

第15章　取締役・取締役会、会計参与

設　立　株　式　**機　関**　資金調達　その他

業務執行を決定および実行する機関として、取締役会非設置会社の場合には取締役、取締役会設置会社の場合には取締役会と代表取締役が置かれる。また、取締役と共同して計算書類等を作成する会計参与が置かれる場合もある。これらがどのような働きをするのかをみていく。

1　それぞれの会社における業務執行機関

　会社の業務執行を担当するのが、取締役または取締役会・代表取締役である。

　その役割は、会社の機関構成により異なる。

　取締役会を設置しない会社（取締役会非設置会社）では、株主総会の権限が広範であるため（295条1項）、その決定にしたがい、機関である取締役は業務を執行をする（348条）。

　それに対し、取締役会設置会社（2条7号、定款により取締役会を置く会社または法律の規定により取締役会を置かなければならない会社（公開会社を含め327条1項に規定されている会社は取締役会を設置しなければならない））では、取締役会が業務執行機関である。取締役会は決議により業務執行に関する決定をするが、取締役一人一人はその構成員ではあるものの機関ではない。また、取締役会により取締役の中から互選で選ばれた代表取締役が会社を代表する機関である。

　なお、監査等委員会設置会社・指名委員会等設置会社でも取締役会を置くが（327条1項3号・4号）、本章においては、これらの会社を除いた取締役会設置会社を念頭において説明する。

　会計参与は、平成17年改正により創設された機関で、取締役に協力して計算書類等を作成する。計算書類の作成は、業務執行の一部に当たるので、会計参与も業務執行機関の一種である。

2　取締役の資格・員数・任期

（1）　資　格

　取締役は株主総会の決議で選任されるが（329条1項）、欠格事由として法が規定する者は、取締役になることができない。それは、①法人、②会社法・一般社団法人及び一般財団法人に関する法律・金融商品取引法・倒産法（破産法、民事再生法、会社更生法等）上の罪を犯し刑に処せられその執行を終わり、またはその執行を受けることがなくなった日から2年を経過しない者、③②に規定する法律の規定以外の法令の規定に違反し禁錮以上の刑に処せられその執行を終わるまで、またはその執行を受けることがなくなるまでの者（刑の執行猶予中の者をのぞく）である（331条1項）。欠格事由としての「法人」は、平成17年改正前には規定はなかったが解釈上問題とされていたのを同改正でつけ加えたものであり、他方、同改正前に欠格事由とされていた「破産者」は、破産者の早期更生を促すため、欠格事由からはずされた。そして、また令和元年改正では、欠格事由として「成年被後見人若しくは被保佐人又は外国の法令上これらと同様に取り扱われている者」を挙げていた改正前331条1項2号を削除して、これらの者も取締役になることができるとし、さらに、これに加えて、会社法は新たにその就任手続についても規定を置いた。すなわち、これらの者が取締役になる際には、成年被後見人の場合は、成年被後見人の同意を得たうえで成年後見人が被後見人に代わり就任の承諾を行わなければならず（会社法331条の2第1項）、成年被保佐人の場合には、保佐人の同意が必要である（同条2項）。さらに、このようにして取締役に就任した以上は、その取締役の資格に基づく行為は、行為能力の制限によっては取り消すことができない（同条4項）。

　また、公開会社では、定款によっても、取締役は株主でなければならないと定めることはできない（331条2項）。これは、公開会社では、会社の所有と

経営が分離していることが前提になっているためであるが、取締役がその会社の株主であることを否定するものではなく、実際には、取締役がその会社の株式を所有しているのはよく見られることである。非公開会社では、定款で「取締役は株主でなければならない」と定めることも妨げられない（同条2項ただし書き）。

　監査役は取締役・取締役会等の業務執行を監査する立場なので、会社・子会社の取締役を兼ねることができない（335条2項）。

　また、法が**社外取締役**を選任することを求めている場合、その取締役は以下の要件を満たしていることが必要である。①当該会社またはその子会社の**業務執行取締役**（363条1項に掲げる取締役および会社の業務を執行したその他の取締役）・執行役・その支配人その他の使用人（これらを**業務執行取締役等**という）でなく、かつ、その就任前10年間当該会社またはその子会社の業務執行取締役等であったことがないこと、②その就任前10年内のいずれかの時において当該会社または子会社の取締役・会計参与・監査役であった者については、これらの就任前10年間当該会社または子会社の業務執行取締役等であったことがないこと、③当該会社の親会社等（自然人のみ）または親会社等の取締役・執行役・支配人その他の使用人でないこと、④当該会社の親会社等の子会社等（いわゆる兄弟会社）の業務執行取締役等でないこと、⑤当該会社の取締役・執行役・支配人その他の重要な使用人または親会社等（自然人のみ）の配偶者または2親等内の親族でないこと（2条15号）。

　上述したように、会社（または子会社）の業務執行取締役は、社外取締役の資格がない（2条15号イ参照）。しかし、取締役によってその会社の買収が行われたような場合（いわゆるMBO）等の取締役と会社の利益が対立する場面で、社外取締役が、両者の間にはいってその条件等が公正であるかどうか判断する等、重要な役割を果たすことがある。しかし、この行為は業務執行にほかならないため、これを認めるとその取締役は社外取締役としての資格を失うことになってしまう。それを避けるために、取締役が業務執行を行う必要がある際にはその都度取締役の決定（取締役会設置会社では取締役会の決議）により社外取締役に業務執行を委託できることとし（348条の2第1項・第2項）、ここで委託された業務執行をした場合でも、社外取締役の資格は失われ

ないことを明らかにした（同条第3項）。

（2）員　数

　取締役は取締役会非設置会社では1人以上、取締役会設置会社では3人以上を選任しなくてはならない（326条1項、331条5項）。令和元年改正により、監査役会設置会社（公開会社であり、かつ、大会社であるものに限る）であって、金融商品取引法24条1項の規定によりその発行する株式について有価証券報告書を内閣総理大臣に提出しなければならない会社では、社外取締役を置かなければならなくなった（327条の2）。（☞ COLUMN「社外取締役の選任を巡る議論」参照）

（3）任　期

　取締役の任期は、通常は選任後2年以内に終了する事業年度のうち最終のものに関する定時株主総会の終結のときまでであるが、定款または株主総会決議により任期を短縮することはできる（332条1項）。また、非公開会社では、定款により選任後10年以内に終了する事業年度のうち最終のものに関する定時株主総会の終結のときまで任期を伸ばすことが認められている（同条2項）。これは、平成17年改正前に、有限会社では取締役の任期は規定されていなかったのを考慮したためである。

COLUMN 　社外取締役の選任を巡る議論

　公開会社でありかつ大会社である会社は、監査役会設置会社、指名委員会等設置会社、監査等委員会設置会社の中の一つを選択しなければならない（328条1項）。指名委員会等設置会社、監査等委員会設置会社では3人以上の委員で構成される委員会に少なくとも2人以上の社外取締役の選任が必要であるのに対して（331条6項、400条1項・3項）、監査役会設置会社では3人以上の監査役から構成されそのうちの半数以上が社外監査役であることが強制されていたが（335条3項）、取締役会の中に社外取締役を選任することは強制されていなかった。そこで、平成26年改正は、金融商品取引法24条1項によりその発行する株式について有価証券報告書を提出することを強制されている監査役会設置会社（公開会社でかつ大会社）が社外取締役を置いていない

場合には、定時株主総会で「社外取締役を置くことが相当でない理由」を説明しなければならないとの規定を置き（平成26年改正法327条の2）、その改正附則25条は、改正法施行後2年を経過した場合において、社外取締役設置の是非を検討し、必要があると認めるときはその結果に基づいてこれを義務づける可能性を示唆していた。そしてこの経緯をうけて、令和元年改正は、平成26年改正で対象としていた会社において、社外取締役の設置を義務づけた（327条の2）。また、「コーポレートガバナンス・コード」は、上場会社では2人以上（プライム市場に上場する会社では少なくとも3分の1以上）の独立社外取締役を置くことを求め、これを実施しない場合には「コーポレートガバナンスに関する報告書」においてその理由を説明しなければならないとしている。以上のように、株式会社の業務執行に社外の者を組みいれるべきとの考え方は、法制度あるいはソフトローの中で確立されてきた。社外取締役を経営に関与させる目的は、取締役会が生え抜きの取締役のみから構成され、その会社の体質・独自のものの考え方によって非常識な判断がなされることや、不正を適切に監督できないことを防止し、取締役会議事の透明性を図ることにあるが、形式的に社外取締役を選任することでは足りず、その役割を果たすことができる適切な人材を選任することが重要である。

3　取締役の選任

　取締役の選任は、原則として株主総会決議で決定する（329条1項、341条）。これは普通決議（309条1項）の一種であるが、その特則と考えられる。すなわち、通常の普通決議では定款で定足数を排除できるのに対して、この場合は、定款に規定しても議決権を行使できる株主の議決権の3分の1までしか減らすことができないとされており、他方、通常の普通決議では出席株主の議決権の過半数の賛成を得れば決議が成立するところ、定款でこの割合を加重することができるとして、より厳格な要件を加えている。

　取締役の欠員に備えて、補欠の取締役を選任することもできる（329条3項、施行規則96条）。

　取締役の氏名は、登記しなければならない（911条3項13号）。

　このような一般的な選任方法のほかに、**累積投票**という方法によることもできる。株主（取締役の選任について議決権を行使できる株主に限る）は、2人以上の取締役の選任が議題である場合において、株主総会の日の5日前までに累積投票の方法で選任すべきことを請求することができ、その場合、株主

は1株につき選任する必要がある取締役の数の議決権を持ち、これを分散し、または集中して行使して投票に参加することができ、この投票で、最多得票者から順次取締役が決定されるという制度である（342条、施行規則97条）。これは、通常の株主総会決議では、少数株主はどうしても多数株主に対抗できないのであるが、持株数に選任する取締役の数を乗じた数の議決権をすべて1人の候補者に投票することで、自分の議決権を有効に利用する手段となる。しかし、この制度は会社が定款により排除することができるため（342条1項）、結果として株主が累積投票を請求できない会社が多い。

　ある種類の株式を有している株主だけが取締役を選任できる種類株式を発行した場合は（108条1項9号、同条1項ただし書き）、その種類の株主のみを構成員とする種類株主総会により、定款で定めた一定数の取締役が選任される（347条1項）。

4　取締役の終任

　取締役の終任事由としては、取締役の委任（330条）の終了を生ずる事柄の発生（取締役の辞任（民法651条）、取締役の死亡・破産手続開始決定・後見開始の審判、会社の解散・破産手続開始決定（民法653条））がある。また、その他に、取締役の資格を欠くようになったこと（331条参照）、任期満了（332条参照）なども考えられる。

　株主総会はいつでも普通決議（選任手続と同様）で取締役を解任することができる（339条1項、341条）。平成17年改正前は、取締役の解任には、特別決議が必要とされており、選任の要件より解任の要件を厳しくして、ハードルを上げていた。しかし、選任した取締役をチェックするために解任が機能するように、解任の要件を緩和した。解任はいつでもすることができるが、正当の理由がなく解任された場合、取締役は会社に対して解任によって生じた損害の賠償を請求できる（339条2項）。最高裁昭和57年1月21日判決（判時1037号129頁）は、持病の悪化などで治療に専念するために代表取締役を辞任した取締役を株主総会の決議により解任した場合に「正当な事由」がなく解任したとはいえないと判示しておりその結論自体は是認できると考えるが、「正

当事由」の範囲をいかに考えるかにより、取締役の解任に事実上縛りがかかる可能性もあるので、株主の利益と取締役の利益のバランスを考慮しなければならない。

　また、取締役が職務の執行に関し不正な行為、または、法令・定款に違反した重大な事実があったにもかかわらず、その解任議案が総会で否決されたときは、6か月前（定款でこれを下回る期間を定めることができる。ただし、非公開会社ではこの要件は不要）から総株主（解任議案で議決権を行使できない株主、解任の対象となっている取締役である株主をのぞく）の議決権の100分の3（定款でこれを下回る割合を定めることができる）あるいは発行済株式（当該会社または解任の対象となっている取締役の有する株式をのぞく）の100分の3（定款でこれを下回る割合を定めることができる）以上の株式を有する株主は、解任決議が成立しなかった株主総会の日から30日以内に訴えをもって裁判所に取締役の解任を請求することができる（854条）。少数株主権行使の要件を議決権ベースだけでなく、発行済株式総数との比率でも考えたのは、この株主の権利が必ずしも総会での議決権行使を前提としているわけではないからである。

　種類株主総会によって選任された取締役は、種類株主総会によって解任される（347条1項）。

　取締役が欠けた場合、次の取締役が選任されるまでは、任期が満了した取締役・辞任取締役は取締役としての権利・義務を有する（346条1項）。その場合、裁判所は、利害関係人からの申立てで、裁判所は、「一時役員の職務を行うべき者」を選任できる（同条2項）。この者を**仮取締役**と呼ぶ。

　また、取締役の選任決議の無効・取消し、解任の訴えが提起されている場合には、裁判所は当事者の申立てにより仮処分命令で取締役の職務執行を停止し、職務の執行を代行する者（**職務代行者**）を選任することができ（民事保全法56条）、その場合の権限は原則としては会社の常務に限られる（352条1項）。

5　取締役・取締役会の業務執行の決定・執行

（1）　取締役会非設置会社の取締役

取締役会を置かない会社では、1人以上の取締役を選任し（326条1項）、その取締役1人1人が業務執行機関である。前述のように、取締役会非設置会社では、株主総会は会社に関するすべての事柄を決定することができ（295条1項）、取締役は、総会決議を遵守した上で業務を執行する（348条1項）。

取締役が2人以上の場合、原則として取締役の過半数で業務執行を決定する（同条2項）。この場合特に法定の重要事項については、各取締役に決定を委ねてはならず、必ず過半数で決定しなければならない（同条3項）。

また、各取締役は会社を代表し、会社の業務に関する一切の裁判上または裁判外の行為をする権限を持つ（349条1項・4項・5項）。2人以上選任された場合も、各自が代表権を持つ（同条2項）。ただし、取締役の中で会社を代表する者を決めたときには、他の取締役には代表権はない（同条1項ただし書き、3項）。

（2）　取締役会設置会社の取締役会

取締役会設置会社では、株主総会の決議事項は法定・定款で規定した事項に限られるが（295条2項）、それ以外の業務執行に関する意思決定は、慎重を期して取締役会で行う（362条2項1号）。重要な業務執行の決定は、必ず取締役会で決定しなければならず、取締役にも委任できない（同条4項）。その重要な業務執行として挙げられているものは、①重要な財産の処分および譲受け、②多額の借財、③支配人その他の重要な使用人の選任および解任、④支店その他の重要な組織の設置、変更および廃止、⑤社債の募集に関する重要事項（676条1号、施行規則99条）、⑥取締役の職務の執行が法令および定款に適合することを確保するための体制その他会社の業務ならびに当該会社およびその子会社から成る企業集団の業務の適性を確保するために必要なものとして法務省令（施行規則100条）で定める体制（**内部統制システム**）の整備、⑦定款の定めに基づく役員等の責任の免除である（362条4項）。内部統制システムの整備について決定した場合は、事業報告の内容としなくてはならない

（施行規則118条 2 号）。また、大会社では、取締役会は内部統制システムの整備について決定することが義務づけられている（362条 5 項。この点は取締役会非設置会社でも同様である（348条 4 項））。

　また、業務執行に関しては、取締役会がその責任で、代表取締役、その他の業務執行取締役、従業員等に委任することができる（363条 1 項参照）。代表権は代表取締役が持ち（349条 4 項）、日常業務の決定についても、明文の規定はないものの、代表取締役に委ねることができると解されている。代表取締役および業務執行取締役は、3 か月に 1 回以上、自己の職務の執行の状況を取締役会に報告しなければならない（363条 2 項）。また、取締役会は取締役が職務の執行を適切に行っているかどうかを監督する（362条 2 項 2 号）。最高裁昭和48年 5 月22日判決（民集27巻 5 号655頁）は、代表取締役だけが会社業務を独断専行するいわゆるワンマン・カンパニーの事例において、「株式会社の取締役会は会社の業務執行につき監査する地位にあるから、取締役会を構成する取締役は、会社に対し、取締役会に上程された事柄についてだけ監視するにとどまらず、代表取締役の業務執行一般につき、これを監視し、必要があれば、取締役会を自ら招集し、あるいは招集することを求め、取締役会を通じて業務執行が適正に行なわれるようにする職務を有するものと解すべきである。」として、代表取締役に対する取締役の監視義務違反があったとして、取締役の対第三者責任（☞第19章 5 参照）を認めている。

　取締役会は取締役を構成員とする会議体なので、まず、その招集をしなければならない。原則的には、各取締役に招集決定権があるが、実際には定款または取締役会で招集権を持つ取締役を特定することが多い（366条 1 項）。また、招集権を持つ取締役を決定した場合でも、取締役はそもそも招集権を持つため、招集権者に取締役会の招集を請求でき（同条 2 項）、請求の日から 5 日内に、2 週間以内を会日とする取締役会の招集通知が発せられないときは、請求した取締役は自分で取締役会を招集できる（同条 3 項）。さらに、監査役も、取締役会に報告をしなければならない場合に、必要があると認めるときは、招集権者に対して取締役会の招集を請求することができ、会社によって招集通知が発せられない場合は自分で取締役会を招集できる（383条 2 項以下）。また、監査役設置会社以外の取締役会設置会社では、取締役が会社の目

的の範囲外の行為、その他の法令・定款違反の行為をし、またはこれらの行為をするおそれがあると認めるときは、株主が取締役会の招集を請求し、その取締役会に出席して意見を述べることができる（367条）。

　取締役会の招集通知は、会日から1週間前（これを下回る期間を定款で定めることができる）までに各取締役（さらに監査役設置会社では各監査役、会計参与設置会社では会計参与）に招集通知を発しなければならない（368条1項、376条2項）。この通知は書面によらず口頭でもよく、会社に関するすべての事項が話し合われることを前提に議題は通知する必要がないと解されている。取締役（設置されている場合は監査役、会計参与）全員の同意があれば、招集通知を省略することも可能である（368条2項、376条3項）。

　監査役や会計参与は、取締役会の構成員ではないが、取締役会に出席し必要があるときは意見を述べる義務がある（383条1項、376条1項）。監査役は、取締役が不正の行為等をし、もしくはそれをするおそれがあると認めるとき、または、法令もしくは定款に違反する事実もしくは不当な事実があると認めるときは、取締役会に報告をする義務を負う（382条）。

　取締役会の議事については、議事録を作成し出席した取締役・監査役は署名または記名押印（議事録が電磁的記録で作成されている場合はこれに代る措置）をしなければならない（369条3項・4項、施行規則101条）。取締役会の決議に参加した取締役が議事録に異議をとどめない場合は、その決議に賛成したものと推定される（369条5項）。会社は本店に議事録を10年間備え置かなくてはならず（371条1項）、株主は原則、会社の営業時間内は、いつでもその閲覧・謄写をすることが認められるが（同条2項）、監査役設置会社では、裁判所の許可が必要である（同条3項）。また、債権者が役員の責任を追及するため必要がある場合、取締役会設置会社において親会社の社員が権利を行使するため必要な場合には、裁判所の許可を得て議事録の閲覧・謄写が認められる（同条4項以下）。

　取締役会決議は、議決に加わることができる取締役の過半数が出席し（定款でこれを上回る割合を定めることができる）、その出席取締役の過半数（定款

でこれを上回る割合を定めることができる）で行う（369条1項）。取締役会では代理人による議決権行使は認められず、特別利害関係人は議決に参加できない（同条2項）。株主総会では、議決権代理行使が認められ（310条）、特別利害関係人も決議に参加できる（その議決権行使により著しく不当な決議がされた場合に決議取消原因となるにすぎない（831条1項3号参照））。これは、取締役の1人1人の個性と影響力の大きさに鑑みた差異といえるであろう。

　定款で規定があれば、その会社では、取締役会の構成員全員が提案事項に同意の意思を書面（電磁的記録）で示した場合には、決議が成立したものとみなすことができる（370条、書面決議）。また、取締役会に出席すべき者全員に取締役会で報告すべき事項を通知したときは、取締役会での報告を省略してよい（372条、書面報告）。これらは、取締役会の実質審議を軽視しているのではなく、取締役会の構成員である各々の取締役に最低限の情報提供をした上で、取締役会の機動性を向上させるための方策を認めたものといえるであろう。

　また、取締役会設置会社で、取締役の数が6人以上、かつ、そのうちの1人が社外取締役（2条15号）である会社では、あらかじめ選定した3人以上の取締役（**特別取締役**）のうち議決に加わることができる者の過半数（これを上回る割合を定款で定めることができる）が出席し、その出席者の過半数（これを上回る割合を定款で定めることができる）で、「重要な財産の処分及び譲受け」「多額の借財」を決定できる（373条、362条4項1号・2号）。これにより、取締役会の決定の迅速化を図ることができる。これは、これまで実務で利用されていた常務会（取締役の中の重要メンバーのみで構成される実質的審議を行う会議体。ここでの決定を経たのち取締役会決議がさらに必要である）を制限的にではあるが法的に認めたものといえる。

　取締役会決議の瑕疵については、株主総会決議のような特別の訴えはない。決議の不存在、内容の違法、手続上の瑕疵など、どのような場合も、誰でもいつでもどんな方法でも決議の無効を主張することができる。

　取締役会の決議を必要とする事項につき、取締役会の決議がなく（取締役会の決議が無効である場合を含む）、代表取締役が勝手に行為をした場合、その行為の効力はどのようになるのであろうか。これについては法律は規定して

おらず、それぞれの行為について取締役会決議が果たす役割を考え、解釈によって決するしかない。たとえば、その行為が純内部行為（例：株主総会招集決定、計算書類の確定）の場合には無効であり、対外的行為（例：契約）の場合には第三者の利益を考えて有効とし（☞本章 6【発展】「取締役会の決議を経ない重要財産の取引の効力」参照）、株主が増えるという点では内部的行為のようでもありながらその株式が他の者にも譲渡され取引の安全が考慮されなければならない募集株式の発行などの中間行為では、解釈が分かれている。

6　代表取締役の役割

代表取締役は指名委員会等設置会社以外の取締役会設置会社の必要的常設機関であり、会社の代表権が与えられている。代表取締役は取締役会により取締役の中から選定され、また、取締役会により解職される（362条 2 項 3 号、3 項）。

非公開会社である取締役会において、代表取締役は取締役会決議によって定めるが、必要に応じて株主総会決議によって定めることができる旨の定款を有効と認めた判例（最決平成29年 2 月21日民集71巻 2 号195頁）がある。

取締役の資格があることが、代表取締役であることの前提となるため、取締役の地位を失えば当然代表取締役でもなくなるが、反対に代表取締役を解職されても取締役でなくなるわけではない。

代表取締役の氏名と住所は、登記される（911条 3 項14号）。

代表権とは、業務執行権のうちの対外的なものを指す。そのため、法的には代表取締役が行った行為は会社の行為として取り扱われる。その代表権は、業務に関する一切の裁判上裁判外の行為をする権限に及ぶ（349条 4 項）。また、その代表権に加えた制限は善意の第三者に対抗することができない（同条 5 項）。つまり、代表取締役が業務執行として行った行為の効果は会社に帰属し、たとえば、1000万円以上の取引をするには取締役会の同意が必要というような制限をしても、そのような制限があることを知らない取引の相手方に対しては、代表権に制限があることを主張できない結果、会社が責任を負わなければならないことになる。

会社は、代表取締役がその職務を行うについて第三者に加えた損害を賠償する責任を負う（350条）。

COLUMN　業務執行権についての考え方

　本文で述べたように、通説は、代表権は対外的業務執行権を指すと考え、業務執行に関する決定は取締役会が行うが、その執行に関しては全般的に代表取締役に任されていると考え、両機関は並列されており、どちらが上位の機関ということはないと考えている（並列機関説）。しかし、法律は代表取締役に代表権が帰属することを述べているのみであり、対外的業務執行権はどこにあるのかについては明確には規定していない。決定権と執行権がこの2つの機関に分属しているとすると、取締役会が代表取締役を監督するということを直接的には導けないという問題が生ずる。

　そこで、学説の中には、取締役会に業務執行の決定権・執行権全般があり、代表取締役の業務執行権は取締役会の権限から派生していると考える説（派生機関説）や、同じく業務執行権・決定権の全般を取締役会が持ち、代表取締役は法的に付与されている代表権以外の執行権については取締役会から委任されていると考える説などもある。

　会社が、会社を代表する権限を有すると認められる名称（社長、副社長など）を取締役に付した場合、その取締役のことを**表見代表取締役**という（☞第11章Iの COLUMN「社長―経営者の肩書」参照）。そして、表見代表取締役がした行為については、会社は責任を負わなければならない（354条）。これは、会社が会社と取引をする相手方が誤解するような名称を付け、または名乗らせて真実と違う外見を作り出したことによる責任であるが、相手方が保護されるに値すると考えられるためには、取締役に代表権がないことを知らない（善意の）相手方に限られる。代表取締役の氏名は前述のように登記事項であるが（911条3項14号）、相手方は必ずしも常に登記を確認してくれるとは限らない。判例・学説では、登記を確認しなかった相手方も善意の第三者とみて差し支えないと考えている。

【発 展】

取締役会の決議を経ない重要財産の取引の効力

　取締役会設置会社では、重要財産の処分および譲受けについて取締役会の決議を要求している（362条4項1号）。判例および学説では、取引の相手方を保護するため、このような行為は有効であるとの結論を負うものがほとんどであるが、その理由づけは少しずつ異なる。①取締役会の決議を会社の内心の意思決定と考えて、民法93条1項ただし書きを類推適用し、相手方が取締役会の決議がないことについて「知り、または知ることができたときは」（すなわち悪意または過失があった場合には）、会社は無効を主張できるとする心裡留保説（最判昭和40年9月22日民集19巻6号1656頁）、②代表取締役が与えられた権限を超えて業務を執行したとして民法110条の問題として、相手方に過失がある場合には保護しないと考える権限踰越説、③相手方が取締役会決議がなかったことを知りながら（またこれには重い過失（重過失）がある場合を含むと考えるのが一般的である）相手方が権利を主張するのは信義則違反あるいは権利の濫用として許されないとする抗弁を対抗できるとする一般悪意の抗弁説、④取締役会の決議を代表取締役の権限の制限とみて、349条5項により善意の第三者には対抗できないとする代表権制限説、⑤取締役会の承認を受けなかった場合の利益相反取引（356条1項2号3号、365条。☞第16章4で後述）の場合などと同じ理論構成で、行為は原則として無効としながらも善意の相手方には無効を主張できないとする相対的無効説などがある。どのような相手方に保護が適切であるかという観点から分類すれば、④⑤は悪意でさえなければどのような相手方も保護できるが、①②は善意でも過失があれば保護されないため、相手方にもある程度の調査義務を負わせる結果となる。③はこれらの中間で、悪意と重い過失がある場合のみが保護されないという点に差異がある。しかし、結果の妥当性のみではなく、それぞれの根拠としている条文ないし法理が当該問題の解釈として適切であるか否かを検討することも重要である。

　なお、最判平成21年4月17日民集63巻4号535頁は、取引の無効は会社のみが主張でき、それ以外の者は特段の事情がない限り主張できないとした。

7　会計参与の役割

　会計参与は、平成17年改正の際に新設された機関で、定款に規定すれば、どの会社でも任意に置くことができる機関である（326条2項）。取締役会設置会社では原則監査役を置かなければならないことになっているが、非公開会社に限り取締役会設置会社でも、会計参与を置くことで監査役に代替することが認められている（327条2項）。

　会計参与は会社法において、取締役、監査役と同様に役員として扱われる（329条1項）。

　会計参与の選任・解任の方法については、取締役の場合と同様である（329条、339条、341条）。会計参与は株主総会で選任・解任・辞任について意見を述べることができ、辞任した会計参与は辞任後最初に招集される株主総会でその理由を述べることができる（345条1項〜3項）。

　会計参与は公認会計士、監査法人、税理士、税理士法人でなければならない（333条1項）。会社または子会社の取締役、監査役もしくは執行役または支配人その他の使用人は会計参与になることができないなど、欠格事由が規定されている（同条3項）。また、会社または子会社の会計参与である者は会計監査人になれない（337条3項2号）。

　会社と会計参与の関係は、取締役の場合と同様に委任に関する規定にしたがうため（330条）、善管注意義務（民法644条）を負う。会計参与の会社に対する責任、第三者に対する責任については、第19章1〜3・5〜6を参照のこと。

　任期は、取締役のものと同様である（334条）。

　報酬は、定款にその額が定められていない場合は株主総会が定め（379条）、費用は会社に対して請求できる（380条）。

　会計参与の職務は、取締役・執行役と共同して計算書類およびその附属明細書、臨時計算書類、並びに連結計算書類と会計参与報告を作成することであり（374条1項）、会計参与が書類の作成に関する事項について取締役（執行役）と意見を異にする場合は、会計参与は株主総会において意見を述べることができる（377条）。このために、会計参与は会計帳簿またはこれに関する資料を閲覧・謄写し、取締役・執行役および支配人その他使用人に対して会計に関する報告を求めることもできる（374条2項）。そして、会社もしくはその子会社の業務および財産の状況を調査し、子会社に対しても、会計に関する報告を求めることができる（同条3項）。ただし、子会社は正当の理由があるときは、報告・調査を拒むことができる（同条4項）。

　会計参与は、取締役の職務の執行に関し不正の行為または法令もしくは定款に違反する重大な事実があることを発見したときは遅滞なくこれを株主

（監査役設置会社では監査役）に報告する義務（375条）、取締役会への出席義務（376条）、一定の期間、計算書類等を備え置いて、株主や債権者にそれを閲覧・謄写させる義務（378条）などを負う。

　会計参与の氏名・名称と計算書類等を備え置く場所は、登記される（911条3項16号）。

COLUMN　機関として、会計参与を新設した理由はなにか

　かつての改正に関する議論の中で、株式会社では会社債権者は会社財産しか担保がないため、計算書類の作成・公示が義務づけられているが、計算書類それ自体が会社の財産関係を正確に示していなければ仕方がないので、その適正を示し、公正性を証明するために、株式会社の計算書類には会計監査人の監査を受けることを強制すべきとの考えがあった。しかし、公認会計士の数はあまり多くないので、株式会社全部が公認会計士の監査を受けるという案は現実的ではなかった。そこで、せめて計算書類が有資格者により作成されることで、その適正化を図ろうとすることが会計参与を導入した目的であるといえる。

　任意機関ではあるが、会計参与を置いている会社は、計算書類の真正が担保されているという印象を与え、取引の相手方から信頼されるという効果が期待できれば、この制度を導入するメリットはあると考えられる。

総　論　　株式会社

第16章　取締役と会社の関係

設　立　　株　式　　**機　関**　資金調達　その他

> 取締役は会社に対して善管注意義務・忠実業務を負う。また、取締役が
> 会社の利益を犠牲にするようなことがないように、報酬の決定方法に規
> 制をかけ、取締役が競業取引、利益相反取引をすることを制限している。

1　取締役の果たすべき義務

　会社と取締役との関係は、委任に関する規定にしたがうと規定されている
（330条）。つまり、取締役は、会社から業務執行という法律行為または準法律
行為の委任（準委任）を受けていると考えられる。取締役は、委任を受けた
者（受任者）として、会社に対して、善良なる管理者の注意義務（通常、省略
して「**善管注意義務**」といわれる）をもって業務を執行する義務を負う（民法
644条）。この注意義務は、取締役として一般的抽象的に期待される注意義務
をいう。これを欠くと任務懈怠があったと評価されることになる。また、
355条は「取締役は、法令及び定款並びに株主総会の決議を遵守し、株式会社
のため忠実にその職務を行わなければならない」と規定し、これを**忠実義務**
と呼んでいるが、判例・通説は善管注意義務と忠実義務の間に内容的な差異
はなく、忠実義務は善管注意義務の具体化と解しているが（同質説）、これに
対して、忠実義務は会社・取締役間の信認的関係における義務で、取締役は
会社の利益を犠牲にして自分の利益を図ってはならない義務を負うとして、
善管注意義務とは機能する面が異なるとする少数有力説（異質説）もある。

　さらに、会社と取締役との間に利益衝突が生じた場合についてそれぞれの
場合に応じて具体的な規制をするものとして、後述の報酬規制・競業取引規
制・利益相反取引規制などがある。

2　取締役の報酬規制

　取締役の報酬、賞与その他の職務執行の対価として会社から受ける財産上の利益は、定款に規定していない場合は、株主総会決議で定める（361条1項本文）。取締役の報酬を決定することは、本来業務執行であるため、取締役会で決定すべきところであるが、通説は、取締役が有利になるように報酬の額を高額に設定するおそれがあるため、政策的配慮から株主総会決議で決定すると規定されたと考えている（政策的規定説）。株主総会では、その報酬等が①額が確定している場合はその額、②額が確定していない場合はその具体的な算定方法、③募集株式あるいは募集新株予約権である場合はその上限その他法務省令で定める事項、④募集株式あるいは募集新株予約権と引き換えにする払込みに充てる金銭である場合はその上限その他法務省令で定める事項、⑤募集株式・募集新株予約権を除く金銭以外のものである場合はその具体的内容を決定する必要があり（361条1項1号～6号、施行規則98条の3、98条の4）、これを定め、または改定するときは、取締役は、総会においてその報酬を相当とする理由を説明しなければならない（361条4項）。また、金融商品取引法24条1項により有価証券報告書を内閣総理大臣に提出しなければならない監査役会設置会社（公開会社でありかつ大会社）、および、監査等委員会設置会社では、定款または株主総会決議で定められているのでなければ、「取締役の個人別の報酬等の内容の決定に関する方針として法務省令で定める事項」を取締役会で決定しなければならない（361条7項、施行規則98条の5）。361条1項3号～5号・7項は、令和元年改正で追加された。

　判例は、取締役の報酬額が株主の利益に反しないかを株主が判断できればよいので、各取締役が受け取る報酬額をあからさまに決定することを避けて、取締役全体が受け取る報酬の最高限度額の決定がなされれば適法であると考えており、通説もこれに賛成している。

　また、賞与は平成17年改正前は剰余金の処分として総会の承認が必要であると解されていたが、同改正により報酬として職務執行の対価として規制を受けることとなった。使用人兼任取締役が使用人分の報酬は取締役としての報酬とは別であるから使用人の給与体系が確立している場合は、取締役分の

みを総会で決議してかまわない（最判昭和60年3月26日判時1159号150頁）。

　公開会社の事業報告では、役員等の報酬について詳細な開示がなされる（施行規則121条4号～6の3号等）。

【発 展】

退職慰労金は報酬か

　退職慰労金が報酬に含まれるかについては、学説上、退職取締役の職務執行の対価の後払いと考えてこれを肯定する説が多数説であるが、この決定方法については見解が分かれている。この問題に関するリーディングケースである最高裁昭和39年12月11日判決（民集18巻10号2143頁）は、「株主総会はその金額、時期、方法を取締役会に一任し、取締役会は自由な判断によることなく、会社の業績はもちろん、退職役員の勤続年数、担当業務、功績の軽重等から割り出した一定の基準により慰労金を決定し、右決定方法は慣例となっているのであるが……本件決議に当っては、右慣例によってこれを定むべきことを黙示して右決議をなしたというのであり……前記の如き一定の基準に従うべき趣旨であること前示のとおりである以上、株主総会においてその金額等に関する一定の枠が決定されたものというべきである」と判示している。退職慰労金も報酬の一種であると考えるならば、その決定についても少なくとも通常の報酬の場合と同様に、株主総会でその最高限度額の決定が必要だと考えられるべきなのであろうが、退職取締役が1人であったときなどその額を明らかにしたのと変わりがないから、そのような結果になるのを嫌って、実務ではこのような決議がしばしば行われるのを裁判所は容認したのである。大阪地裁昭和44年3月26日判決（下民20巻3＝4号146頁）が、一定の基準にしたがって金額等の決定をすべき旨の制限が黙示的になされたというためには、①一定の基準が存在し、②その内容が法の趣旨に合致しており、③基準の存在が株主一般に知られているか、もしくは株主が容易に知りうる状況にあることを要求しているのは、大変重要な指摘である。

3　競業避止義務

　取締役が自己または第三者のために会社の事業の部類に属する取引をしようとするときは、その取引について重要な事実を開示し、株主総会（取締役会設置会社では取締役会）の承認を受けなければならないことになっている（356条1項1号、365条1項）。これは、取締役は会社の業務上の機密を知りうる立場にあり、その地位を利用すれば、たとえば、会社の顧客の横取りを行い、

有利な仕入先を奪うなどにより、会社の犠牲において自己または第三者の利益を図る可能性があるためである。取締役にも営業の自由は認められるものの、取締役という地位を利用して取締役が利益を受けることにより会社が損害を被る可能性があるので、会社がそれをあらかじめ判断して承認を与えるのならば認められるという趣旨である。規制対象となる競業取引は、「自己または第三者のためにする」ものであるとされるが、「自己または第三者の名をもって」と解する形式説と、「自己または第三者の計算において」、すなわち自己または第三者が損益の帰属主体となるという意味に解する実質説が対立するが、後者が多数説である。すなわち多数説によれば、取締役自身が契約の当事者あるいは第三者の代理人になって取引を行い（下記の図1および2はまさにその例である）権利の帰属主体が取締役または第三者である場合か否かではなく、その競業行為による利益の帰属事体が問題である。ただし、取締役が「自己のために」競業取引をした場合にのみ会社に介入権を与える規定が平成17年改正によって削除されたため、「自己のために」と「第三者のために」を明確に分ける実益はなくなったといえる。また、「事業の部類に属する取引」とはなにかという点についても、解釈上問題がある。

図1　取締役Aのためにする競業取引の例

甲社
取締役A ←──────→ 甲社の顧客B

甲社の取締役Aが甲社にとって競業となる取引を行い、Aの利益にはなるが、甲社にとって不利益になる取引である。

図2　第三者（乙社）のためにする競業取引の例

同業
甲社 ------------ 乙社 ←──────→ 甲社の顧客B
取締役A　　　　代表取締役A

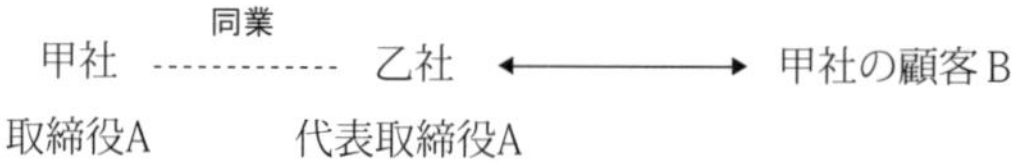

Aが同業の乙社の代表取締役となり、Bと取引することで、その取引は乙社の利益になるが、甲社には不利益になる。しかし、乙社が甲社に支配されていれば、結果的に甲社の不利益とはならない。

　取締役会設置会社においては、取引後に遅滞なく、その取引についての重要事項を取締役会で報告しなければならない（365条2項）。

株主総会（取締役会）の承認がなかった場合の取引の効力については、通説は、取引の安全を保護するために有効と解釈している。

取締役会の承認を得ないで取引をし会社に損害が生じた場合の取締役の責任については後述（☞第19章 I（1））参照。

【発展】

山崎製パン事件と競業規制の限界

　原告X社（山崎製パン）は千葉県下を含む関東一円を販売区域として製パン業を営んでいたが、X社の創業以来代表取締役であったYは、①千葉県下で製パン業を営むA社の株式のほとんどを買い取って、代表取締役や取締役の地位には就かなかったもののA社においてその絶対的な存在として君臨し経営を意のままにし、また、②X社が関西地区に進出するための市場調査をしていたにもかかわらず、自ら資金調達をして関西地区でB社を設立して製パン業を営んだ。X社はYに対して訴訟を提起し、Yの競業避止義務違反、善管注意義務違反、忠実義務違反に基づく損害賠償と、Yが有する競業会社の株式を引き渡すことを択一的に求めた。それに対して、東京地裁昭和56年3月26日判決（判時1015号27頁）は、①の行為についてA社の事実上の主宰者として「第三者であるA社のために、Xの営業の部類に属する取引をし」たことになるとし、②の行為については、関西地区はXの営業区域ではないが、X社がこの地区に進出を決意し準備行為を進めている段階で新会社を設立し営業をしたことも競業取引に当たるとしている。当該事例はX社を自己の所有物と考えているような経営者が会社の利益を顧みずに自己の利益を図ろうとした事例であり、このような行為は許すことができない。しかし、条文に照らすと、競業取引が規制される範囲というのは明らかであるようでいて曖昧な部分を残しているので、その判断は大変難しい。

4　取締役・会社間の取引 —— 利益相反取引

取締役が自己または第三者のために会社と取引をしようとするとき（**直接取引**）あるいは、会社が取締役の債務を保証することなど、取締役以外の者との間において会社と当該取締役の利益が相反する取引をしようとするとき（**間接取引**）も、本章3で前述した競業取引をする場合と同様の手続（株主総会における承認、あるいは取締役会設置会社では取締役会決議による承認）をする必要がある（356条1項2号・3号、365条）。直接取引の例としては、会社からの会社の製品の譲受、会社への取締役自身の財産の譲渡、会社から取締役に

対する金銭の貸付や、取締役が他人の代理人もしくは代表としてする会社との取引が挙げられる（下記図1参照）。「自己のために」「第三者のために」の解釈は現行法では同一の条文の下で規律されていることからも、競業規制の場合と同様に解すべきであろう（☞本章3参照）。これに対して、間接取引の例としては、取締役が第三者に対して負っている債務を会社が保証する契約や、債務引受が考えられる（下記図2参照）。

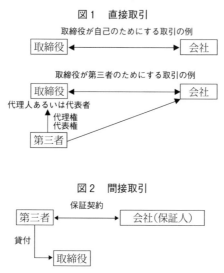

図1　直接取引

取締役が自己のためにする取引の例

取締役　◀━━━━━━━▶　会社

取締役が第三者のためにする取引の例

取締役　◀━━━━━━━▶　会社

代理人あるいは代表者

代理権
代表権

第三者

図2　間接取引

保証契約

第三者　◀━━━━━━━▶　会社（保証人）

貸付

取締役

　このような規制がされている理由は、競業取引と同様、取締役として会社の利益になるよう行動すべきであるところ、取締役の自然の意思に任せたのでは、反対に取締役に有利で会社には不利に契約がされる可能性があるためである。しかし、競業取引と異なることは、競業取引の場合は、取締役の取引の相手方は第三者であるが、利益相反取引の場合は、会社であることである。したがって、株主総会の承認（あるいは取締役会の承認）がない場合の利益相反取引の効力については、判例（最判昭和46年10月13日民集25巻7号900頁）・通説は、原則的には無効と解するが、たとえば、取締役が直接取引により会社から取得した不動産を第三者に再譲渡したような場合は、その第三者が手続違反があったことを知っていたこと（悪意）を証明してはじめて、会社は取引の無効を主張できると考えている（相対的無効説）。間接取引の場合

もまた同様である（最判昭和43年12月25日民集22巻13号3511頁）。

会社から取締役には無効の主張は可能。しかし、会社から善意の第三者に対しては無効を対抗できない。

　取締役会設置会社では、取引をした取締役はその取引後に遅滞なくその取引についての重要な事実を取締役会に報告しなければならない（365条2項）。
　利益相反取引を行った場合の取締役の会社に対する責任については、第19章1（1）を参照。

第17章　監査役・監査役会、会計監査人

設　立　　株　式　　**機　関**　資金調達　そ の 他

> 取締役会設置会社では株主総会の権限が狭い分、取締役会の権限が広が
> り、それを監査するため、監査役の設置が強制される。大会社である公
> 開会社では、監査等委員会設置会社・指名委員会等設置会社でなければ監査役会
> を置かなければならず、監査等委員会設置会社・指名委員会等設置会社・大会社
> では、会計監査人を置かなければならない。このように会社の実態に応じて、監
> 査システムの厳格化が要求される。

1　監査役制度の改正の経過

　すでに第11章2で機関構成についてのこれまでの改正経緯については説明
したが、本章および次章を勉強するにあたって大変重要であると考えるので、
まず最初に監査役制度の改正経過に関する点だけを抜きだして整理しておこ
う。

　平成17年改正までの商法では、監査役は法定の必要的機関であった。そし
て、監査役の監査権限は当初は業務・会計の両面に及んでいたが、昭和25年
の取締役会制度の導入により、業務については取締役が相互に監督し合うこ
とを前提に、監査役の権限は会計監査に限定された。しかし、昭和49年改正
では、特例法上の小会社以外の会社では、再び業務監査権限も与えられ、そ
れ以後は法は順調にその権限と義務を増やし、監査の充実を目指した。

　昭和56年改正では、取締役の報酬と監査役報酬を分けて規定し、株主総会
決議でも取締役報酬と区別して決議するようにしたこと、監査費用を請求で
きるようにしたことは、金銭面で監査役を保護するためであり、昭和49年改
正ではじめて監査役に取締役会の出席権が認められたのを、平成13年12月改

正では出席義務として規定し直したのは、監査役に取締役会の出席を促し、監査役の情報収集の充実を図るためであった。

　監査役の任期についても、商法制定当時は原則1年であったが（明治44年改正で2年、昭和25年改正で1年を経て）、昭和49年改正では2年、平成5年には3年、平成13年12月には4年とどんどん伸長されていった。これは、監査役の地位を長期間保証することで、監査役が監査に専心できるようにしたものである。

　また、昭和49年の改正では、特例法上の大会社では監査役のほかに会計監査人を置いて監査役と連携させて会計監査を充実させる方策をとった。さらに、昭和56年改正では大会社に複数監査役（うち1人は常勤でなければならない）制度を強制し、平成5年の改正では、大会社において監査役3人以上によって構成される監査役会を置くことを強制しその中に社外監査役をいれなければならないとした（その当初は1名以上であったが、平成13年12月改正ではその半数以上を必要とした）。複数の監査役が連携してシステマティックに監査をすることで、監査を充実させようとしたのである。

　しかし、このように度重なる改正で手を入れてきたにもかかわらず、取締役のみならず、監査役の人事も実質的には取締役が握っている現状では、うまく監査が機能しないことも相変わらず懸念された。そこで、平成14年改正では、大会社に定款により指名委員会等設置会社の機関構成をとることを選択することが認められ、そしてさらに平成26年には、監査等委員会設置会社という新たな機関構成を選ぶことも可能となった。これらの場合は取締役会の内部に置かれる、監査委員会・監査等委員会と役割が重複するので、監査役と並置することは認められない。

　そして、平成17年改正により、会社の必要に応じた機関の柔軟化が認められるようになり、取締役会設置会社ではこれまでどおり監査役の設置が強制され（327条2項）、大会社である公開会社では（監査等委員会設置会社・指名委員会等設置会社を選択しない限り）監査役会設置会社が強制されるが（328条1項）、それ以外の会社では、監査役を置くかどうかの判断はそれぞれの会社に任されることとなった。

2　監査役の資格、員数、任期、選任・終任

　監査役の欠格者と、監査役が株主でなければならないと定款で定めても無効であること（ただし、非公開会社では有効）、成年被後見人、被保佐人が監査役に就任する場合の手続は、取締役の場合と同様である（335条→331条1項・2項、331条の2）。また、監査する人間が監査される人間を兼ねることはその機能を損なう可能性があるため、その会社または子会社の取締役・会計参与・支配人その他の使用人、子会社の執行役を兼ねることは禁止されている（333条3項1号、335条2項）。監査役を置く場合、その最低人数は規定されていないが、監査役会を置く場合は（☞本章5で詳しく述べる）、3人以上で、その半数は社外監査役（2条16号）でなければならない（335条3項）。

　任期は、原則として、選任後4年以内に終了する事業年度のうち最終のものに関する定時株主総会終結のときまでとされており（336条1項、ただし3項）、取締役が原則2年であるのに対し、倍に当たる長期の任期を認め、その地位の安定を図っている。また、非公開会社では、取締役の場合と同様、定款に規定することにより、その任期を10年以内まで伸ばすことができる（同条2項）。

　選任手続については取締役の場合と同様であるが（329条、341条、347条）、監査役の選任議案を株主総会に諮るときには、監査役（複数の場合はその過半数、監査役会設置会社の場合は監査役会）の同意が必要とされており、また、株主総会に監査役の選任を議題とすること、その選任についての議案（誰を候補者にするか）を提出することを請求できる（343条）。また、欠員に備えて補欠の監査役を選任しておくこともできる（329条3項）。株主総会において、監査役の選任、解任、辞任について意見を述べ、辞任した監査役は辞任の事実とその理由を述べることができる（345条4項1項・2項）。終任事由についても、取締役と同様、会社と監査役の関係は委任の規定にしたがうため（330条）、監査役の辞任（民法651条）、会社の解散・破産手続開始決定、監査役の死亡・破産手続開始決定・後見開始の審判（民法653条）の場合に委任が終了することが考えられるほか、任期満了、解任（339条。ただし、手続は他の役員の場合（341条）と異なり、特別決議を要する（309条2項7号））、資格の喪失、監

査役を置く旨の定款規定の廃止等（336条4項）、少数株主による解任の訴え（854条）などが挙げられる。346条および347条は監査役にも適用される。

3　監査役の権限・職務

監査役は、会計・業務を問わず、取締役（会計参与設置会社では取締役・会計参与）の職務執行を監査するが（381条1項）、例外として、非公開会社（監査役会設置会社および会計監査人設置会社をのぞく）では、定款に規定することにより、その監査の範囲を会計に限定することができる（389条1項）。これは、平成17年改正以前の特例法上の小会社・有限会社の監査役は会計監査権限しか与えられなかったことを踏襲したものである。監査の範囲を会計に限定した場合は、登記によってそれを開示しなければならない（911条3項17号イ）。

業務監査に関して、**適法性監査**（取締役の職務が法令・定款に違反しないかどうかを監査）に限られるか、あるいはそれを超えて**妥当性監査**にも及ぶのかについては、議論がある。ちなみに、取締役は業務執行の監督権限に基づいて他の取締役の業務に関しても監督を行わなければならないが、業務執行の適法性のみならず、妥当性についても（むしろ後者を重点的に）監督しなければならないと考えられている。これに対して、業務執行の専門家でない監査役は、妥当性については取締役相互の牽制に任せ、適法性監査を重点的に行えばよいという見解が多数説であるが、両者の範囲を明確に区別することは困難であるため、監査役の監査は妥当性にも及ぶ場合があると考える（382条・384条参照）。

監査役には、以下のような権利・権限が与えられている。

①　業務・財産状況の調査

監査役は、いつでも取締役、会計参与、支配人その他の使用人に事業の報告を求め、会社の業務・財産状況の調査をする権限を持っている（381条2項）。また、監査役は、その職務を行うために必要があるときは、会計監査人に対し監査に関する報告を求め（397条2項）、その子会社に対して事業の報告を求

めその業務・財産状況の調査をすることもできるが（381条3項）、子会社は正当
な理由があれば、監査役への報告または調査を拒むことができる（同条4項）。

これに対して、取締役・会計参与・会計監査人も監査役に対して報告義務
がある（357条1項、375条1項、397条1項）。

② 取締役の違法行為の差止請求

取締役が会社の目的の範囲外の行為、法令・定款に違反する行為をし、ま
たはこれらの行為をするおそれがある場合に、その行為によって会社に著し
い損害が生ずるおそれがあるときは、監査役は取締役に対しその行為をやめ
ることを請求することができる（385条）。

③ 取締役との訴訟における会社代表

本来、会社代表は代表取締役の権限であるが、会社が取締役（取締役であっ
た者を含む）に訴訟を提起する場合、またはこれらの者が会社に訴訟を提起
する場合等においては、公平性を期して監査役が会社を代表する（386条）。
それに対して、監査役設置会社以外では、株主総会（取締役会設置会社では取
締役会）が代表者を決定する（353条、364条）。

④ 株主代表訴訟を提起する前に会社に対して行う訴訟提起の請求を受け
る代表権（847条1項、386条2項1号）、代表訴訟を提起した株主からの訴訟告
知を受ける代表権（849条4項、386条2項2号）、代表訴訟和解時の会社に対す
る通知・催告を受ける代表権（850条2項、386条2項2号）等

⑤ 取締役の責任の一部免除に関する同意権（425条3項1号、426条2項、
427条3項）

⑥ 株主代表訴訟において会社が補助参加する場合および会社が和解する
場合の同意権（849条3項1号、849条の2第1号）等

また、監査役の職務としては、

①　監査報告作成義務

取締役（および会計参与設置会社では会計参与）の職務執行を監査して、監査報告を作成しなければならない（381条1項、施行規則105条）。

②　取締役への報告義務

取締役が不正行為をし、もしくは行為をするおそれがあると認めるとき、または、法令・定款に違反する事実、もしくは著しく不当な事実があると認めるときは、遅滞なく取締役（取締役会設置会社では取締役会）に報告しなければならない（382条）。また、その場合必要があると認めるときは、取締役会を招集することができる（383条2項以下）。

③　取締役会への出席

取締役会へ出席し、必要であると認めるときは意見を述べなければならない（383条1項）。

④　株主総会への報告義務

株主総会に提出しようとする議案・書類その他法務省令で定めるものの調査をし、法令・定款違反または著しく不当な事項があると認めるときは、総会に調査の結果を報告しなければならない（384条、施行規則106条）。

4　監査役と会社の関係

取締役と同様、会社との関係は委任に関する規定にしたがい（330条）、会社に対して善管注意義務を負う（民法644条）。その報酬は取締役とは別に、株主総会で定められる。監査役は報酬について株主総会で意見を陳述する権利があり、2人以上の監査役がいる場合、株主総会で総額のみを定めたときは監査役の協議でその分配を決めることができる（387条）。監査費用等も会社に請求することができる（388条）。

監査役の会社に対する責任、第三者に対する責任については、第19章を参照。

5　監査役会を置く場合の特則

　大会社である公開会社（監査等委員会設置会社・指名委員会等設置会社を除く）は、監査役会を設置することが強制される（328条1項）。また、監査役会を置く場合には、取締役会も同時に設置しなければならないことになっている（327条1項2号）。そのほかの場合は、会社は定款で定めれば任意に監査役会を設置することができる（326条2項）。

　監査役会設置会社では、監査役は3人以上を選任し（335条3項）、その全員で監査役会を組織する（390条1項）。構成員の半数以上は**社外監査役**（2条16号）でなければならず（335条3項）、また、監査役の中から常勤者を選定しなければならない（390条2項2号・3項）。

　監査役会は監査報告を作成する（390条2項1号）。監査役会においては、監査の方針、調査の方法などを決定し（同条2項3号）、監査の役割分担を行うことができるが、その決定は監査役のそれぞれの権限の行使を妨げることはできず（同条2項ただし書き）、監査役会の求めがあれば監査役はいつでも職務執行の状況を監査役会で報告することが義務づけられ（同条4項）、監査役が情報を共有することが求められている。すなわちここでは、複数の監査役による多角的な監査を実現することができる。取締役・会計参与・会計監査人が監査役に対して報告すべき事柄を発見した場合は、監査役会設置会社では監査役会に報告しなければならないが（357条2項、375条2項、397条3項）、その場合、報告する者の便宜を考えて、監査役の全員に通知したときは、監査役会への報告は必要ではない（395条）。

　監査役会の招集・決議・議事録については、391条以下で規定されている。

6　会計監査人

　監査等委員会設置会社・指名委員会等設置会社および大会社では、会計監査人の設置が強制されている（327条5項、328条）。また、その他の会社でも、任意に会計監査人を置くことができる（326条2項）。会計監査人を置く場合には、会社内部において監査の面でそれと連携をとる必要性から、監査等委

員会設置会社・指名委員会等設置会社以外では監査役を必ず置かなければならない（327条3項）。会計監査の部分に関しては、監査役の会計監査と競合し、監査役は会計監査人の監査報告の内容の通知を受けてそれを参考にはするが、自分の立場で会社に監査報告を提出する。その意味で、いわば、会計に関するチェックは二重であり、より厳重に行われる。

（1）　資格、任期、選任・終任

　会計監査人の資格は、公認会計士または監査法人で（337条1項）、専門家としての会計の知識が豊富であることが求められ、また、法定の欠格者に当たらない人でなければならない（同条3項）。

　任期は、選任後1年以内に終了する事業年度のうち最終のものに関する定時株主総会の終結のときまでとされるが（338条1項）、株主総会で別段の決議（不再任の決議）がない限り、再任されたものとみなされる（同条2項）。

　選任（329条1項）・解任（339条）は、取締役の場合と同様、株主総会の決議により行うが、341条の適用がないので普通決議で構わず、定款に規定すれば定足数をはずすこともできる。監査役設置会社では、会計監査人の選任・解任・不再任の議案の内容は監査役（2人以上の場合は過半数、監査役会設置会社の場合は監査役会）が決定する（344条）。

　また、①職務上の義務に違反し、または職務を怠ったとき、②会計監査人としてふさわしくない非行があったとき、③心身の故障のため、職務の執行に支障があり、またはこれに堪えないときのいずれかに該当するときは、監査役（2人以上の場合は全員、監査役会設置会社の場合は監査役会、監査等委員会設置会社の場合監査等委員会、監査委員会設置会社の場合は監査委員会）の同意があれば解任することができる（340条）。会計監査人は、自身の選任・解任・辞任について株主総会で意見を述べることができる（345条5項）。欠員が生じた場合については、346条4項が規定している。

（2）　会計監査人の権限・職務

　会計監査人は計算書類およびその附属明細書、臨時計算書類ならびに連結計算書類を監査し、会計監査報告を作成する（396条1項、施行規則110条）。そ

の内容の詳細については法務省令が規定している（計算規則126条）。この会計監査人の監査報告の内容は監査役に通知され（計算規則130条）、その監査の方法、結果を相当でないと認めたときは、監査役は監査報告でその旨と理由を記載しなければならない（計算規則127条2号）。この監査役の監査報告の内容は、会計監査人に通知される（計算規則132条）。計算書類が法令・定款に適合するかどうかについて会計監査人が監査役と意見を異にする場合には、会計監査人は定時総会に出席して意見を述べることができる（398条）。

　会計監査人は、いつでも会計帳簿その他を閲覧し、取締役・支配人その他の使用人に会計に関する報告を求め（396条2項）、また、必要があるときは、子会社に対しても会計に関する報告を求め、業務・財産の状況を調査することができるが、子会社は正当な理由があるときは、それを拒むことができる（同条3項・4項）。また、取締役の職務執行に関して不正行為または法令・定款に違反する重大な事実を発見した場合には、遅滞なくこれを監査役に報告しなければならず、また、監査役は必要があるときは、会計監査人に報告を求めることができる（397条）。

　以上のように、会計監査人と監査役は会計監査に関して連携をし、互いの結果を尊重しつつ、さらに綿密な会計監査を目指すのである。

（3）　会計監査人と会社の関係

　会計監査人も、役員ではないものの、会社との関係は委任に関する規定にしたがい（330条）、会社に対して善管注意義務を負う（民法644条）。会計監査人の報酬の決定は取締役（会）が行うが、監査役（2人以上の場合には過半数、監査役会設置会社の場合には監査役会、監査等委員会設置会社の場合は監査等委員会、監査委員会設置会社の場合は監査委員会）の同意が必要である（399条）。

　会計監査人の会社に対する責任、第三者に対する責任については、第19章を参照のこと。

第18章　指名委員会等設置会社と監査等委員会設置会社

設　立　　株　式　　**機　関**　　資金調達　　その他

指名委員会等設置会社は、通常の取締役会設置会社の機関構成の弱点を克服すべく、会社の監督機能向上、監督と監督対象の分離、業務執行の迅速を図るために導入された。また、平成26年改正では、監査等委員会設置会社が創設された。大会社である公開会社では、監査役会設置会社、指名委員会等設置会社、監査等委員会設置会社の３つの機関構成の中から１つを選択しなければならない。

1　指名委員会等設置会社と監査等委員会設置会社の創設の経緯

　平成14年の改正は、大会社で監査役会の設置を強制された会社が、定款で定めた場合のみ監査役会の代わりに採用できる機関構造として、取締役会の中に指名委員会・監査委員会・報酬委員会を備えた指名委員会等設置会社（2条12号）を新設した。

　この導入が検討されたのは、これまでの株式会社の機関制度では、その監督機能に限界があることが指摘されたためである。それはまず、第一の問題として、取締役は株主総会により選任されるが、現実には株主総会に提出する取締役の選任議案を提出するのは企業のトップとしての代表取締役（あるいは取締役会）の役割であり、恣意的な人選がされやすいこと、第二の問題としては、監査役にはそれなりに強力な権限が与えられてはいるが、取締役の選任権がないためにその分監督機能が弱いこと、第三の問題として、業務執行の妥当性の監督を取締役会の内部の相互牽制に任せてもあまり実効性が上がらないこと、第四の問題としては、取締役会の取締役の人数が多くなるに

つれて業務執行の決定に時間や手間がかかることが挙げられる。そこで、監督機能の向上、監督と監督対象の分離、業務執行の迅速化を図るために、指名委員会等設置会社の採用が認められた（創設当初、これは委員会等設置会社と呼ばれていたが、平成17年に委員会設置会社に改称し、さらに平成26年に現在の呼称に改められた）。

　指名委員会等設置会社はなかなか浸透しなかったため（☞本章3のCOLUMN「委員会設置型会社の現状」参照）、平成26年改正はさらに監査等委員会設置会社制度を新設した。これは、監査等委員会を取締役会の中に置く会社である（2条11号の2）。指名委員会等設置会社が指名委員会を含む3委員会を取締役会の中に置くことと比べると、同制度をスリム化したのみのようにも思われがちであるが、監査等委員会は指名委員会等設置会社の監査委員会と全く同じ機能を有するものではなく、監査のほかに監督機能をも担う点に特徴があり、また、その取締役会の権限を指名委員会等設置会社並みに狭めるならば、取締役会の機能を監督に特化して、そのモニタリング機能を期待することもできる。監査役を置くことはできないものの、その他の点においては、代表取締役が業務執行を担当するなど従来の監査役設置会社の形を維持しながら、取締役会の中に監査等委員として社外取締役を入れるという要請にも応えることが可能になるという点でも、この制度を採るメリットはあるといえよう。

2　指名委員会等設置会社

（1）　指名委員会等設置会社が備えるべき機関

　大会社である公開会社では、監査役会設置会社あるいは監査等委員会設置会社を選択しない場合は指名委員会等設置会社を選択することが強制されるが（328条1項）、そのほかの会社でも、定款で規定を置き、指名委員会等設置会社になることを選択することは自由である（326条2項）。ただし、指名委員会等設置会社を選択した場合には、必ず取締役会を置かなければならず（327条1項4号）、このような会社では厳重な会計監査が必要と考えられるため、会計監査人の設置を強制されるが（同条5項）、監査委員会が監査機能を

果たすので、同時に監査役を設置することはできないとされている（同条 4 項）。

（2）　取締役・執行役の選任・解任と委員の選定・解職

　取締役の選任・解任は、株主総会によって行われる（329条 1 項、339条、341 条）。取締役は、支配人その他の使用人および会計参与を兼任することはできない（331条 4 項、333条 3 項 1 号）。(4 ）で後述するように、取締役の選任・解任の議案は指名委員会が決定する（404条 1 項）。指名委員会等設置会社の取締役の任期は一般の場合の 2 年と異なり（332条 1 項）、原則 1 年とされている（同条 6 項）。

　委員は、取締役の中から取締役会の決議により選定され（400条 2 項）、それぞれの委員会の人数は 3 人以上で（同条 1 項）、委員の兼任は妨げられない。しかし、各委員会の委員の過半数は社外取締役（ 2 条15号）でなければならず（400条 3 項）、監査委員会の委員（**監査委員**）は会社またはその子会社の執行役・業務執行取締役、子会社の会計参与・支配人その他の使用人を兼任することも禁じられる（同条 4 項）。解職も取締役会決議で行う（401条）。

　執行役は 1 人以上を選任すればよく、選任・解任は取締役会で決定する（402 条 1 項 2 項、403条）。欠格事由も取締役の規定を準用しているが（402条 4 項→ 331条 1 項、331条の 2 ）、公開会社では執行役が株主でなければならない旨は定款で定めても効力がない（402条 5 項）。実質的に監督を行う取締役と監督される執行役の兼任は認めないほうがよいが、適任者を探すことが難しいため、これは事実上認めざるを得ない（同条 6 項）。任期は選任後 1 年以内に終了する事業年度のうち最終のものに関する定時株主総会の終結後最初に招集される取締役会の終結のときまでである（同条 7 項）。代表権を有する代表執行役（420条 3 項参照）は、執行役の中から取締役会が選定する（同条 1 項）。解職も取締役会決議によって行う（同条 2 項）。

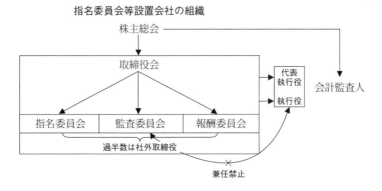

指名委員会等設置会社の組織

（3）　取締役会の機能と権限

　指名委員会等設置会社では、取締役会は業務執行の決定と監督を行う（416条1項1号・2号、2項）。その決定は原則として取締役には委任できないが（同条3項）、4項で列挙されている重要事項をのぞいて、他の事項の決定は執行役に委任することができる（同条4項）。したがって、事実上、取締役会の役割は業務執行ではなく、むしろ監督に特化されることになる。取締役は原則として業務執行ができない（415条）。

　取締役会は招集権者の定めがある場合も、指名委員会等が選定した者が招集を請求でき（417条1項）、執行役も招集を請求できる（同条2項）。指名委員会等が選定する委員は、その委員会の職務執行の状況を取締役会で報告しなければならない（同条3項）。

（4）　委員会の機能と権限

　それぞれの委員会の役割については、会社法404条にその概略が定められている。

　指名委員会は株主総会に提出する取締役（会計参与設置会社の場合取締役および会計参与）の選任・解任に関する議案の内容を執行役から独立して決定する（同条1項）。

　監査委員会は、執行役・取締役（会計参与設置会社の場合は執行役・取締役お

および会計参与）の職務執行の監査（妥当性監査および適法性監査）をし、監査報告を作成し、株主総会に提出する会計監査人の選任・解任・不再任の議案の内容決定をする（同条2項）。監査委員は執行役・取締役の不正行為等の取締役会への報告義務（406条）を負い、取締役・執行役の違法行為等の差止権（407条）を有するほか、監査委員会が選定する監査委員は、執行役等に報告を求め会社の業務および財産の状況を調査する権限（405条）、執行役（取締役）・会社間の訴え（監査委員が訴訟当事者である場合を除く）についての会社代表権（408条）を有する。

報酬委員会は、執行役・取締役（会計参与会社の場合は執行役・取締役および会計参与）の個人別の報酬等の内容を決定する（404条3項、409条）。

委員会の運営については、410条以下の規定にしたがう。

（5）　執行役・代表執行役の機能と権限

執行役は、取締役会の決議により委任を受けた業務執行の決定と、業務執行を行う（418条）。執行役は3か月に1回以上自己の職務執行の状況を取締役会で報告をしなければならず（417条4項）、取締役会の要求があったときは取締役会に出席し、取締役会が求めた事項について説明しなければならない（同条5項）。6か月前から引き続き株式を保有する（非公開会社は保有期間の要件は必要ない）株主は、執行役の違法行為等の差止権を有する（422条）。執行役は会社に著しい損害を及ぼすおそれがある事実を発見したときは、直ちに監査委員に報告する義務を負う（419条1項）。

代表執行役は会社を代表する（420条3項→349条4項・5項）。表見代表執行役について、表見代表取締役（354条）と同様の規定がある（421条）。

（6）　委員・執行役と会社の関係

委員は取締役の中から選定されるから、その会社との関係も、委任に関する規定にしたがうと考えられる（330条）。執行役と会社との関係も委任関係である（402条3項）。

執行役は会社に対して善管注意義務（民法644条）、忠実義務を負うこと（419条2項→355条）、競業取引・利益相反取引規制を受けること（419条2項→356

条、365条2項）も取締役の場合と同様である。執行役の会社に対する責任・第三者に対する責任については、第19章を参照。

3　監査等委員会設置会社

（1）　監査等委員会設置会社が備えるべき機関

　監査等委員会設置会社を選択することは、定款に規定すれば、大会社であるか否か、公開会社であるか否かなどの制限なしに、すべての株式会社で利用することが可能である（326条2項）。監査等委員会設置会社は取締役会の中に監査等委員会を置かなければならないので、取締役会を設置することが強制されている（327条1項3号）。監査等委員会が監査役設置会社の監査役の役割を果たすため、監査役を置くことは禁じられるが（327条4項）、指名委員会等設置会社と同様、会計監査人は設置しなければならない（同条5項）。また、指名委員会等設置会社を選択した場合には、監査等委員会設置会社を選択できず、その逆もまた、禁じられる（同条6項）。

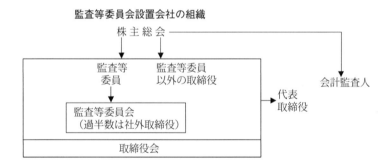

監査等委員会設置会社の組織

（2）　監査等委員・監査等委員以外の取締役の選任・任期・報酬

　監査等委員である取締役（以下、単に監査等委員という）と監査等委員以外の取締役は、取締役会の構成メンバーである点については同様であるが、監査にあたる監査等委員の地位の独立性を守るために、以下に挙げる選任・任期・報酬などについては、監査等委員以外の取締役とは別個に取り扱うこと

が要請される。

　株主総会では監査等委員とそれ以外の取締役を別個に選任しなければならない（329条2項）。解任については、監査役と同様、特別決議が必要である（344条の2第3項、309条2項7号）。

　監査等委員は3人以上で、その過半数は社外取締役でなければならない（331条6項）。監査等委員は、監査役と同様、会社および子会社の業務執行取締役・支配人その他の使用人、子会社の会計参与・執行役と兼任してはならない（331条3項）。そのため、一般の取締役会設置会社の取締役は3人以上であるが（331条5項）、監査等委員会設置会社の取締役会の構成員は、代表取締役を含む4人以上が必要である。

　監査等委員以外の取締役の任期は、指名委員会等設置会社の取締役と同様、選任後1年以内に終了する事業年度のうち最終のものに関する定時総会の終結までとされているが（332条3項）、監査等委員の任期は選任後2年以内に終了する事業年度のうち最終のものに関する定時総会の終結までとされ、定款・総会決議によっても任期の短縮はできない（同条4項）。

　報酬を定める場合も、監査等委員とそれ以外の取締役を別に決定する（361条2項・3項）。

（3）　取締役会の機能と権限

　監査等委員も取締役であるため（399条の2第2項）、取締役会の構成員として業務執行の議決にも参加する。

　取締役会は、原則としては、業務執行の決定、取締役の職務執行の監督を行い、監査等委員以外の取締役の中から代表取締役を選定し、その解職をすることができる（399条の13第1項1号～3号）、条文に列挙されている重要事項の決定は取締役に委任することはできないとされており（同条4項）、通常の取締役会設置会社の場合とほぼ同様である。しかし、これに対して、取締役の過半数が社外取締役である場合には、条文に列挙されている事項を除いて重要な業務執行の決定を取締役に委任することを、取締役会の決議によって決めることができ（同条5項）、また、同様のことを定款で定めることもできる（同条6項）。このことにより、監査等委員会設置会社の取締役会は、指

名委員会等設置会社によるモニタリング・モデルに近づくことが可能となる。

（4）　監査等委員会の機能と権限

　監査等委員会は監査等委員をもって組織され、監査役設置会社の監査役あるいは指名委員会等設置会社の監査委員会とほぼ同様の役割を担う（399条の2第3項）。業務監査は、適法性監査のみならず、妥当性監査にも及ぶ。

　しかし、監査役の場合と異なり、これらの権限は監査等委員会に帰属するので、原則としてその権限を行使する場合には、監査等委員会によって選定された監査等委員がこれを実行する（399条の3、399条の7等参照）。これに対して、取締役が不正の行為をした場合等、または、法令定款に違反する事実もしくは著しく不当な事実がある場合には、監査等委員は、取締役会に対して報告義務を負い（399条の4）、取締役が会社の目的外の行為その他法令・定款に違反する行為をし、あるいはする恐れがある場合には、監査等委員に差止請求権が認められる（399条の6）。事柄の緊急性ゆえに、例外的に監査等委員に権限を与えている。

　監査等委員会設置会社は、指名委員会等設置会社と比べると指名委員会および報酬委員会を置かないため、その分、業務執行に対するコントロールが働かないのではないかという危惧が残る。そのため、監査等委員会は、監査等委員の選任等・報酬に関して意見を述べ、また、辞任した監査等委員は総会で辞任した理由を述べることができるのはもちろんのこと（342条の2第1項・第2項、361条5項）、監査等委員以外の取締役の選任・解任・辞任および報酬等についても、監査等委員会で選定された監査等委員が株主総会で監査等委員会の意見を述べることができる（342条の2第4項、361条6項）。これらは、指名・報酬委員会を有しない監査等委員会設置会社において、監査等委員会にこれらの委員会の役割を代替するために少しでも監督機能を与えようとした結果であるといえよう。

　また、利益相反取引を監査等委員以外の取締役が行い、監査等委員会がこれを承認した場合は、任務懈怠の推定（423条3項）を適用しない（同条4項）。

　監査等委員会設置会社の運営に関しては、399条の8以下に規定されている。

COLUMN　委員会設置会社の現状

　公開会社でありかつ大会社である株式会社が選択できる機関構成としては、監査役会設置会社、指名委員会等設置会社、監査等委員会設置会社の３つがある（☞第11章３参照）。以下、これらが実際にどのように利用されているかについてみてみよう。

　令和４年現在東京証券取引所に株式を上場している株式会社3770社を対象とした調査によれば、①監査役会設置会社は60.7%（2290社）、②指名委員会等設置会社は2.3%（88社）、③監査等委員会設置会社は36.9%（1392社）であり、2017年から2022年にかけての採用数の推移は以下のグラフのとおりである。

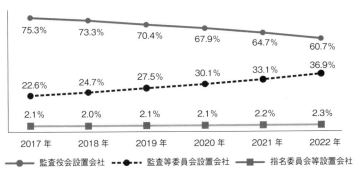

　調査結果並びに上記のグラフは、「東証上場会社コーポレートガバナンス白書2023」による（なお、東証は、市場で株式を取引する投資家を保護するため、上場申請を行った株式会社が上場の適格性を備えているかどうかについて厳しい審査を行い、承認を受けた会社のみが市場に株式を上場することができる）

　②においては、人事と報酬という重要事項をそれぞれの委員会に属する社外取締役に任せることになるが、これを会社が嫌うため、その利用数は低迷を続けている。他方、①は日本の会社が長く利用してきた監査役により業務執行を監査させる機関構成であるため、現在でも６割の会社がこれを利用し続けているが、近年の状況を見ると、平成26年に創設された③が徐々に数を増やすとともに、①が③へと移行する傾向がみられる。①では、監査役会を構成する３人以上の監査役のうち半数以上は社外監査役でなければならず（335条３項）、それに加えて、令和元年改正により有価証券報告書の提出が義務づけられている上場会社等では社外取締役１人以上を選任しなければならないから（327条の２）、社外役員を全部で３人以上置かなければならない。それに対して、③では、３人以上の監査等委員のうちの過半数（すなわち２人以上）を社外取締役にするだけでよい（331条６項）。したがって、この点では会社にとって③は負担が少ないというようなことも、この傾向の理由の一つと考えられるだろう。しかし、このような表面上のメリットに惑わされるのではなく、会社は、それぞれの制度の本

質を比較したうえでどの機関構成がその会社の経営に最も適するかについてよく考え
て選択をするべきである。

第19章　役員等の責任と追及・株主の違法行為差止請求

取締役、監査役、会計参与、指名委員会等設置会社の執行役、会計監査人は会社に対して責任を負う。また、第三者に対しても責任を負う場合がある。会社が取締役らに会社に対する責任を追及しない場合、株主がこれに代わって訴えを提起する株主代表訴訟が認められている。会社法における大変重要な論点である。

1　役員等の会社に対する責任

取締役と並んで、監査役、会計参与は、会社法で明記のあるかぎり（329条1項参照）、「役員」として同様の規制を受けているが、責任に関しては、この「役員」のほかに指名委員会等設置会社の執行役、会計監査人（これは「役員等」と表記される）もまた、会社に対して取締役と同様の責任を負う（423条）。

（1）　責任の態様

役員等は会社に対する任務を怠ったことに会社に損害を生じさせた場合、会社に対してその損害を賠償する責任を負う（423条1項）。責任が生ずるために必要な要件としては、①役員等の任務懈怠、②会社に損害が発生したこととその額、③①と②との間の相当因果関係、④役員等の帰責事由（故意・過失）、がある。①〜③は責任を追及する者が立証する必要があり、役員等は責任を免れるために④がないことを立証する必要がある。責任を負うべき役員等が複数いる場合には、その責任は連帯責任となる（430条）。

役員等と会社等の関係は委任に関する規定にしたがわなければならず（330条、402条3項）、役員等は会社に対して善管注意義務を負うため（民法644条）

（☞第16章1、17章4、6（3）、18章2（6））、善管注意義務違反は役員等の任務
懈怠に当たる。原告が主張する善管注意義務違反と被告が主張する無過失の
審査が実質的に重なるために、原告が善管注意義務の立証に成功した場合に
は、取締役が無過失の立証に成功することは通常は考えにくい。

　また、取締役は法令を遵守し、会社のために忠実にその職務を行うことを
義務づけられているため（355条）、判例（最判平成12年7月7日民集54巻6号
1767頁）・多数説は、法令違反そのものが任務懈怠に当たると考え、この場合、
取締役が責任を免れるためには故意・過失がないことを立証しなければなら
ないと考える（これに対して、法令違反の場合は、責任を追及する側が善管注意義
務違反があったことについても証明しなければ任務懈怠があったことにはならな
いと考える説もある）。法令には、会社法が規定する規定のみならず、会社を
名宛人とする法令すべてが含まれると解されている（前掲最判平成12年7月7
日）。

　しかし、このように役員等の任務懈怠の結果会社に損害が生じた場合、一
個人としての役員等がそれにより負うべき責任は相当に重いものと考えられ
る。そのため、後述のような役員等の責任免除の制度（☞本章1（2）で後述す
る）が設けられているほか、会社の経営にあたる取締役・執行役については、
経営判断の原則（business judgement rule）というアメリカでは確立している判
例法の理論を参考にして、紛争解決の局面で結果の妥当性を導くこともある。
これは、取締役が経営判断をするに際して、その決定の過程、内容に著しく
不合理な点がなければ善管注意義務違反にはならないとされる（最判平成22
年7月15日判時2091号90頁）。

　取締役・執行役が競業避止義務に違反し、株主総会（取締役会）の承認なし
に競業取引を行った場合、それは法令違反になるので（356条1項1号、419条
2項）、会社に対して責任を負うことになる（423条1項）。しかしこの場合、
取締役・執行役の行った競業取引の結果会社が受けた損害の額を会社の側が
立証するのは難しい。そのため、法律は、会社が受けた損害を「取締役、執
行役又は第三者が得た利益の額」と推定して、損害賠償額の算定の困難を救
済している（423条2項）。

取締役・執行役と会社との利益相反取引についても、株主総会（取締役会）の承認を得なかった場合は、取締役は法令違反に当たり（356条1項2号・3号、419条2項）、会社に対して責任を負うと考えられるが（423条1項）、その承認を得た上で取引をした場合でも、実際に損害が生じたときは、①直接取引、間接取引によって会社と利益相反する取締役・執行役、②取引をすることを決定した取締役・執行役、③取引について取締役会の承認があった場合その決議に賛成した取締役は、任務懈怠があったことが推定される（同3項）。また、取締役会の決議に参加し、かつ議事録に異議をとどめなかった取締役はその決議に賛成したものと推定されることから（369条5項）、取締役は議事録の記載の内容にも注意を要する。しかし、これらの者たちは自らに過失がなかったことを立証した場合は責任を免れるが、例外として、自己のために直接取引をした取締役・執行役は過失の有無を問わず常に責任を負わなければならないとされており、責任制限制度の適用も受けないとされている（428条）。非常に厳しい措置であるといえる。

　その他、株主の議決権行使に対する利益供与に関する責任については第13章3を、剰余金の違法配当に関する責任については第23章4（4）を参照。

（2）　役員等の会社に対する任務懈怠責任の免除

　役員等の会社に対する責任を免除するには、株主総会の決議では不十分と考えられ、総株主の同意が必要である（424条）。しかし、平成12年に提起された株主代表訴訟（☞本章2【発展】「大和銀行株主代表訴訟事件が与えた影響」参照）では、取締役に巨額の損害賠償が認められた。

　それが強いインパクトとなり、取締役の萎縮が会社経営に悪い影響を与えないよう、平成13年12月改正は、以下に述べる上限額を超える額の責任を免除することができる責任制限を制度化した（ただし、428条）。その上限額とは、「当該役員等が在職中に株式会社から職務執行の対価として受け、又は受けるべき財産上の利益の1年間当たりの額に相当する額として法務省令で定める方法により算出される額」（施行規則113条）を基準として、代表取締役、代表執行役の場合はその6年分、代表取締役以外の業務執行取締役等、代表執行役以外の執行役の場合はその4年分、代表取締役・業務執行取締役以外

の取締役、会計参与、監査役、会計監査人の場合はその2年分と、「在職中に有利発行を受けた新株予約権に関する財産上の利益に相当する額として法務省で定める方法により算定される額」（施行規則114条）の合計額である（425条1項等）。

　役員等の一部免除は、役員等の任務懈怠責任（423条1項）のうち、善意でかつ無重過失である場合に認められる（425条1項柱書き、426条1項、427条1項）。

　責任免除方法としては、①株主総会決議による事後の免除（425条）、②定款の規定による取締役の過半数の同意（取締役会設置会社では取締役会決議）による免除（426条）、③責任限定契約による免除（427条）の3つが規定されている。

　まず、①は、役員等に具体的に責任が生じた後、株主総会の決議で責任を免除することを認めるものである。このためには、責任の原因となった事実および賠償の責任を負う額等の詳細を明示して（425条2項）、株主総会で特別決議（309条2項8号）が成立しなければ、その責任の制限は認められない。次に、②は、監査役設置会社（取締役が2人以上いる場合に限る）、監査等委員会設置会社、指名委員会等設置会社のみが利用できる。これを行うためにはまず、責任を負う取締役以外の取締役の過半数の同意（取締役会設置会社では取締役会決議）で責任の原因となった事実の内容、当該役員等の職務執行の状況その他の事情を勘案して特に必要と認めるときに責任を制限できる旨の定款規定を置く旨の定款変更議案を株主総会に提出し、定款変更を行わなければならず（426条1項）、この定款の定めは登記されなければならない（911条3項24号）。そして、実際に役員等の責任追及が問題になった場合に、定款の定めに基づいて役員等の責任免除について取締役の過半数が同意（取締役会設置会社では取締役会決議）した後に（同条2項）、会社は①の総会において開示すべき事項（425条2項）と同じ事項と1か月を下らない一定の期間の間に異議を申し出るべき旨を公告するか、または、株主に対して通知（非公開会社では、通知のみ）しなければならず（426条3項・4項）、総株主（責任を負う役員等をのぞく）の100分の3（定款でこれを下回る割合を定めることができる）以上の議決権を有する株主が異議を述べた場合、取締役の責任を制限するこ

とは認められない（同条7項）。最後に、③は業務執行取締役等以外の取締役・会計参与・監査役・会計監査人の責任に限って認められる方法である。株主総会に定款変更議案を提出し、定款変更を認める特別決議（309条2項9号）が成立した場合、会社は、定款で定めた額の範囲で会社が定めた額か最低責任限度額のいずれか高いほうの責任を負う旨の責任限定契約を社外取締役等と締結することができる（427条1項・3項）。この定款の定めも登記されなければならない（911条3項25号）。そして、会社が損害を受けた場合には、会社はその契約にそって責任追及すればよいが、会社は損害を知った最初の株主総会で、①の総会で開示すべき事項（425条2項1号・2号）と同じ事項、契約内容と契約締結の理由、責任を免除された額を株主に対して開示しなければならない（427条4項）。

　以上の方法で取締役（監査等委員・監査委員を除く）および執行役の責任を免除する場合、①の株主総会、②の株主総会および取締役会、③の株主総会に議案を提出するには、監査役（監査等委員会設置会社では監査等委員、指名委員会等設置会社では監査委員）全員の同意を得ることが必要である（425条3項、426条2項、427条3項）。

2　株主代表訴訟

（1）　株主代表訴訟の意義と同制度の見直し

　役員等が会社に対して任務懈怠により損害を与えた場合、会社がその責任を追及するのが通常である。しかし、責任追及するか否かは、結局取締役の判断に任されるために、役員等の責任を追及しないままに放置することも少なくない。そこで、昭和25年商法改正の際に、株主に、会社の利益（これは同時に株主全体の利益）を代表して訴えを提起することができる権利が与えられた。しかし、改正当初は、訴えを提起するために支払う手数料も訴訟の目的額に応じた莫大な額が必要であり、仮に株主が勝訴しても、賠償は会社に支払われるのみで、株主に直接の利益はない（会社の利益が増加する中で自分の株数に比例するだけが、実質的な利益）ため、株主の中で、わざわざ訴訟を提起する者はほとんどなかった。しかし、平成5年に同制度を見直すための改

正により、訴訟提起のために支払うべき手数料を一律8200円とし（現在では、
1万3000円。計算方法は本章2（2）で詳しく説明する）、また、原告株主が勝訴
した場合には訴訟を行うのに必要な費用（そのうち敗訴した被告が負担する訴
訟費用をのぞく）は会社に請求できることとなった。そのことがマスコミに
取り上げられ、株主代表訴訟は一躍広く知られることとなり、株主代表訴訟
の提起数が増加していくこととなった。

　株主代表訴訟の提起件数の上昇により同制度が改めて注目されたことは、
企業統治のあり方（コーポレート・ガバナンス）の「会社は誰のものか」とい
う議論（株主のものか、経営者のものか、従業員のものか）とも結びついて、こ
れまで軽視されがちだった株主の利益が見直されるチャンスとなった。

　また、代表訴訟の対象となる取締役の責任の範囲については、学説上、役
員等の会社に対する債務すべてを対象とする全債務説、会社法上の責任に限
られるとする限定説が対立する。最高裁平成21年3月10日判決（民集63巻3
号361頁）は、取締役の会社に対する取引債務を含むとする態度を明らかにし
た。

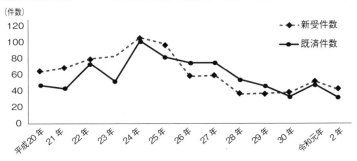

全国地方裁判所における株主代表訴訟年別件数の推移（平成20年〜令和2年）

（最高裁判所調べ（商事法務2298号65頁）のデータを基にグラフ化）

【発 展】

大和銀行株主代表訴訟事件が与えた影響

　大和銀行のニューヨーク支店の従業員が不正に行った取引で生じた損失を埋めようとさらに取引を続けてますます損失を増大させ、銀行はそれを隠蔽しようとしてアメリカの法律に違反した。

　裁判所は、内部統制システムの構築と米国の法令違反について取締役に任務懈怠があったとして、最高で829億円（7億7500万ドル）、最低でも75億円（7000万ドル）の賠償を認めた（大阪地判平成12年9月20日判時1721号3頁）。

　この判決で、取締役の法令遵守義務・システム構築義務が認められ、そのために、各会社がコンプライアンス（法令遵守）に奔走することとなるきっかけを作った。会社法でも、いわゆる**内部統制システム**の構築についての決定が取締役、取締役会に求められている（348条3項4号、362条4項6号、416条1項1号ホ）。

　しかし、他方でこれはそれまでもあった株主代表訴訟改正論議（過度な訴訟提起は経営者の士気を下げ、会社の経営に悪影響を及ぼすとの主張）を加速した。平成13年12月改正は、取締役の責任を制限するとともに、代表訴訟の再度の見直しを図った。

（2）　手　続

　代表訴訟は「役員等」（423条1項）のほか、発起人、設立時取締役・監査役、清算人に対しても提起できる（847条1項）。

　代表訴訟を提起できる株主は、6か月（これを下回る期間を定款で定めることができる。非公開会社では保有期間の条件は必要ない）前から引き続き株式を保有していなければならず、株主は代表訴訟を提起するより前に、会社に対して書面その他法務省令に定める方法（施行規則217条）により役員等の責任を追及する訴えを提起するよう請求しなければならない（847条1項）。これは、本来は会社が自主的に責任追及することを決定するのが筋道であるから、まず、会社の判断を待つことが必要とされているのである。しかし、「責任追及等の訴えが当該株主若しくは第三者の不正な利益を図り又は当該株式会社に損害を加えることを目的とする場合は」、その請求をすることができない（同条1項ただし書き）。請求から60日以内に会社が訴訟を提起しない場合（会社はその理由を書面（不提訴理由書）等で当該株主に通知しなければならない。同条4項）、株主は会社のために責任追及の訴訟を提起することができる（同条3項）。しかし、その期間が経過することにより「会社に回復することができ

ない損害が生ずるおそれがある」場合には、会社に対して請求することなく、はじめから自分で訴訟を提起できる（同条5項）。訴えは、会社の本社所在地を管轄する地方裁判所の管轄となる（848条）。

　株主代表訴訟は訴訟の目的価額の算定については、財産権上の請求ではない請求に係る訴えとみなされている（847条の4第1項）。したがって、財産権上の請求ではない請求は訴訟の目的価額が一律160万円とみなされ（民事訴訟費用等に関する法律4条2項）、その手数料は1万3000円となる（同法4条1項および別表第1）。さらに、株主が勝訴した場合は、会社に対して訴訟費用を除く必要費用または支払うべき弁護士報酬のうち相当と認められる額の支払いを請求でき（852条1項）、敗訴した場合も、悪意があったときを除いて株主は会社に損害賠償の責任を負わない（同条2項）。

　また、濫訴防止の対策として、訴えの提起が悪意（会社を害する意図）によるものであることを被告が疎明して申し立てれば、裁判所は株主に対して担保を提供することを命ずることができる（847条の4第2項・第3項）。

（3）　訴訟参加

　原告以外の株主・会社は、株主（原告）あるいは役員等（被告）を補助するため、共同訴訟人として訴訟に参加することが認められる（849条1項）。訴訟を提起した株主は、会社に遅滞なく代表訴訟を提起したことを告知して会社に訴訟参加する機会を与えなければならず（同条4項）、また、訴訟告知を受けた会社は、他株主に訴訟参加の機会を与えるため、代表訴訟が提起されたことを公告するかまたは株主に通知（非公開会社では通知のみ）しなければならない（同条5項・9項）。

　株主が会社のために役員等を訴えているにもかかわらず、会社が取締役（監査等委員、監査委員をのぞく）、執行役、清算人ならびにこれらの者であったものを補助をするため訴訟に参加するには、これが客観的に会社の利益になることを判断してもらわなければならないため、各監査役（監査等委員会設置会社では各監査等委員、指名委員会等設置会社では各監査委員）同意を得る必要がある（同条3項）。

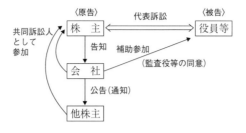

（4）和　解

　これまでの著名な株主代表訴訟の多くは、和解で解決されているが、和解が認められる根拠にも疑問が呈されていた。これは、役員等の責任免除には株主全員の同意が必要とされている（424条）のに対して、これを和解により責任を軽減することは、その部分の免責に当たるという問題である。そこで、株主と役員等が和解を行う場合会社の承認がなければ、確定判決と同一の効力は与えられないことを明らかにし（850条1項）、裁判所は和解が行われる前に和解内容を会社に通知し、異議があれば2週間以内に異議を述べるべき旨を催告しなければならないとした（同条2項）。期間内に書面により異議が述べられなければ、会社が和解を承認したものとみなされる（同条3項）。したがってこれにより、株主全員の同意がなくても、和解が認められる（同条4項）。また、会社が和解をする場合は各監査役（監査等委員会設置会社では各監査等委員、指名委員会等設置会社では各監査委員）の同意を得なければならない（849条の2）。

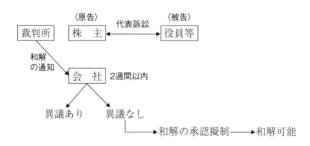

（5）　株式交換・合併などにより株主が提訴資格を失った場合

　訴訟を提起したとき株主であった者がその後親会社の株主になった場合、提訴資格を欠いて代表訴訟が却下になったという判例（東京地判平成13年3月29日判時1748号171頁）が出て、前述の大和銀行事件でも、控訴段階で原告が和解に転じるなどの影響があった。そのようなことを防ぐため、株式交換・移転により完全親会社の株式を取得したとき、または、合併により新設会社、存続会社の株式を取得したときには訴訟継続中に株主でなくなった場合でも、責任追及の訴えを提起した株主、共同訴訟人として訴訟に参加した株主は、訴訟を追行できることが明文化された（851条）。

　また、株式交換等の効果が生じた日の6か月前から引き続き株主であった者（非公開会社では保有期間の要件は不要）は、株式交換等により株主でなくなった場合も、株式交換等の効力が発生する前にその責任の原因となる事実が生じていた場合に限り株式交換等完全子会社のために株主代表訴訟を提起することができる（847条の2第1項・第2項・第8項）。

3　特定責任追及の訴え（多重株主代表訴訟）

　平成11年改正により株式交換・移転が認められて以降、純粋持株会社が増加したが、子会社の経営によって親会社が損害を受けた場合も、子会社が子会社役員等の責任を追及するか、または、親会社が子会社の株主の立場で株主代表訴訟を提起するべきであるところ、それを怠った場合親会社の株主にはなす術がないことが問題となっていたため、特定責任追及の訴えが認められた。しかしながら、親会社・子会社といってもこれらはお互い固有の法人格を有しているため、その提訴が認められる範囲は、相当に制限されている。

　すなわち、その提訴資格は、6か月前から引き続き会社の最終完全親会社等（当該会社の完全親会社等（847条の3第2項）であって、その完全親会社等がないものをいう）の総株主の議決権の100分の1以上の議決権または発行済株式の100分の1以上の数の株式を有する株主に限られている（同条1項。株式保有割合は定款でこれを下回る割合を定めることも可能であり、非公開会社では、保有期間を問わない（同条6項））。また、特定責任とは、当該役員等の責任の原

因となった事実が生じた日において、最終完全親会社等およびその完全子会社等における当該会社の株式の帳簿価額が最終完全親会社等の総資産として法務省令で定める方法により算定される額の5分の1を超える場合における役員等の責任をいう（同条4項、施行規則218条の6）。そして、特定責任の原因となった事実により最終完全親会社等に損害が生じた場合に、訴訟を提起できる（同条1項2号の反対解釈）。最終完全親会社等の特定責任を免除する場合は、子会社のみならず最終完全親会社等の総株主の同意が必要である（同条10項）。

4　株主の違法行為差止請求

6か月前（これを下回る期間を定款で定めることができる）から引き続き株式を保有している株主（非公開会社では保有の要件は必要ない）は、取締役・執行役が会社の目的の範囲外の行為その他法令・定款に違反する行為をし、またはこれらの行為をするおそれがあり、これにより会社に著しい損害が生ずるおそれがあるときには、取締役・執行役の行為を事前に差し止めることができる（360条、422条）。この株主による差止請求権の行使は、監査役設置会社・指名委員会等設置会社・監査等委員会設置会社では「会社に回復することができない損害が生ずるおそれがあるとき」に限定されている（これらの会社では「著しい損害が生ずるおそれがあるとき」に、監査役・監査等委員・監査委員が差止めを請求できることになっているためである（385条、399条の6、407条））。この差止めは、裁判外で主張することもできるし、差止めの訴えを提起した上で、仮処分を申請することもできる（民事保全法23条2項）。

5　役員等の第三者に対する責任

第三者に対する責任も「役員等」を対象とする（429条）。

役員等は本来業務執行を行うことに関して会社に対して責任を負うのみであり、第三者には不法行為責任しか負わない。しかし、会社法は、役員等がその職務の執行に際して悪意または重大な過失があり第三者に損害を与えた

場合には、役員等はその第三者に対しても損害を賠償するという規定を置いている（429条1項）。この法的性質が問題となるが、判例（最判昭和44年11月26日民集23巻11号2150頁）・通説は、第三者保護のために特別に法定責任を負わせていると考える、特別法定責任説をとる。この説によれば、役員等の悪意・重過失は任務懈怠について問題になり、不法行為責任との競合を認める。それに対して不法行為特則説は、同責任は本来不法行為責任であるため、その責任が問題となるのは「故意または過失」の場合であるが、これを「悪意又は重大なる過失」に引きなおし、役員等の責任の軽減を目指している特則であると説明する。この場合の悪意・重過失は、役員等の加害行為について必要で、不法行為との競合を認めないなどの点で、法定責任説と差異がある。

　わが国には、実質的には個人企業と変わらないような株式会社も多く、責任を負う会社の財源も乏しいため、429条は、会社債権者が債権の回収を図る方法として頻繁に利用したため、多くの判例がある。また、法人格否認の法理（☞第2章3（1）参照）と同様の効果があることも知られている。

　賠償される第三者の損害の範囲は、法定責任説では、**直接損害**（例：取締役が支払えないことをわかっていて手形を乱発して第三者に損害を与えたような場合など）・**間接損害**（役員等の任務懈怠により会社に損害が生じたことで第三者が二次損害を被った場合。例：取締役の放漫経営の結果会社が倒産して、会社債権者が損害を受けた場合など）の両方に認めるが、不法行為特則説では、これは直接損害に限られると解釈する。法定責任説をとっていると考えられている判例（前掲最判昭和44年11月26日）では、直接損害であるか間接損害であるかを問わず、責任を広く認めている。

　また、第三者には、株主も含むとの解釈が一般的であるが、間接損害の場合には、株主は株主代表訴訟によって責任追及すべきであるとして株主を含めないとする見解も有力である。

　責任を負う役員等には、役員等である以上、名目的な者も含まれると解すべきである。平成17年改正前は、すべての株式会社で3人以上の取締役と1人以上の監査役の選任が義務づけられていたので、人数合わせのために選任された取締役等がその職務を全うせず、訴えを提起されるような場合も、責任を軽減することを認めれば、名目的取締役等を助長することにもつながりかねな

いため、一般の取締役と同様に厳しく対処するが（名目的な取締役が監視義務を懈怠したことによって責任を負わされた例として、最判昭和48年5月22日民集27巻5号655頁）、他方、下級審判例などでは、その取締役等の悪意・重過失、あるいは相当因果関係（その取締役等が職務執行をきちんと行っていれば、損害発生を防止できたか否か等）がないとして、責任を負わせない例もあった。しかし、平成17年改正により機関の柔軟化も図られたことに鑑みれば、その会社において役員等として選任された以上、名目的であることをもって責任を免れることができると考えることは、従前より難しくなったのではないかと考えられる。また、判例は、取締役として選任されていない者が取締役として登記することに承諾した場合にも登記簿上の取締役として責任を免れないとし（最判昭和47年6月15日民集26巻5号984頁は、平成17年改正前商法14条（現行法では908条2項）の類推適用により責任ありとした）、学説も概ねこれにしたがっている。しかしこれに対して、取締役が辞任したにもかかわらず、会社が辞任登記を未了である場合には、辞任後も取締役として対外的または内部的行為をした場合などを除き、責任はないと考えられる（最判昭和62年4月16日判時1248号127頁）。

　また、429条2項は、法定される書類等の虚偽記載と第三者の損害との間に因果関係が認められれば、取締役・執行役、会計参与、監査役・監査等委員・監査委員、会計監査人は、それを信頼して損害を被った者に対して責任を負うと定める。この場合、これらの者は自分の責任を免れるためには、自分が注意を怠らなかったこと（無過失）を証明しなければならない。

　役員等が第三者に対して責任を負う場合、他の役員等もその責任を負うときは、連帯して責任を負う（430条）。

6　補償契約と役員等賠償責任保険

　既に1(1)でも説明したとおり、役員等は会社に対して責任を負わなければならない結果、莫大な損害賠償を支払わなければならないこともありうるため、それを軽減するために、1(2)で説明したように、責任の一部を制限す

る手続なども認められてきた。しかし、優秀な役員候補者が役員となること
を躊躇したり、あるいは、役員等が職務を行う際に必要以上に委縮しないよ
うにする仕組みも必要である。そこで令和元年改正では、会社法が、会社が
役員等と**補償契約**を締結することと、**役員等賠償責任保険**を締結し保険料を
会社が支払うことを認めることとし、その際、会社と役員等の間で利害が相
反する可能性もあるため、これを避けるための手続が整備された（以下の手
続をとれば、取締役・会社間の利益相反についての規定の適用は排除される。430
条の2第6項・第7項、430条の3第2項・第3項）。

（1）　補償契約

補償契約とは、会社が役員等に対して費用等の全部あるいは一部を補償す
ることを約束する契約をいう（430条の2第1項かっこ書き）。

補償対象になるものは、①当該役員等がその職務執行に関し、法令に違反
したことが疑われ、または責任追及に係る請求を受けたことに対処するため
に支出する費用（いわゆる防御費用、同条第1項1号）と、②当該役員等がその
職務執行に関し、第三者に生じた損害を賠償する責任を負う場合における、
当該役員等が賠償することによる損失（当事者間で和解が成立した場合におい
ては、当該役員等が和解に基づく金銭を支払うことにより生ずる損失）（同条第1
項2号）である（ただし、同条第2項に列挙される費用等は補償されない）。この
補償契約の内容を決定するためには、株主総会（取締役会設置会社の場合は取
締役会）の決議によらなければならず（同条第1項）、これを取締役あるいは
執行役に委ねることができない。会社が、役員等が自己もしくは第三者の不
正な利益を計り、または、当該会社に損害を加える目的で職務を執行したこ
とを知った場合は、その役員等に対して補償した全額に相当する額の返還を
請求することができる（同条第3項）。また、取締役会設置会社の場合は、補
償契約をした取締役および当該補償を受けた取締役は遅滞なくその補償につ
いての重要事実を取締役会に報告しなければならない（同条第4項）。

（2）　役員等賠償責任保険

会社は、保険者との間で、役員等がその職務の執行によって責任を負うこ

と、または、当該責任の追及に係る請求を受けることによって生ずることのある損害を保険者が塡補することを約束する保険契約であり、役員等を被保険者とする保険契約（当該保険契約を締結することで保険契約者である会社に役員等の職務執行の適正性が著しく損なわれるおそれがないものとして法務省令（会社法施行規則115条の2）で定められるものを除く）を締結することができる（430条の3第1項）。これを役員等賠償責任保険といい、通称 D&O 保険（D は Directors、O は Officers の略）ともいわれる。D&O 保険の内容を決定するには、補償契約締結と同様、株主総会（取締役会設置会社では取締役会）での決議が必要であり（同条第1項）、この決定を取締役や執行役には委任できない。

第20章　募集株式の発行

設　立　　株　式　　機　関　　**資金調達**　　そ の 他

📖　ここからしばらくは、株式会社の資金調達について勉強しよう。
　　本章では募集株式の発行による資金調達、第21章では新株予約権による
資金調達、第22章では社債による資金調達について説明する。

1　募集株式の発行等とはなにか

　新株発行とは、発行済株式総数の増加のことをいい、通常の新株発行と特殊の新株発行にわかれる。**通常の新株発行**は、会社が設立以後に外部の資金を調達するために株式を発行することである。これにより、新たに株式を引き受けた引受人が出資を履行してくれることにより、会社の株主も増え（発行済株式総数増加）、会社資金も増大し、人的物的両面でプラスの効果がある。その意味で、新株発行は、設立後に行われる「株式会社の一部設立」と考えることもできる。

　これに対して、株式分割、株式無償割当て、吸収合併・吸収分割・株式交換の場合の新株発行では、既存の株主（新株が発行される前からいる株主をいう）に対して新たに株式が発行されるが、会社に金銭等の出資がなされるわけではない。これらは**特殊の新株発行**と総称されて、通常の新株発行とは区別されているが、資金調達手段ではないので、ここでは取り扱わない。

　しかし、会社法は、「新株発行」という用語を用いず（例外として会社の成立後における株式発行の無効の訴えを「新株発行無効の訴え」という（840条））、通常の新株発行と自己株式の処分（☞第10章3（7）参照）を「**募集株式の発行等**」として同一の手続により規制している（同法第2編第2章第8節のタイトル参照）。募集株式とは、募集に応じてこれらの株式の引受けの申込みをした者

に対して割り当てる株式をいい（199条1項かっこ書き）、募集株式を発行することを募集株式の発行という。

　自己株式が会社により取得され保有されたのちに処分がなされると、発行済株式総数は変わらないが、金銭等の払込みを受けて多数の株式が放出されることになるため、募集株式の発行と同様に既存の株主の保護などについての配慮が必要になるため、これらをまとめて規制することとしている。

　以下では、資金調達を行う際の募集株式の発行について説明し、自己株式の処分については省略する。

2　授権資本制度

　昭和25年改正前は、新株発行は増資として、会社の定款に記載されている資本の額を変更しなければならないため株主総会の特別決議が必要であった。これは、新株発行後はそれに伴って発行済株式総数が増加するため、既存株主の持株比率は新株発行以前に比べて低下せざるを得ないが（それはひいては会社における発言力の低下につながる）、会社の資金調達も重要であるためそれを株主が了承した場合に手続を進めることができると考えられていたことの結果であった。この方法は、既存株主の保護には優れているが、他方、すぐには株主総会を開催できないため、機動的な資金調達の機会を失ってしまう危険性があった。

　そこで、昭和25年改正では、資金調達の機動性を図るため、**授権資本制度**を導入し、あらかじめ定款に「発行可能株式総数」を定めておき、設立時には発行可能株式総数の4分の1以上の株式を発行しなければならないが、その後は設立時発行株式数をのぞいた数の株式を発行することを取締役会の決議のみで決定できることとした。したがって、この授権資本の枠は、既存株主の持株比率にかかわる利益が毀損されてもやむを得ないとされる限度と考えられる。この授権資本制度は、公開会社についての手続規制として、会社法にも引き継がれている（37条3項）。また、取締役会によってすべての「発行可能株式総数」を発行してしまった場合には、会社は定款を変更して（466条、309条2項11号）、「発行可能株式総数」を増加することができ、公開会社の

場合、発行可能株式総数の増加の限度は、定款の変更が効力を生じたときにおける発行済株式総数の4倍の数を超えることができない（113条3項）。

　それに対して、株主どうしの関係が緊密であり、また既存株主の持株利益を重視しなければならない非公開会社では、株主総会の特別決議がなければ募集株式を発行することができないことから、以上の規制は適用されない（37条3項ただし書き、113条3項1号・2号）。

3　募集株式発行の形態

　募集株式を発行する方法には、株主割当て、第三者割当て、公募の3種類がある。それぞれにより、既存株主に与える影響は異なる。

（1）　株主割当て

　株主割当てとは、株主に対して保有している株式の数に応じて株式の割当てを受けることができる権利を与え（202条）、申込みのあった株主に募集株式を割り当てる方法をいう。株主がこの権利を行使した場合には、募集株式発行後の既存株主の持株割合、すなわち〈既存株主の株式数＋株式の割当てを受ける権利を行使した場合株主に発行される株式数〉を〈募集株式発行後の発行済株式総数〉で除したものは、募集株式発行前の既存株主の持分比率と同じであり、かつ経済的価値も変わらないため、既存株主の利益が侵されることはない。しかし、その代わりに、株主割当ては既存株主からの出資のみに頼らざるを得ないため、調達できる資金には限度があるというデメリットもある。

（2）　第三者割当て

　第三者割当てとは、特定の者に株式の割当てを受けることができる権利を与え、その者に株式を発行することをいう。既存株主には、株式が割り当てられないため、募集株式発行後の発行済株式総数に対する既存株主の持株比率は、募集株式発行前と比べて低下するので、既存株主の支配利益が害されることになる。昭和25年改正の際の授権資本制度の導入により、資金調達の

機動性を図ることができれば会社の利益になり、それが最終的に既存株主の利益にもつながってくるため、既存株主の持分比率の低下はやむをえないと考えられていたが、平成2年改正により、定款により株式の譲渡を制限している会社では、株主の持分比率保護の必要性が高いため、新株発行を行う場合に株主の新株引受権（平成17年改正前に用いられていた用語で新株を優先的に引き受ける権利のこと）を法定し、これを排除して新株発行を行う場合には、株主総会の特別決議が必要であるとした。しかし、平成17年改正後は、非公開会社においても株主に株式の割当てを受ける権利を与えるか否かは発行ごとに定めるとした（202条1項）。

　また、第三者割当ての場合、一般市場における当該会社の株式取得よりも引受人に有利な条件をつけないと、第三者は資金を提供してくれないことが多いため、これまでの1株あたりの株式の価値（純資産÷発行済株式総数）よりも下回る価額で募集株式が発行される場合、発行済株式総数が増加した分に対応する資金の払込みがないので、それだけ既存株主の有する1株の価値は下落するという問題が生じる。そこで、第三者に特に有利な発行価額で募集株式を発行する場合には、公開会社、非公開会社を問わず株主総会の特別決議が必要とされている。

（3）　公　募

　最後に公募とは、広く一般公衆から引受人を募集する方法であり、上場会社や上場を控えた会社が利用する。既存株主も募集に応じて株式を引き受ければ、持分比率も変わらず、また持株の経済的価値も変わらないので問題は生じない。資金的な余裕がなく応募できない株主は損害を被るが、機会を与えたにもかかわらず株主が応募しないのはその株主の事情によるからである。

4　募集株式発行手続

（1）　募集事項の決定

　会社はその発行する株式を引き受ける者を募集しようとするときは、その都

度募集事項を定めなければならず（199条1項）、募集事項は募集ごとに均等でなければならない（同条5項）。募集事項の決定は、公開会社では取締役会決議で行い（201条1項）、非公開会社では株主総会特別決議で行うのが原則であるが（199条2項、309条2項5号）。しかし、後者の場合にも資金調達の機動性を重視する場合には、株主総会特別決議によって決定を取締役（取締役会設置会社では取締役会）へ委任することが認められており、この場合の権限の委譲を、株主総会特別決議で募集株式の数の上限と払込金額の下限を定め、その決議の日から1年以内に行われる新株発行に限定している（200条、309条2項5号）。

また、第三者に特に有利な金額により新株を発行する場合には、公開会社においても非公開会社においても、当該払込金額で募集を行うことが必要な理由を明らかにして株主総会の特別決議によって決定することが必要である（199条3項。201条1項は、199条3項を例外とする）。

株主割当てをする場合には、原則的には公開会社・非公開会社等の別にしたがい、取締役会決議あるいは株主総会特別決議により決定しなければならない（202条3項、309条2項5号）。

さらに、令和元年改正により、上場会社が定款または361条1項の定めに従って、取締役等の報酬として募集株式発行を行う際には、202条の2が適用されて、募集事項のうち払込金額、払込期日等の定めをせず、出資を行わずに割当日に株主となることが認められた。

【発展】

199条3項の「特に有利な金額」をどう考えるべきか

本章3（2）でも説明したように、第三者に対して新株を発行する場合には、それが上場会社において時価による発行であれば市場で買い入れればよく、第三者にうまみはない。また、取締役会が払込金額を決定してから払込期日までに時価が下がる可能性もあり、ある程度払込金額をディスカウントしなければ第三者がその引受けに応じてくれることはないのである。したがって、新株をすべて引き受けてもらうためには、会社がある程度の有利な払込価額を発行することは必要欠くべからざることである。

しかし、その払込金額が公正な発行価額より「特に」有利な価額となり、既存株主の経済的利益を大きく損なう場合には、株主総会の特別決議を経なければならないとされている（199条3項）。しかし、公開会社では通常の新株発行であれば取締役会の

決定ですみ、「特に有利な払込価額での新株発行」では株主総会特別決議となって手続が異なるため、その判断が容易になるように、ある程度の幅を持たせて「特に有利な」払込金額のみを規制対象としているのである。

　最高裁昭和50年4月8日判決（民集29巻4号350頁）は、公正な発行価額を「普通株式を発行し、その株式が証券取引所に上場されている株式会社が、額面普通株式を株主以外の第三者に対していわゆる時価発行をして有利な資本調達を企図する場合に、その発行価額をいかに定めるべきかは、本来は、新株主に旧株主と同等の資本的寄与を求めるべきものであり、この見地からする発行価額は旧株の時価と等しくなければならないのであって、このようにすれば旧株主の利益を害することはないが、新株を消化し資本調達の目的を達成することの見地からは、原則として発行価額を右より多少引き下げる必要があり、この要請を全く無視することもできない。そこで、この場合における公正発行価額は、発行価額決定前の当該会社の株式価格、右株価の騰落習性、売買出来高の実績、会社の資産状態、収益状態、配当状況、発行ずみ株式数、新たに発行される株式数、株式市況の動向、これらから予測される新株の消化可能性等の諸事情を総合し、旧株主の利益と会社が有利な資本調達を実現するという利益との調和の中に求められるべきものである。」と説明している。現在、実務では公募増資においてブックビルディング方式という方法で払込金額が定まることが多い。それは、払込金額を決定する前に投資家に仮の条件を提示して、投資家のニーズを調査して払込金額を決定するという方法である。その結果、ディスカウント率は、時価より2～3％低い程度となっている。一時的に何らかの理由で株価が高騰した場合、その株価は公正な発行価額の算定基礎から排除されるべきである（東京地決平成16年6月1日判時1873号159頁）。

（2）　株主に対する通知・公告

　公開会社で募集事項を取締役会において決定をした場合には、発行を周知するために、払込期日または払込期間の初日の2週間前までに募集事項を株主に対して通知または公告しなければならない（201条3項・4項）。株主に募集株式発行の差止め（210条。☞本章5（1）参照）の機会を与えるためである。この通知・公告は金融商品取引法上の届出をしている場合等にはその株主に対する手続で代替することができる（同条5項、施行規則40条）。

　また、株主割当てを行う場合にも、株主がそれに応じるかどうかを判断する機会を与えなければならないため、引受けの申込期日の2週間前までに募集事項、その株主が割当てを受ける募集株式の数、引受けの申込期日を通知しなければならない（202条4項）。

（3）　申込み、割当て、引受け

　会社は募集に応じて募集株式の引受けの申込みをしようとする者に対して、募集事項等の周知徹底を図るため203条1項各号の事項を通知し（203条1項。例外として、同条4項、施行規則42条）、募集株式の申込みは書面または電磁的方法によって行う（203条2項・3項）。株主割当ての場合、引受けの申込期日までに申込みをしなかった株主は、募集株式の割当てを受ける権利を失う（204条4項）。

　会社は、申込者の中から割当てを受ける者とその者に割り当てる募集株式の数を決定し（204条1項）、申込者に割り当てる募集株式の数を通知する（同条3項）。募集株式が譲渡制限株式である場合の割当てを決定するには、株主総会（取締役会設置会社の場合には取締役会）の決議が必要である（同条2項）。会社設立時と同様、会社が申込者の中から誰に何株を割り当てるかの決定は自由である（割当自由の原則）。

　引受人が募集株式の総数を引き受ける契約をする場合は203条、204条の適用はない（205条1項）。ただし、譲渡制限株式を発行する場合は、株主総会（取締役会）決議による承認が必要である（205条2項）。

　申込者は会社から割当てを受けた募集株式の数について、また、205条で総数引受契約をした者はその引き受けた募集株式の数について引受人となる（206条）。

　引受けの申込み、割当て等に対して、心裡留保（民法93条1項ただし書き）、虚偽表示（民法94条1項）の規定は適用しない（211条1項）。

（4）　出資の履行

　引受人により現物出資（金銭以外の財産を出資の目的物とした出資）がなされる場合には、設立の場合と同様に、募集事項の決定後遅滞なく裁判所に検査役の選任を申し立て、この検査役が必要な調査をしてその結果を裁判所に報告し、裁判所が現物出資について定めた事項が不当と認めたときにはこれを変更する決定をしなければならない（207条。調査不要の場合については同条9項参照）。

　引受人は、払込み・給付の期日または期間内に払込取扱場所に出資の払込みをし、または給付をしなければならない（208条1項・2項）。この払込みと

会社に対する債権を相殺することは禁じられている（同条3項）。出資の履行をすることにより株主となる権利（権利株）の譲渡は、会社に対抗できない（同条4項）。引受人が出資を履行しなかった場合には、引受人はその履行をすることにより募集株式の株主となる権利を失うことになる（同条5項）。この場合、会社はこの分は発行を打ち切って残りの部分で発行をすることができ、臨機応変にその時の状況に応じて可能な規模で資金調達を実現できる。この点、設立の場合と同様であるが（募集設立の引受人が払込みをしない場合には、当然設立時募集株式の株主となる権利を失うが(63条3項)、発起人の場合には、会社がいったん履行の催告をしたのち、それでも履行がないときにはじめて失効することになっている（36条3項））、設立の場合は出資が定款で定めた「設立に際して出資される財産の価額又はその最低額」に及ばない場合、設立が無効になると解されるのに対して、募集株式の発行の場合には、このような下限も設定されていない。

　募集株式の引受人は、払込期日を定めたときはその払込期日に、払込期間を定めたときは出資の履行をした日に、出資の履行をした募集株式の株主となる（209条）。株主となった日から1年を経過した後またはその株式について権利を行使した後は、錯誤・詐欺・強迫を理由とする引受けの取消しの主張は制限される（211条2項）。

（5）　公開会社における支配株主の異動を伴う募集株式発行の場合

　公開会社において、募集株式の引受人（特定引受人）およびその子会社等が募集株式を引き受けた結果有することになる議決権数の総株主の議決権数に対する割合が2分の1を超える場合、払込期日（期間）の2週間前までに、株主に対して特定引受人等に関する情報を通知（公告）しなければならない（206条の2第1項・第2項、施行規則42条の2～42条の4）。その結果、総株主の議決権の10分の1（定款でこれを下回る割合を定めることができる）以上の議決権を有する株主が通知（公告）の日から2週間以内にこの募集株式の引受けに反対する旨を会社に通知した場合には、特定引受人に対する募集株式の割当てについて株主総会の決議が必要となる（同条4項、当該会社の財産状況が著しく悪化しており、事業の継続のために緊急の必要性がある場合を除く）。この場合

の決議要件は、議決権を行使する株主の議決権の過半数（定款で規定した場合でもその割合は3分の1を下回ることができない）を有する株主が出席し、出席した株主の議決権の過半数（定款でこれを上回る割合を定めることができる）である（同条5項）。

5　既存株主の保護のための制度

（1）　募集株式発行の差止め

募集株式の発行が法令・定款違反の場合、または、著しく不公正な方法により行われ、それによって株主が不利益を受けるおそれがあるときには、株主は差止めを請求することができる（210条）。法令違反の例としては、株主総会（取締役会）決議が欠けている場合や株主への通知義務違反等が挙げられ、著しく不公正な新株発行の例としては、資金調達の需要もないのに第三者割当てを行った場合などが考えられ、判例では、資金調達目的と支配目的の両方があるときは、資金調達が主要目的であれば、不公正発行ではないと考えられている。

差止めの方法としては、裁判外の方法でも、裁判による方法でもかまわないが、差止めは株式の発行が行われるより前に行わなければならないので、判決が出るまでに長期間を要する裁判は、その意味で適さない。そこで、民事保全法にしたがい、裁判所に仮処分命令を申し立て、裁判所が仮の地位を定める仮処分命令を発することで（同法23条2項）、発行を差し止めるのが一般的である。

【発展】

主要目的ルール

募集株式の発行が会社の資金調達のための手段であり、また、株式会社には常に資金需要がついて回るため、会社が募集株式の発行を行った場合、それが「資金調達のためでない」ことが明らかであるケースは少ないといえる。しかし、そのリーディングケースとなっている忠実屋・いなげや事件では「株式会社においてその支配権につき争いがある場合に、従来の株主の持株比率に重大な影響を及ぼすような数の新株が発行され、それが第三者に割り当てられる場合、その新株発行が特定の株主の持株比率を低下させ現経営者の支配権を維持することを主要な目的としてされたものである

ときは、その新株発行は不公正発行に当たるというべきであり、また、新株発行の主
要な目的が右のところにあるとはいえない場合であっても、その新株発行により特定
の株主の持株比率が著しく低下されることを認識しつつ新株発行がされた場合は、そ
の新株発行を正当化させるだけの合理的な理由がない限り、その新株発行もまた不公
正発行にあたるというべきである。」との決定が下されており（東京地決平成元年 7 月
25日判時1317号28頁）、募集株式の発行の主要目的がなにかがその判定の重要なカギ
になるとしている。判例のこのような考え方を「**主要目的ルール**」と呼び、多数説も
これを支持しているが、資金調達と支配権維持のどちらを主要と判断するかは、難し
い問題である（東京高決平成16年 8 月 4 日金判1201号 4 頁参照）。

（2）　株式引受人・取締役等の責任

　募集株式の引受人が取締役と通謀して著しく不公正な払込金額で株式を引
き受けた場合、引受人は、公正な価額と払込金額との差額に相当する金額を
会社に支払う義務を負う（212条 1 項 1 号）。

　現物出資に関して、給付した目的物の実価が募集事項として定められた現
物出資の価額よりも著しく不足する場合にも、引受人はその差額を支払う義
務を負い（同条 1 項 2 号）、引受人が善意で重過失がない場合のみ、引受けの
申込みを取り消すことができる（同条 2 項）。この場合、取締役（委員会設置会
社では執行役。検査役の検査を受けた場合をのぞく）等（詳しくは施行規則44条
〜46条参照）および現物出資の検査に代えて証明がなされた場合（207条 9 項
4 号）の証明者は、無過失を証明しないかぎり不足額を支払う義務を負い、
引受人も責任を負う場合は連帯して責任を負う（213条）。

　出資を仮装した引受人は、その払込金額全額の支払い（現物出資をした場合
には、仮装した現物出資財産の給付、または、会社が当該給付に代えて現物出資財
産の価額に相当する金銭の支払いを請求した場合には金銭全額の支払い）をする
責任を負い、この責任は総株主の同意がなければ免除できない（213条の 2 ）。
また、引受人の出資の仮装に関与した取締役として法務省令で定める者は、
その職務を行うについて無過失を証明できなければ責任を負い、これらの者
と引受人は連帯して責任を負う（213条の 3 、施行規則46条の 2 ）。引受人はこ
の支払いを履行した後でなければ株主の権利を行使できないが、募集株式を
譲り受けた者は、悪意または重大な過失がない場合、株主の権利を行使する

ことができる（209条2項・3項）。

（3）　新株発行無効の訴え・新株発行不存在確認の訴え

①　新株発行無効の訴え

　新株発行の効力を争うためには、訴えによることが必要である（828条1項2号）。

　訴えは株式の発行が効力を生じた日から6か月以内（非公開会社では1年以内）にしなければならず、提訴権者は株主、取締役、執行役、監査役、清算人に限られる。被告は会社であり（834条）、その訴えは会社の本店の所在地を管轄する地方裁判所に専属し（835条）、被告の申立てにより裁判所は訴えを提起した株主に担保提供を命ずることができる（836条）。判決の効力は、原告・被告間だけではなく、原告以外の第三者に及ぶ（838条、対世効）。また、勝訴判決が出た場合も、新株発行は将来に向けて効果を失うのみで（839条）、会社は株主に払込みを受けた金額または給付を受けた財産に相当する金銭を支払わなければならず、株券発行会社である場合には、株主は新株発行無効判決により効力を失った旧株券を会社に返還しなければならない（840条）。

　また、新株発行はすでに行われており、それを前提に新たな法律関係が形成されていくと考えられるため、新株発行に伴うわずかな瑕疵をも問題とすると、会社における法律関係の安定性が損なわれるため、無効原因はなるべく制限して解釈しなければならないと考えられている。学説が一致して無効原因と解しているものとしては、定款で規定した発行可能株式総数（37条1項）を超えた株式の発行が行われたこと、定款に定めのない種類株式を発行したこと、株主に付与された株式の割当てを受ける権利（202条）を無視して新株発行が行われたこと、発行条件を均等に定めなければならないこと（199条5項）に反したこと、などが挙げられる。

【発展】

新株発行の無効原因に関する判例

　公開会社で取締役会の決議がなく新株発行が行われた場合に関して、判例は、昭和25年改正前において増資に当たり定款変更が必要であったのに対して、同年改正後は

授権資本制度が導入され取締役会で決定されるようになったことから考えると、新株発行は株式会社の組織に関することであるがむしろ業務執行行為に準ずるものとして扱っていると位置づけて、これを有効と判断している（最判昭和36年3月31日民集15巻3号645頁）。学説ではこれを肯定する有効説のほかに、新株発行は人的物的な意味での組織行為に当たるとして、授権資本制度をとる以前と同様に無効であると考える無効説や、原則的には有効説の立場をとりながら当初の引受人または悪意の譲受人の下にとどまっている新株のみを無効と解する折衷説などもある。

　また、このほかの新株発行の無効原因に関する判例としては、有利発行において株主総会特別決議がない場合には、取引の安全を考慮して有効説をとり（最判昭和46年7月16日判時641号97頁）、著しく不公正な方法による新株発行が行われた場合には、新株発行前に差止めで対応すべきであり無効事由とは考えていないが（最判平成6年7月14日判時1512号178頁）、新株発行の差止めの仮処分を無視して新株発行が行われた場合（最判平成5年12月16日民集47巻10号5423頁）、新株発行に先立って公告・通知が行われなかった場合（最判平成9年1月28日民集51巻1号71頁、最判平成10年7月17日判時1653号143頁）には無効説をとっている。これは、既存株主の持株比率に関する利益が害される可能性が高い不公正発行を阻止するために認められた仮処分を無視して新株発行が行われたことを無効原因と解すべきであること、また、会社が株主に対して募集事項等を公告または通知することは株主が仮処分申請を行う前提として大変重要な手続であるにもかかわらずそれが行われなかったことは無効原因と解すべきと考えたからであろう。また、近時最高裁が非公開会社において株主総会特別決議を欠いたことを無効原因と解する判決をしたこと（最判平成24年4月24日民集66巻6号2908頁）が注目される。

②　新株発行不存在確認の訴え

　新株発行無効の訴えが新株の発行が行われてその効力を争う場合とは異なり、そもそも新株発行が行われていない、あるいは行われたと法的にいえない場合、たとえば、増資に関する登記だけが行われているものの、新株発行の手続が全く履践されていないなどの場合には、新株発行の不存在確認の訴えを提起することができる（829条1号）。

　平成17年改正前には、株主総会決議不存在の訴えについての明文規定はなく、それが認められるかに争いがあったが、認められると解するのが多数説であった。そこで平成17年改正は、新株発行不存在確認の訴えが提起できることを明定した。提訴権者・提訴期間の制限はないが、判決に対世効はあり（838条）、さらに834条、835条、836条は適用されるが、839条の適用はない。

第21章　新株予約権の発行

　新株予約権発行については、ほとんど募集株式の発行と同様の手続が規定されているため、以下ではそれについてはなるべく簡略化して記述し（それぞれの意義については、第20章で確認してほしい）、新株予約権固有の問題について、より詳しく説明をしたい。

1　新株予約権とはなにか

　新株予約権とは、会社に対して行使することにより当該会社の株式の交付を受けることができる権利である（2条21号）。会社はこの場合、発行した新株または保有する自己株式を交付する。この新株予約権は、一定の権利行使期間内に権利行使をすると、あらかじめ定められた権利行使価額で一定の数の株式の交付を請求できる権利であり（236条参照）、たとえば、従業員・取締役などに、時価100円のときに権利行使価額120円の新株予約権を無償で発行した場合、そのあと時価が150円になったときに新株予約権を行使すれば、120円払うことにより株式を取得することができ、その時の時価との差額30円について利益が得られるので、これが従業員および取締役のインセンティブとして働くのである。また、この新株予約権を譲渡して、利ざやを稼ぐこともできる。

2　新株予約権発行手続

（1）　募集事項の決定

　会社は新株予約権を発行するとき、新株予約権の内容を定め（236条）、新

株予約権を引き受ける者を募集しようとするときはその都度募集事項を決定
しなければならず、募集事項は募集ごとに均等に定めなければならない（238
条）。また、令和元年改正では、上場会社で取締役等に報酬として新株予約権
を付与する際、出資を不要とすることを認めた（同条3項）。その決定は、原
則として、公開会社では取締役会決議で行うが（240条1項）、非公開会社では
株主総会特別決議で行い（238条、309条2項6号）、株主総会特別決議によって
決定を取締役（会）へ委任することも認められる（239条、309条2項6号）。

　また、第三者に特に有利な条件または特に有利な金額で募集新株予約権を
発行する場合には、公開会社においても非公開会社においても、それが必要
である理由を明らかにして株主総会の特別決議によって決定しなければならな
い（238条3項。240条1項は238条3項各号に掲げる場合を例外とする）。

　また、株主に新株予約権の割当てを受ける権利を与える場合には、原則的
には公開会社・非公開会社等の別にしたがい、取締役会決議あるいは株主総
会特別決議により決定しなければならない（241条1項〜3項、309条2項6号）。

（2）　株主に対する通知・公告

　公開会社で募集事項を取締役会において決定をした場合には、発行を周知
するために、割当日の2週間前までに募集事項を通知または公告等を株主に
対してしなければならない（240条2項以下、適用除外について施行規則53条）。
株主に募集新株予約権の発行の差止め（247条）の機会を与えるためである。

　また、株主割当てを行う場合にも、株主がそれに応じるかどうかを判断す
る機会を与えなければならないため、引受けの申込期日の2週間前までに募
集事項、その株主が割当てを受ける募集新株予約権の内容・数、新株予約権
の引受けの申込みの期日を通知しなければならない（241条4項）。

（3）　申込み、割当て、払込み

　会社は募集に応じて募集新株予約権の引受けの申込みをしようとする者に
対して、募集事項等の周知徹底を図るため242条1項各号の事項を通知し（242
条1項・4項、施行規則54条、55条）、引受けの申込みは書面または電磁的方法
によって行う（242条2項・3項）。新株予約権の割当てを受ける権利を株主に

与えた場合、申込期日までに申込みをしなかった株主は募集新株予約権の割
当てを受ける権利を失う（243条4項）。

　会社は、申込者の中から募集新株予約権の割当てを受ける者と割り当てる
募集新株予約権の数を決定し（243条1項）、会社は、それを割当日の前日まで
に、申込者に割り当てる募集新株予約権の数を通知する（同条3項）。定款で
別段の定めがある場合を除いて、募集新株予約権の目的である株式の全部ま
たは一部が譲渡制限株式である場合、あるいは、募集新株予約権が譲渡制限
新株予約権である場合には、株主総会（取締役会設置会社では取締役会）で割
当てを決定することが必要である（同条2項）。会社が誰に何株を割り当てる
かの決定は自由である（割当自由の原則）。

　募集新株予約権の総数を引き受ける契約をした場合の特則（244条）。

　申込者は、割当日において、会社から割当てを受けた募集新株予約権の新
株予約権者となる（245条）。

　募集新株予約権の払込金額が定められた場合（238条1項3号）には、新株
予約権者は新株予約権を行使することができる期間の初日の前日までに払込
金額全額を払い込む（会社の承諾を得て払込みに代えて払込金額に相当する金銭
以外の財産を給付すること、会社に対する債権で相殺することもできる）ことが
必要であり、これを行わない場合には、募集新株予約権を行使することがで
きず（246条）、その新株予約権は消滅する（287条）。

（4）　公開会社における支配株主の異動を伴う募集新株予約権発行の場合

　募集株式発行の場合（☞第20章4（5））と同様の手続が必要である（244条の
2）。

（5）　新株予約権原簿、新株予約権証券、新株予約権の譲渡等

　会社は、新株予約権を発行した日以後遅滞なく**新株予約権原簿**を作成し、
法的事項を記載しなければならない（249条）。新株予約権原簿は本店に備え
置き、株主および債権者は営業時間内であればいつでもそれを閲覧・謄写の
請求ができ、会社は株主名簿の場合と同様に、法定の場合を除きその請求を

拒むことができない（252条1項〜3項）。また、親会社社員もその権利を行使するため必要があるときは、裁判所の許可を得て、閲覧・謄写の請求ができる（同条4項・5項）。その管理は株主名簿管理人に委ねることができ（251条）、その場合は株主名簿管理人の営業所に新株予約権原簿を備え置く（252条1項）。

新株予約権は譲渡することができるが（254条1項）、新株予約権の譲渡に会社の承認が必要である旨定めることもでき（236条1項6号）、その場合は、会社の承認を得て、新株予約権を譲渡することができる（262条〜266条）。

新株予約権の内容として新株予約権証券を発行する旨を決定でき（236条1項10号）、その場合は、会社は新株予約権を発行した日以後遅滞なく**新株予約権証券**を発行しなければならない（288条、289条）。新株予約権証券を発行した場合には、新株予約権証券の交付により新株予約権譲渡は効力を生ずる（255条1項）。新株予約権証券には記名式と無記名式が認められていて、新株予約権者は記名式を無記名式に、あるいは無記名式を記名式にすることを請求できる（290条）。新株予約権証券を占有している者は、新株予約権を適法に有するものと推定され（258条1項）、株券の場合と同様に、新株予約権を善意無重過失で取得した者は新株予約権を取得する（同条2項）。

新株予約権の譲渡は、新株予約権原簿に名義書換えをしなければ、会社その他の第三者に対抗できない（257条1項）。これに対して、記名式の新株予約権証券が発行されている場合には、第三者に対する対抗要件は新株予約権証券の占有となるため、会社に対する対抗要件となる（同条2項）。新株予約権証券を喪失した場合には、株券の喪失と異なり、会社に対して手続を行うことで証券を無効とすることができない。したがって、他の有価証券と同様に非訟事件手続法100条に規定する**公示催告手続**をし、同法106条1項に規定する裁判所の**除権決定**を得た場合でなければ、新株予約権証券の再発行を請求できない（291条）。

新株予約権の質権設定（267条〜272条）、会社による自己新株予約権の取得（273条〜275条）、新株予約権の消却（276条）、新株予約権の無償割当て（277条〜279条）についてはそれぞれ詳しい規定が置かれている。

（6）　新株予約権の行使

新株予約権の行使は、定められた新株予約権を行使できる期間（236条1項4号）に行使に係る新株予約権の内容・数と新株予約権を行使する日を明らかにして行わなければならず（280条1項）、新株予約権証券が発行されている場合には、これを会社に提出しなければならない（同条2項）。また、新株予約権行使に際して払込みが必要である場合（236条1項2号）には払込取扱場所でその全額を払い込み（281条1項）、金銭以外の財産の給付が必要である場合（236条1項3号）には財産を給付しなければならない（281条2項。その給付された財産の検査については284条）。

新株予約権を行使した新株予約権者は、新株予約権を行使した日に新株予約権の目的である株式の株主となる（282条1項）。

なお、会社は、保有する自己新株予約権を行使することができない（280条6項）。

3　既存株主の保護のための制度

（1）　募集新株予約権発行の差止め

募集新株予約権の発行が法令・定款に違反する場合、または、著しく不公正な方法により行われる場合に、株主が不利益を受けるおそれがあるときには、株主はこれを差し止めるように請求することができる（247条）。

差止めの方法としては、裁判外の方法でも、裁判による方法でもかまわないが、差止めは新株予約権発行が行われるより前に行わなければならないので、判決が出るまでに長期間を要する裁判は、その意味で適さない。そこで、民事保全法にしたがい、裁判所に仮処分命令を申し立て、裁判所が仮の地位を定める仮処分命令を発することで（同法23条2項）、発行を差し止めることが一般的である。

【発展】

ライブドア事件における新株予約権発行の差止め
〈事実関係〉

　X（ライブドア）は、その当時公開買付けの対象外となっていた証券取引所のシステムを使った時間外取引（立会外取引）によってY（ニッポン放送）株式の約35％を取得した。当時、YはA（フジテレビ）の親会社であり、Yを支配することができれば、同時にAも支配することが可能である状況であったが、Yの株価は割安であり、Xには安い価格でYとAを手中にできるチャンスだった。

　これに対して、Y（発行済株式総数3280万株）は、Xに対する対抗策として、Aに新株予約権4720万株を発行した（これにより、この新株予約権の全部をAが行使すれば、AのYに対する持株比率は約59％になり、これに対して、Xの持株比率は約42％から約17％に下がってしまうこととなる）。そこで、Xは、不公正発行であるとしてYの新株予約権の発行差止めを求める仮処分を東京地裁に申請し、原審は、新株予約権発行の差止めの仮処分決定をし（東京地決平成17年3月11日判タ1173号143頁）、保全異議決定でも（東京地決平成17年3月16日判タ1173号140頁）仮処分決定が認可され、また、高裁の保全抗告決定でも、その抗告が棄却された（東京高決平成17年3月23日判時1899号56頁、判タ1173号125頁）。

　この仮処分決定を受けて、Yは新株予約権発行を中止し、その後、X・Yは和解した。

　高裁の保全抗告決定は、商法が授権資本制度を採用し、授権資本枠内の新株等の発行を原則として取締役会の決議事項としており、公開会社においては株主に新株等の引受権は保障されていないため、取締役会により第三者に対する新株等の発行が行われ、既存株主の持株比率が低下する場合があることは、商法も許容していることを認める一方、株主に新株等を差し止める権限を付与して、取締役会が株主の利益を毀損しないようにけん制する機能を株主に直接的に与えたものであると説明している。そして、取締役の選任・解任は株主総会の専決事項であり、被選任者である取締役に、選任者たる株主構成の変更を主要な目的とする新株等の発行をすることは、商法が機関権限の分配を定めた法意に明らかに反するものであるため許されないという一般論を展開した後、「会社の経営支配権に現に争いが生じている場面において、株式の敵対的買収によって経営支配権を争う特定の株主の持分比率を低下させ、現経営者又はこれを支持し事実上の影響力を及ぼしている特定の株主の経営支配権を維持・確保することを主要な目的として新株予約権の発行がされた場合には、原則として、……『著シク不公正ナル方法』による新株予約権の発行に該当するものと解するのが相当である。」が、特段の事情（①買収者がいわゆるグリーンメイラーである場合、②焦土化経営に当たる場合、③買収企業資産を担保にする目的で行われる場合、④高値売り抜けを目的としている場合）があれば、株主全体の利益保護の観点から、新株予約権の発行差止めが認められることを判示したが（「特段の事情」の存在は会社側が疎明・立証しなければならない）、当該事件では、このような特段の事情はなく、Yが新株予約権を発行しようとした主要な目的は、「株式の敵対的買収を行って経営支配権を争うX等の持株比率を低下させ、現経営者を支持し事実上の影響力を及ぼしている特定の株主であるAによるYの経営支配権を確保することを主要な目的として行われたもので

「ある」から、著しく不公正な方法によるもので、株主一般の利益を害するものというべきであるとした。

　ライブドア事件後、最高裁決定（最決平成19年8月7日民集61巻5号2215頁（ブルドックソース事件））は、実際に買収がしかけられたことに対抗して特定の買収者のみに差別的条件を付し、他の株主には新株予約権の無償割当てをした事例で、株主平等の原則違反と不公正発行を理由として差止め請求がなされたが、株主総会で議決権総数の約83.4%もの賛成を得たこと等から、裁判所は差止めを認めなかった。

（2）　新株予約権者・取締役等の責任

　新株予約権者が取締役と通じて①無償で新株予約権を与えたことが著しく不公正な条件に当たる場合、②著しく不公正な払込金額で新株予約権を引き受けた場合には、新株予約権者は、①の場合には新株予約権の公正な価額、②の場合には払込金額と公正な価額との差額を会社に支払わねばならない義務を負う（285条1項1号・2号）。

　また、現物出資に関して、給付された目的物の実価が募集事項として定められた現物出資の価額よりも著しく不足する場合にも、引受人はその差額を支払う義務を負い（同条1項3号）、この場合、取締役等（現物出資の検査を経た場合をのぞく）および現物出資の検査に代えて証明がなされた場合（284条9項4号）の証明者は、無過失を証明できないかぎり新株予約権者と連帯して不足額を支払う義務を負う（286条、施行規則60条～62条）。

　新株予約権の払込みを仮装した引受人および仮装に関与した取締役等は責任を負い（286条の2、286条の3、施行規則62条の2）、新株予約権者は新株予約権を行使した場合にもこの支払いを履行した後でなければ株主の権利を行使できないが、株式を譲り受けた者は悪意または重大な過失がなければ株主の権利を行使できる（282条2項・3項）。

（3）　新株予約権発行無効の訴え・不存在確認の訴え

①　新株予約権発行無効の訴え

　新株予約権発行の効力を争うためには、訴えによることが必要である。訴えは新株予約権の発行の効力が生じた日から6か月以内（非公開会社では1年以内）にしなければならず（828条1項4号）、提訴資格は新株予約権者、株

主、取締役、執行役、監査役、清算人に限られる（同条2項4号）。判決の効力は、原告・被告間だけではなく、原告以外の第三者に及ぶ（838条、対世効）。また、勝訴判決が出た場合も、新株発行は将来に向けて効果を失うのみで（839条）、会社は新株予約権者に払込みを受けた金額または給付を受けた財産の給付のときにおける価額に相当する金銭を支払わなければならず、新株予約権証券が発行されている場合には、株主は新株予約権証券を会社に返還しなければならない（842条）。

②　新株予約権発行不存在確認の訴え

また、訴えをもって新株予約権の発行が不存在であることを確認することもできる（829条3号）。

COLUMN　毒薬条項（ポイズンピル）

　株式を用いた敵対的買収者の持株割合を低下させるための仕組みを**毒薬条項**（ポイズンピル）、あるいはライツ・プランという。買収が仕掛けられてからの防衛策を「有事の買収防衛策」と呼ぶのであれば、買収が仕掛けられる前に対策を講じるものを「平時の買収防衛策」と呼ぶことができる。ライブドア事件のように、買収を仕掛けられてから新株予約権を発行すれば、その発行の主要目的が経営支配であることが容易に認められてしまうため、事前に買収防衛策を整えておくことが必要であるという機運が高まったのである。

　それはたとえば、事前に株主に対して有利な価額で行使できる新株予約権を付与しておき、企業買収を仕掛けられた際、その買収提案が会社にとって不利益となるようなものであると判断されたときには、株主に新株予約権を行使してもらい、相対的に買収者の持株比率を下げて買収をしにくくすることによって行われる。この場合、どのようにして当該買収が会社に不利益であるか否かを判断するかであるが、取締役と利害が一致しない特別委員会を組織して委員会の判断に委ねる場合や、一定の要件をあらかじめ規定しておいてその場合に防衛策を解除できるように制度設計することが多い。

　平成17年5月27日に経済産業省の企業価値研究会が公表した『企業価値報告書』、同日経済産業省・法務省が公表した「企業価値・株主共同の利益の確保又は向上のための買収防衛策に関する指針」、および平成20年6月30日に企業価値研究会が公表した「近時の諸環境を踏まえた買収防衛策の在り方」は、適法な買収防衛策を確立するための実務上の指針を示したものである。

第22章　社債発行

株式会社の主要な資金調達方法として、新株発行と社債発行がある。し
かし、社債権者と株主の地位は異なるものであり、その相違をよく理解
しておかなければならない。零細で多数の社債権者を保護し、集団として取り扱
うために特別な制度が置かれている。

1　社債による資金調達の特徴

　会社の資金は、大きく分けて、内部資金と外部資金に分けられる。内部資
金としては、内部留保（利益から株主への剰余金の配当、役員賞与、税金などを
差し引いたもの）や減価償却費が考えられ、外部資金としては、借入金のほか、
社債・株式の発行により得られる資金が考えられる。

　社債とは、会社法の規定により会社が行う割当てによって発生する、会社
を債務者とする金銭債権で、社債の募集事項の定めにしたがい償還されるも
のをいう（２条23号）。平成17年改正前は、株式会社以外の会社も社債を発行
することができるかについて争いがあったが、同改正はその他の会社でも社
債を発行することができることを明らかにした（第２編株式会社、第３編持分
会社以外の規定は、すべての会社に適用される。社債は第４編に規定がある）。し
かし、本章では株式会社が社債を発行する場合に限定して説明する。

　社債権者は、銀行などが会社に対して貸し付けを行う場合等と同様に、債
権者の立場に立つが、債権を公衆に対して同時に大量に発行するところに特
色があり、零細で多数の社債権者を保護するため社債管理者が置かれ、また、
社債権者が総意を決してその共同の利益を守るため、総社債権者を構成員と
する社債権者集会が開催されるが、それはその決議が成立すれば会社もそれ

を社債権者全体の意思と考えることができるという意味で便宜でもある。

　また、社債と株式は、会社にとっては小口でありながら多額の資金を調達
できる手段であることは共通であるが、社債権者と株主の地位には差異があ
る。
　①　株主は出資者として会社内部の構成員であり、会社に対して剰余金配
　　当請求権、残余財産分配請求権、議決権、会社の業務執行に対する監督
　　是正権などを持つが、社債権者は、会社の債権者の一種であるにすぎな
　　いので、このような権利は持たない。
　②　株主は会社に対して有限責任しか負わないため、会社から株主に対す
　　る出資の払戻しは禁止されており、投下資本の回収は株式の譲渡により
　　行わなければならないが、社債権者には、償還の期限が来れば元本の償
　　還と利息が支払われる。
　③　社債は約定された一定の利息の支払いが期待できるのみであるが、株
　　式は利益があれば思ったより高額の配当が支払われる可能性もある。
　④　会社が解散する際には、社債権者は債権者と同一順位に取り扱われる。
　　株主は債務が完済したのちに、残余財産の分配請求権を有する。
　しかしながら、現実には、①のように株主が監督是正権を行使することは
まれであり、また、③の利益配当の額も経営者が安定配当を目指す関係で小
額化・定額化の傾向にあるため、株式と社債の差は縮まりつつある。そして
さらに、株式でも、議決権制限株式でかつ優先株式である場合などは、社債
に性質が近似していると考えられる。

2　社債の発行手続

　会社は、社債を引き受けようとする者を募集する際には、その都度募集社
債についての募集事項として、募集社債の総額、各募集社債の金額、利率、
償還の方法と期限、利息支払いの方法と期限、各募集社債の払込金額等、そ
の払込期日などを定めなければならず（676条、施行規則162条）、その決定は、
取締役会設置会社（監査等委員会設置会社を含む）では社債の総額の上限、利

率の上限、払込金額など省令で定める事項は取締役会で定めることを要するが（362条4項5号、施行規則99条、399条の13第4項5号、施行規則110条の5）、その他の決定は取締役に委ねることができる。また指名委員会等設置会社では、取締役会の決議により執行役に委任することができる（社債発行の決定は416条4項各号に規定されていないため、執行役に委任できる）。取締役会非設置会社では、特に規定されていないが、業務執行行為として取締役が決定できると考えられる（348条）。

　会社は、募集に応じて募集社債の引受けの申込みをしようとする者に対して、募集事項等を通知しなければならず（677条1項、施行規則163条。例外として、677条4項）、募集社債の引受けの申込みをする者は書面または会社の承諾を得て電磁的方法で申込みを行う（同条2項・3項）。会社は申込者の中から割当てを受ける者を定め、その者に割り当てる募集社債の金額と金額ごとの数を決定し（678条1項）、募集株式の払込期日の前日までに、申込者にそれを通知する（同条2項）。募集社債の申込者は払込期日（676条10号）までに払込金額の払込みをし、会社の割り当てた募集社債の社債権者となる（680条1号）。

3　社債の譲渡、償還・利息の支払い

　募集事項で**社債券**を発行すると定めた場合には（676条1項6号）、会社は、社債を発行した日以後遅滞なく社債券を発行しなければならない（696条）。社債券には記名式と無記名式があり、後述のように対抗要件に関して違いがある。社債券の占有者は社債についての権利を適法に有するものと推定され（689条1項）、善意取得制度が適用される（同条2項）。

　社債券が発行されている場合、譲渡は社債券の交付が効力要件であるが（687条）、社債券の発行がなされない場合には、譲渡人と譲受人の意思表示の合致だけで譲渡ができる。また、社債券を発行しない等の条件を満たし（振替法66条1号）、社債の発行の決定で「社債、株式等の振替に関する法律」の適用を受けることを定めた社債（同法同条2号）については、株式振替制度（☞第9章4（2）参照）と同様、振替機関・口座管理機関における口座を利用

して社債の譲渡・質入れが管理される。

　会社は社債を発行した日以後遅滞なく**社債原簿**を作成し（681条、施行規則165条、166条）、本店にそれを備え置かなければならず、社債権者その他の法務省令で定める者（社債権者以外の社債発行会社の債権者・株主。施行規則167条）は社債原簿の閲覧および謄写の請求ができる（684条）。会社は、社債原簿管理人を置くことができ（683条）、その場合社債原簿は社債原簿管理人の営業所に備え置く（684条1項かっこ書き）。

　また、社債の譲渡は、原則として社債原簿の書換えをしなければ、会社その他の第三者に対抗できない（688条1項）。しかし、社債券が発行されている場合には、社債券の占有者が社債について権利を適法に有するものと推定されるため（689条1項）、第三者に対する対抗要件は社債券の占有となり、社債発行会社に対する対抗要件となる（688条2項）。以上の原則に対し、無記名社債券の場合には、取得した者の氏名等を社債原簿に記載できないため（681条1項4号かっこ書き参照）、社債券の引渡しが会社および第三者に対する対抗要件となる（688条3項）。社債券を喪失した場合の再発行については619条が規定している。

　社債の償還方法・期限、利息支払の方法・期限は募集事項の決定の際に定める（676条4号・5号）。償還請求権はこれを行使できるときから10年で時効消滅するが、利息請求権の場合は5年である（701条）。

　無記名社債の利息の支払いには、社債券に各期の利札をつけ（697条2項）、これと引換えに利息を支払う。社債券から利札が切り離された場合、利札は利息支払請求権を表章する有価証券となり、社債券とは別個に流通する（利札が欠けている場合の社債の償還については700条参照）。

4　社債権者保護のための制度

（1）　社債管理者

　社債を発行する場合には、会社は**社債管理者**を定め、社債権者のために弁済の受領、債権の保全、その他の社債の管理をすることを委託しなければならない（702条。ただし、各社債の金額が1億円以上である場合、法務省令（施行

規則169条)で定める場合は例外)。社債管理者は、銀行、信託会社、またはこれらに準ずるものとして法務省令で定める者でなければならない(703条、施行規則170条)。社債管理者は、社債権者のために公平かつ誠実に社債の管理を行わなければならず、社債権者に対して善管注意義務を負う(704条)。

　社債管理者は、社債権者のために社債の弁済を受け、社債の債権実現を保全するために必要な一切の裁判上または裁判外の行為をする権限を有し(705条1項)、社債管理者が会社から弁済を受けた場合には、社債権者は、社債管理者に対して社債の償還額および利息の支払いを請求することができる(同条2項・3項)。社債管理者は、その管理の委託を受けた社債について705条1項の行為をするために必要があるときは、裁判所の許可を得て、会社の業務および財産の状況を調査することができる(同条4項)。

　社債管理者が会社法あるいは社債権者集会の決議に違反する行為をした場合には、社債権者に対して連帯して損害を賠償する責任を負い(710条1項)、特に、社債管理者が社債の償還、利息の支払いを怠った場合、社債発行会社が社債の支払いを停止した後またはその3か月以内に710条2項1号から4号に規定する行為を行った場合には、社債の管理を怠らなかったこと、損害と行為との因果関係がなかったことを社債管理者が証明できない限り責任を負う(同条2項)。

　令和元年改正は、社債管理者を置くことを強制されない場合(702条ただし書き)においても、会社が**社債管理補助者**を置き、社債の管理の補助を行うことを委託できるとした(714条の2)。社債管理補助者の資格(714条の3、施行規則171条の2)、権限等(714条の4、社債管理者よりは限定的)についても規定があり、また、その義務・責任などについては、社債管理者に関する規定が準用されている(714条の7)。

(2)　社債権者集会

　社債権者集会は、社債の種類ごとに組織される(715条)。社債権者集会は、会社法に規定する事項および社債権者の利害に関する事項について決議をすることができる(716条)。

　社債権者集会は必要があるときにはいつでも招集することができ、原則と

して社債発行会社または社債管理者（法定の場合に限り社債管理補助者）が招集する（717条、例外として718条）。社債権者集会の招集の決定、招集通知、参考書類・議決権行使書面の交付、議決権行使方法、議事録などについては、株主総会の制度とほぼ同様であるが、社債権者は有する当該種類の社債の金額の合計額（償還済みの額をのぞく）に応じて議決権を有し（723条1項）、通常の事項の決定には、出席した議決権者（議決権を行使できる社債権者をいう）の議決権の総額の2分の1を超える議決権を有する者の同意がなければならず、また、724条2項に列挙される重要事項の決定には、議決権者の議決権の総額の5分の1以上でかつ出席した議決権者の議決権の総額の3分の2以上の議決権を有する者の同意がなければならない（724条）。また、令和元年改正により、議決権者全員が書面（電磁的記録）により同意の意思表示をしたときは、社債権者集会の可決の決議があったものとみなすとする規定（735条の2）がつけ加った。社債権集会の決議があった日から1週間以内に、招集者は、裁判所に対して当該決議の認可の申立てをしなければならず（732条）、裁判所の認可を受けなければ社債権者集会の決議はその効力を生じない（734条。どのような場合に裁判所が決議の認可をすることができないかについては、733条参照。決議の認可、不認可の決定の公告については735条参照）。社債権者集会はその決議により当該種類の社債の総額の1000分の1以上の社債を有する社債権者の中から1人または2人以上の代表社債権者を選任し、これに社債権者集会の決議事項の決定を委任できる（736条）。また、社債権者集会の決議の執行は、その区分に応じて、社債管理者・社債管理補助者・代表社債権者が行う（737条）。社債管理者は、社債権者集会の決議（724条2項1号）がなければ、社債全部の支払いの猶予、債務もしくは債務不履行によって生じた責任の免除・和解、社債全部についてする訴訟行為・破産手続等に属する行為を行ってはならないとされており（706条）、また、社債管理者（社債管理補助者）の辞任には、会社および社債権者集会の同意が必要であり（711条）、会社または社債権者集会の申立てにより、裁判所は社債管理者（社債管理補助者）を解任できることになっている（713条）。

5　新株予約権付社債

　新株予約権を付した社債を**新株予約権付社債**という（2条22号）。

　新株予約権付社債を発行する場合には、社債の募集手続に関する条文（676条～680条）を適用せず（248条）新株予約権の発行の手続に則ってなされる。社債の募集事項の決定（238条1項6号）については、公開会社においては取締役会が発行を決定するのに対して（240条）、非公開会社では株主総会特別決議で決定するのが原則であるが（238条2項6号・7号、309条2項6号）、株主総会の決議により、募集事項の決定を取締役（取締役会設置会社では取締役会）に委任することもできる（239条）。新株予約権付社債に付された新株予約権の数は、社債の金額ごとに均等に定めなければならないとされている（236条2項）。

　第三者に新株予約権を特に有利な条件または特に有利な金額で発行する場合には、公開会社・非公開会社を問わず、その条件とその金額で新株予約権を引き受ける者を募集することが必要である理由を説明し、株主総会の特別決議を得なければならない（238条3項、240条1項、309条2項6号）。会社法は、新株予約権付社債に付された新株予約権は社債が消滅したとき以外は単独で譲渡できず、同じく社債も新株予約権が消滅したとき以外は単独で譲渡できない（254条2項・3項）という非分離型新株予約権付社債を念頭においているが、会社が新株予約権と社債を同時に募集して割り当てれば、それぞれ別に譲渡が可能である。譲渡の対抗要件は、社債と新株予約権それぞれに必要な手続を行うことが要求される。

　募集事項の決定に際して、新株予約権の払込みに代えて社債の償還金額を当てること（236条1項3号参照）を決定すれば、転換社債型新株予約権付社債を発行することができるし、そうでなければ社債は社債として保有し続けるとともに、新株予約権付社債権者が新株予約権を行使して一定の払込みを行えば、社債のほか新株予約権も手にすることができる。この場合には、新株予約権という甘味剤が付いているため、社債の利率は低利率であることが多い。

6　担保付社債

「担保付社債信託法」（以下、担信法という）により社債に担保を付すことができる。社債に担保を付そうとするときは、担保の目的である財産を有する者と信託会社の間で社債権者を受益者とする信託契約を結ばなければならない（担信法2条1項、18条）。信託会社は、内閣総理大臣の免許を受けた会社でなければならず（同法1条、3条、4条）、社債権者のために社債の管理を行う（同法2条2項）。したがって、会社法上の社債と異なり（702条参照）、社債管理者は設置されず（担信法2条3項。社債管理補助者も設置できない（会社法714条の2ただし書き））受託会社は原則として社債管理者と同一の権限を有し、義務を負う（担信法35条・36条）。社債権者はその債権額に応じて平等に担保の利益を享受し、信託契約による担保権は、総社債権者のためにのみ行使することができる（同法37条）。

　このように社債権者にとっては、担保が付されていた方が保護が厚いため、かつては担保付社債が発行される方が多く、また、無担保社債を発行する場合には、発行会社が適債基準を満たさなければならなかった。しかし、現在ではこの適債基準は撤廃されているので、どのような会社も自由に無担保社債を発行できるようになったため、担保付社債の発行は減少している。

第23章　決算と剰余金分配

設　立　株　式　機　関　資金調達　その他

会社法第2編第5章は、株式会社の計算に関する規定である。計算の規定の目的は、①会社の財産状況を正しく表し、他の会社と比較ができるよう計算書類の作成に関するルールを確定すること、②決算手続や開示により、株式会社の財産についての利害関係を有する株主、債権者、一般投資家などにその状況を公開し明らかにすること、③会社に剰余金が生じた場合、株主にどれだけを分配するかという基準を示し、会社債権者との利害を調整すること、である。

1　計算書類等の作成のルール

（1）　会社の会計と会計慣行

　計算書類等の作成のルールは、会社法や法務省令の会社計算規則などにも規定されているが、企業会計の実務ベースのルールは日々変動している。法務省令に会社法よりも詳細な規定を置いて改正をしやすくしているものの、それでも実務には追いつけない場合も生じてくる。そこで、株式会社の会計は、一般に公正妥当と認められる企業会計の慣行にしたがうものとされる（431条）。金融庁企業会計審議会がまとめている「企業会計原則」や公益財団法人財務会計基準機構の企業会計基準委員会が定めた会計基準等は、「公正妥当と認められる企業会計の慣行」に該当すると考えられている。

（2）　会計帳簿に関する規制

　株式会社は、法務省令に定めるところにしたがい、適時に、正確な会計帳簿を作成しなければならないとされ、会社は会計帳簿の閉鎖の時から10年間、その会計帳簿とその事業に関する重要な資料を保存しなければならない（432

条、計算規則 4 条）。

　裁判所は、申立てによりまたは職権で、訴訟の当事者に対し、会計帳簿の全部または一部の提出を命ずることができる（434条）。

　総株主（決議事項の全部について議決権を行使できない株主を除く）の議決権の100分の 3 （定款でこれを下回る割合を定めることができる）以上の議決権を有する株主、または、発行済株式（自己株式をのぞく）の100分の 3 （定款でこれを下回る割合を定めることができる）以上の数の株式を有する株主は、請求の理由を明らかにして、会社の営業時間内であればいつでも、会計帳簿またはこれに関する資料の閲覧・謄写を請求することができる（433条 1 項）。そしてまた、親会社の社員も、その権利を行使するために必要であるときは、請求理由を明らかにし、裁判所の許可を得て会計帳簿またはこれに関する資料の閲覧・謄写請求をすることができる（同条 3 項）。会計帳簿の閲覧請求権を行使できる株主の要件として、議決権基準とともに持株基準が用いられているのは、この権利が必ずしも株主総会での議決権行使と結びついているものではないからである。

　しかし、株主が会計帳簿の閲覧・謄写を請求した場合も、その株主が①その権利の確保または行使に関する調査以外の目的で請求を行ったとき、②会社の業務の遂行を妨げ、株主の共同の利益を害する目的で請求を行ったとき、③当該会社の業務と実質的に競争関係にある事業を営み、またはこれに従事する者であるとき、④会計帳簿またはこれに関する資料の閲覧または謄写により知りえた事実を利益を得て第三者に通報するため請求したとき、⑤過去 2 年以内において、会計帳簿またはこれに関する資料の閲覧または謄写によって知りえた事実を利益を得て第三者に通報したことがある者であるとき、に該当すると認められる場合には、会社は閲覧・謄写を拒絶することができる（同条 2 項）。親会社社員から閲覧・謄写請求があった場合にも、以上の①～⑤の事由がある場合には、裁判所は許可を与えることができない（同条 4 項）。

（ 3 ）　計算書類等の作成

　会社はその成立の日における貸借対照表を作成し（435条 1 項、計算規則58条）、各事業年度に係る計算書類および事業報告ならびにこれらの附属明細

書を作成しなければならない（435条2項、計算規則59条2項・3項）。「計算書類」とは、貸借対照表、損益計算書、その他株式会社の財産および損益の状況を示すために必要かつ適当なものとして法務省令で定めるものとして、株主資本等変動計算書、個別注記表もこれに含まれる（435条2項かっこ書き、計算規則59条1項）。計算書類とその附属明細書は、会計帳簿に基づいて作成されなければならない（計算規則59条3項）。これらは、電磁的記録により作成することもでき（435条3項）、会社は計算書類とその附属明細書を作成したときから10年間、これらを保存しなければならない（同条4項）。

（4）　計算書類等の内容

①　貸借対照表

　貸借対照表は、資産の部、負債の部、純資産の部の3つに分かれており（計算規則73条1項）、①資産の部は決算期において会社が保有している財産を、②負債の部は株主以外から調達した資金を、③純資産の部は株主から集めた資金と利益を表している。したがって、②と③を合計した貸借対照表の右側（貸方）からは資金調達がどこからどれだけされたかということが、①の貸借対照表の左側（借方）からは会社資金がどのように運用されているのかということがわかり、この表の借方と貸方の合計額は同じになるように構成されている。具体的な作成方法は、会社計算規則72条以下にしたがう。

②　損益計算書

　損益計算書は、売上高、売上原価、販売費および一般管理費、営業外収益、営業外費用、特別利益、特別損失の7つの項目に分けて表示されており（計算規則88条1項）、これにより、当該事業年度の収益、費用、当期利益がどれだけあったかを表している。作成方法は、会社計算規則87条以下にしたがう。

③　株主資本等変動計算書

　株主資本等変動計算書は、平成17年改正により作成が必要となった計算書類であり、前事業年度から当該事業年度までの貸借対照表の純資本の部の各項目に係る計数の変動を明らかにする。作成方法は、会社計算規則96条にし

貸借対照表
（令和○年○月○日現在）

（単位：百万円）

科目	金額	科目	金額
（資産の部）		（負債の部）	
流動資産	46,904	**流動負債**	27,273
現金及び預金	6,882	支払手形	2,022
受取手形	2,962	買掛金	12,816
売掛金	17,543	短期借入金	1,800
有価証券	2	リース債務	53
製品	6,086	未払金	540
仕掛品	8,654	未払費用	4,379
原材料及び材料	2,730	未払法人税等	1,453
前払費用	1,432	前受金	1,879
その他	759	前受収益	964
貸倒引当金	△ 219	賞与引当金	841
固定資産	29,321	その他	525
有形固定資産	20,939	**固定負債**	13,372
建物	7,036	社債	870
構築物	140	長期借入金	900
機械及び装置	8,425	リース債務	86
車両及び運搬具	4	退職給付引当金	10,883
工具、器具及び備品	778	その他	632
土地	4,465	**負債合計**	40,645
リース資産	76	（純資産の部）	
建物仮勘定	13	**株主資本**	35,189
その他	2	資本金	15,000
無形固定資産	558	資本剰余金	13,001
ソフトウェア	437	資本準備金	13,000
リース資産	56	その他資本剰余金	1
のれん	63	利益剰余金	7,259
その他	1	利益準備金	2,096
投資その他の資産	7,824	その他利益剰余金	5,163
投資有価証券	1,745	別途積立金	1,187
関係会社株式	1,198	繰越利益剰余金	3,976
長期貸付金	49	自己株式	△ 71
繰延税金資産	4,648	**評価・換算差額等**	392
その他	336	その他有価証券評価差額金	175
貸倒引当金	△ 79	繰延ヘッジ損益	3
繰延資産	3	土地再評価差額金	213
社債発行費	3	**新株予約権**	2
		純資産合計	35,583
資産合計	76,228	**負債・純資産合計**	76,228

損益計算書

（自令和○年○月○日　至令和○年○月○日）

（単位：百万円）

科目		金額
売上高		91,874
売上原価		69,673
売上総利益		22,201
販売費及び一般管理費		15,364
営業利益		6,836
営業外収益		
受取利息	128	
受取配当金	38	
その他	11	177
営業外費用		
支払利息	343	
為替差損	21	
その他	8	372
経常利益		6,640
特別利益		
固定資産売却益	208	
その他	15	223
特別損失		
減損損失	381	
投資有価証券売却損	21	
その他	2	405
税引前当期純利益		6,458
法人税、住民税及び事業税	2,646	
法人税等調整額	△ 363	2,283
当期純利益		4,175

たがう。

④　個別注記表

　貸借対照表、損益計算書、株主資本等変動計算書に関する注記のほか、継続企業の前提に関する注記、重要な会計方針に係る事項に関する注記などが記載される（計算規則98条）。作成方法は、会社計算規則97条以下にしたがう。

⑤　事業報告

　平成17年改正前は「営業報告書」といい計算書類に含まれていたため、会

計監査人の監査の対象であったが、改正後は「事業報告」となり、計算書類の中からのぞかれた。したがって、監査役の監査は受けなければならないが（436条1項）、会計監査人の監査を受ける必要はない（同条2項2号）。どのように作成すべきかについては、会社法施行規則117条以下に定められており、すべての会社で、当該会社の状況に関する重要な事項、内部統制システムの整備についての決定または決議がある場合には、その決定・決議の内容の概要、会社が財務・事業の方針を決定する者のあり方に関する基本方針を定めているときはその基本方針の内容の概要等を記載すべきとされる（施行規則118条）。公開会社、会計参与設置会社、会計監査人設置会社などにおける事業報告については、特則がある（施行規則119条〜126条）。

⑥　附属明細書

　計算書類の附属明細書の作成方法は、会社計算規則117条にしたがう。これには、有形固定資産および無形固定資産の明細、引当金の明細、販売費および一般管理費の明細などと、貸借対照表、損益計算書、株主資本等変動計算書、個別注記表の内容を補足する重要な事項が表示される（計算規則117条）。また、事業報告の附属明細書の作成方法は会社法施行規則128条にしたがう。事業報告の内容を補足する重要な事項を内容とするものが作成される。

【発展】

臨時計算書類、連結計算書類

　本文で説明した計算書類等のほか、平成17年改正以降、剰余金の分配を事業年度の途中でも行えるようになったため、臨時決算日（最終事業年度の直後の事業年度に属する一定の日）における当該株式会社の財産状況を把握するために、会社は臨時貸借対照表、臨時損益計算書を作成することができるとされている（441条、計算規則60条）。

　また、会計監査人設置会社では、当該会社および子会社（2条3号、施行規則3条）からなる企業集団の財産・損益の状況を表すための計算書類である連結計算書類を作成することができ（444条1項・2項、計算規則61条以下）、また、事業年度の末日において大会社であり金融商品取引法24条1項の規定により有価証券報告書を提出しなければならない会社には、これを作成することが義務づけられている（444条3項）。連結計算書類には、連結貸借対照表、連結損益計算書、連結株主資本等変動計算書、

連結注記表、国際会計基準等にしたがって作成する連結計算書類がある（計算規則61条）。連結の範囲としては、原則としてはすべての子会社を含めるが、例外的に含められない子会社もある（計算規則63条）。これは、たとえば、親会社が子会社に損失を押し付けて自己の計算を優良に見せかけていることがあるため、両者で1つの計算書類を作成することにより、現実をよりよく把握するために作成することとなっているのである。

2　決算手続および開示手続

（1）　計算書類等の監査

監査役設置会社（定款で監査役の権限が会計監査権限に限定されている会社も含み、会計監査人設置会社をのぞく）では、監査役は各事業年度に係る計算書類（貸借対照表、損益計算書、株主資本等変動計算書、個別注記表）および事業報告ならびにこれらの附属明細書を監査し（436条1項）、会計監査人設置会社では、会計監査人が計算書類およびその附属明細書について監査し、監査役（監査等委員会設置会社の場合監査等委員会、指名委員会等設置会社の場合監査委員会）が計算書類、事業報告、およびこれらの附属明細書を監査する（同条2項）。そして、監査役（監査役会、監査等委員会、監査委員会）は監査報告を、会計監査人は会計監査報告を作成する（381条1項、396条1項、計算規則122条、123条、126条～129条、施行規則129条～131条）。会計監査人設置会社では、会計監査人の会計監査報告をもとにして、監査役（監査役会、監査等委員会、監査委員会）の監査報告が作成される。また、取締役会設置会社では、計算書類、事業報告およびこれらの附属明細書は取締役会の承認を受けなければならない（436条3項）。

（2）　株主総会の承認

取締役会設置会社では、会社は定時株主総会の招集の通知に際して、取締役会の承認を受けた計算書類、事業報告と、監査を受けた場合には監査報告（会計監査人による監査を受けた場合には会計監査報告）を提供しなければならないとされている（437条）。

そして、会社は、計算書類および事業報告を定時株主総会に提出し、計算

書類の承認を受け、取締役は事業報告の内容を報告しなければならない（438条）。ただし、会計監査人設置会社では、取締役会の承認を受けた計算書類が法令・定款にしたがい会社の財産および損益の状況を正しく表示しているものとして会計監査人の会計監査報告に無限定適正意見（計算規則126条1項2号イ）があり、監査役等の監査報告に会計監査人の監査の方法・結果を相当でないと認める意見がない等（計算規則135条）の法務省令で定める要件に該当する場合には、定時株主総会における計算書類の承認は不要とされ、計算書類の内容だけが定時株主総会で報告される（439条）。専門的会計の知識を有する会計監査人の判断を重視して重ねて株主総会での承認は必要としないという趣旨である。

（3）　計算書類の公告

　定時株主総会の終了後、会社は遅滞なく貸借対照表（大会社においては貸借対照表と損益計算書）を公告しなければならない（440条1項、計算規則136条）。

　定款で公告方法を官報または時事に関する事項を掲載する日刊新聞紙に掲載すると定めた会社では、貸借対照表の要旨だけを公告することで足りるが（440条2項、計算規則137条〜146条）、これに代えてインターネットに接続された WEB によって定時株主総会の終結の日後5年を経過する日までの間継続して不特定多数の者に対し情報を提供できる状況に置く措置をとることもできる（440条3項、計算規則147条）。有価証券報告書を内閣総理大臣に提出しなければならない会社においては、EDINET による開示が行われるので、公告を省略できる（440条4項）。

（4）　計算書類等の閲覧・謄写等

　会社は各事業年度に係る計算書類および事業報告ならびにこれらの附属明細書（監査を受けた場合は監査報告・会計監査報告も含む）を、総会の会日前の一定の期間（たとえば、取締役会設置会社では2週間）前の日から5年間会社の本店に、これらの写しを3年間会社の支店に備え置き（臨時計算書類を作成した場合も作成した日から同様）、株主および債権者は会社の営業時間内であればいつでも、これらの閲覧・謄写を請求できる（442条1項〜3項）。また、会

社の親会社社員は、その権利を行使するため必要があるときは裁判所の許可を得て、会社の計算書類等について閲覧・謄写を請求できる（同条4項）。

　裁判所は、申立てまたは職権により、訴訟の当事者に対し計算書類およびその附属明細書の全部または一部の提出を命じることができる（443条）。

（5）　直接開示と間接開示

　株主は、株主総会の招集通知で計算書類、事業報告が株主に提供されることにより、直接に計算書類等の内容を知ることができる（直接開示）。また、会社の本店・支店に計算書類等を備え置き、これらを閲覧・謄写をさせることで、株主および債権者は本店・支店に出向けばこれらを開示してもらうことができる（間接開示）。そして、公告では、不特定多数の会社の利害関係者が会社の財政状況を把握することができる。直接開示、間接開示、公告の順に開示される対象者は広くなっていくが、開示される資料の範囲はその開示方法の特徴によって限定を受ける。

		公告	直接開示	間接開示
計算書類	貸借対照表	○	○	○
	損益計算書	○ （大会社のみ）	○	○
	株主資本等変動計算書		○	○
	個別注記表		○	○
事業報告			○	○
附属明細書				○

3　資本金・準備金・剰余金

（1）　資本金・準備金

　資本金の額は、設立または株式の発行に際して株主となる者が会社に対して払込みまたは給付をした財産の額とするのが原則であるが（445条1項）、この払込みまたは給付を受けた額の2分の1を超えない額は、資本金として計上しないことができ（同条2項）、この計上しなかった額は**資本準備金**とし

て計上しなければならないとされる（同条3項）。合併、吸収分割・新設分割、株式交換・株式移転に際して資本金・準備金として計上すべき額については法務省令で定める（同条5項、計算規則35条〜52条）。資本金の額は、登記事項である（911条3項5号）。

　また、剰余金の配当をする場合には、法務省令で定めるところにより、基準資本金の額（資本金の4分の1）に達するまで当該剰余金の配当により減少する剰余金の額の10分の1を乗じて得た額を資本準備金または**利益準備金**として計上しなければならない（445条4項、計算規則22条）。

　これらの資本準備金・利益準備金は、法律の規定により積み立てなければならないものなので、会社法上は「準備金」と総称される（445条4項かっこ書き）。これに対して、会社が任意に積み立てる任意積立金（452条）は、ここでいう「準備金」には当たらない。

　株式会社の株主は会社に対して有限責任しか負わず、会社債権者にとって担保となるのは会社財産のみであるから、資本金はその財産を保持するための一定の目安となる数字と考えられてきた。**資本充実の原則**は、資本に相当する財産が会社に実際に拠出されなくてはならないとする原則であり、**資本維持の原則**は、資本金に相当する財産が実際に会社に維持されなければならないとする原則であり、**資本不変の原則**は、資本金を自由に減少させることを禁止するという原則である。資本充実の原則は、現行法の下でも、設立や募集株式の発行における払込金額の全額、現物出資全部の給付義務づけ（34条1項、63条1項、208条1項・2項）、現物出資等に対する厳格な調査（33条、207条）、発起人・取締役の現物出資に関する財産不足塡補責任（52条、213条）、仮装払込に関する責任（52条の2第1項〜第3項、213条の3）などに現れており、資本維持の原則は、資本金および準備金（資本準備金・利益準備金）は貸借対照表上の一定の数額であって、それに相当する額は会社債権者の担保として留保し、その残りからでなければ会社は株主に配当をしてはいけないという規制に現れていると考えられる。資本金を減少させる場合には、資本不変の原則により、法定の手続（☞本章3（3）参照）を踏む必要がある。会社の資本金の額が多額であるということは、株主から多額の出資があり、それに見合う取引活動も活発になされているであろうと推測できるが、会社の資産

が常に資本金・準備金の合計額を上回っているという保証はないので、資本金の額が大きい会社が必ずしも信頼性も高いというわけではない。実際にその会社の財産の状態が良好であるかは、当該会社の計算書類等により確認するしかない。

（2）　剰余金

剰余金は、会社の**純資産**（会社最終事業年度の末日における資産の額から負債の額を減じた額）に自己株式の帳簿価額の合計額を加算し、資本金および準備金（資本準備金・利益準備金）の合計額と法務省令（計算規則149条）で定める各勘定項目に計上した額の合計額を減算した額を基本として計算され（これは最終事業年度の末日における「その他資本剰余金の額」に「その他利益剰余金の額」を加算した額に当たる）さらに年度末日後の剰余金の増減が加算あるいは減算されることで確定されることになっている（446条）。

（3）　資本・準備金の減少等

資本金を減少することによって、会社は欠損（施行規則68条、分配可能額がマイナスの状態をいう）が生じているときに、その欠損を解消したり、その分を準備金に組み入れたり（447条1項2号参照）、剰余金として株主に分配することができる。

資本金の減少に際しては、株主総会の特別決議が必要である（同条1項、309条2項9号）。しかし、以下の①②が例外となる。①減少した資本金を欠損の塡補に当てる場合には、資本金の減少があっても分配可能額が生じないため株主に払戻しが生じないので、定時株主総会で決定する限り普通決議で足りる（309条2項9号イ・ロ）。②株式の発行と同時に資本金を減少する場合、減少が効力を生ずる日後の資本金の額が、減少前の資本金の額を下回らない場合には、取締役（取締役会設置会社では取締役会）の決定でよい（447条3項）。

減少する資本金の額は資本金の減少が効力を生ずる日の資本金を超えてはならないとされるため（同条2項）、資本の減少によれば、資本金を0円にすることも認められることとなる（平成17年改正以前は、株式会社の最低資本金は1000万円だったため、設立時にはこれを超えなければならないし、資本減少時にも

これ未満にしてはならなかったのと対比できる）。また、反対に、剰余金を減らして、資本金の額を増加することもでき、株主総会の普通決議で認められる（450条1項・2項）。減少する剰余金の額は、資本金の増加が効力を生ずる日の剰余金の額を超えてはならない（同条3項）。

　それに対して、準備金の減少を行うには、株主総会の普通決議が必要であるが（448条1項）、株式の発行と準備金の減少を行う場合、準備金の減少の効力を生じた日の後の準備金の額がその前の準備金の額を下回らない場合には、取締役（取締役会設置会社では取締役会）の決定でよい（同条3項）。減少する準備金の額は、準備金の減少が効力を生ずる日の準備金の額を超えてはならず（同条2項）、減少した準備金の全部または一部を資本金にすることもできる（同条1項2号）。また、剰余金の準備金組入れは、株主総会の普通決議で認められるが（451条2項）、減少する剰余金の額は、資本金の増加が効力を生ずる日の剰余金の額を超えてはならない（同条3項）。

　平成17年改正前は、準備金・剰余金の資本組入れが認められ、また、資本金の剰余金組入れが認められていたが、資本金の準備金組入れは認められなかった。また、同様に、準備金の剰余金組入れは認められていたが、剰余金の準備金組入れは認められなかった。しかし、17年改正により、資本金または剰余金から準備金に組入れを行うことが認められ、資本金・準備金・剰余金の相互の数の増減が円滑に行えるようになった。

純資産の部の計数の移動

○は平成17年改正で新規に認められたものである。

　会社が資本金・準備金を減少するということは、債権者の担保として財産を残す基準額の減少につながるから、債権者の不利になる事柄となる場合がある。したがって、これを行う場合、会社は**債権者異議手続**をとることが必要とされる。債権者は資本金・準備金の減少について異議を述べることができるとされる（449条1項。異議を述べることができない場合について、同条同項

ただし書き参照）。そのため、会社は、債権者に対して、資本金等の減少の内容、債権者が会社の定めた一定の期間内（1か月を下回ることができない）に異議を述べることができる旨などを官報で公告し、かつ、知れている債権者には各別にこれを催告しなければならないが（同条2項）、公告方法を定款で時事に関する日刊新聞または電子公告としている会社では、官報と定款で定めた方法により公告を行えば、各別の催告は必要ではない（同条3項）。債権者がこの期間内に異議を述べた場合には、会社は、債権者に弁済するか、相当の担保を提供するか、債権者に弁済を受けさせることを目的として信託会社等に相当の財産を信託するかの方法のどれかをとらなければならない（ただし、資本金等の額の減少が、当該債権者を害するおそれがない場合には、弁済等を行う必要はない。同条5項）。債権者が異議を述べなかった場合には、債権者は資本金等の額の減少について承認したものとみなされる（同条4項）。債権者異議手続が終わらないと、資本金等の減少は効力を生じない（同条6項）。

　資本金の額の減少の無効は、訴えをもってしか主張することができない。また、その場合、提訴権者は当該会社の株主等（株主、取締役、清算人、監査役、執行役）、破産管財人、資本の額の減少について承認しなかった債権者に制限され、資本金の減少の効力が生じた日から6か月以内に訴えを提起しなければならない（828条1項5号、同条2項5号）。判決には対世効があり（838条）、判決は将来に向けてのみ効力を生ずる（839条）。

4　剰余金配当規制

（1）　剰余金配当規制の及ぶ範囲

　会社が資本金・準備金の減少による払戻しを行う場合や、株主に一定の金銭を支払って自己株式を買い取るなどの行為を行う場合（461条1項1号～7号）には、会社に留保された財産が株主に対して流出されるため、法はこれらを「剰余金の配当等」として剰余金の配当（同条1項8号）と同一の規制の下で行うこととしている。

　しかし、これに対して、単元未満株主からの買取請求による買受け（192条

1項）、事業譲渡・合併等の際に株主からの買取請求に応じた買受け（469条1項、785条1項）などの行為は、この規制外とされている。これらは、株主保護のために不可欠な制度であるからである。

（2）　分配可能額の算定方法

　会社は株主（自己株式を保有する会社はのぞく）に対して、剰余金を配当することができる（453条）。剰余金の配当として株主に交付する金銭等の帳簿価額の総額は、剰余金の配当が効力を生ずる日の分配可能額を超えてはならない（461条1項）。

　分配可能額の計算方法は、剰余金の額（446条）から自己株式の帳簿価額、最終事業年度の末日後に自己株式を処分した場合の自己株式の対価の額、法務省令（計算規則158条）で定める各勘定科目に計上した額の合計額を引いたものとし（461条2項）、さらに臨時計算書類を作成し株主総会の承認を得たときは、その利益が生じた場合それが加算され（同条2項2号イ、計算規則156条）、損失が生じた場合はそれが減算され（461条2項5号、計算規則157条）、この臨時計算書類の期間内に自己株式を処分した場合には、自己株式の対価が加算される（461条2項2号ロ）。

　また、会社の純資産額が300万円を下回る場合には、配当可能利益があっても剰余金を配当することはできない（458条）。

（3）　剰余金の配当手続

　剰余金の配当は株主総会の普通決議で決定する（454条）。平成17年改正前はこの株主総会は定時総会に限られていたので、1年に1回しか決議ができなかったが、同改正では、定時総会に限られないことにしたので、事業年度中自由に何度でも剰余金の配当ができる。配当財産として金銭以外の財産を与える旨を決定してもよいが（同条4項。これを**現物配当**という）、この場合株主に当該配当財産に代えて金銭を交付することを請求できる金銭分配請求権を与えることもできるが、与えない場合には株主にとって不利になる場合が考えられるので、株主総会の特別決議を必要とする（309条2項10号）。

　また、取締役会設置会社の場合、一事業年度の途中において1回だけ取締

役会の決議で剰余金の配当（金銭による配当のみ可）を決定できる（454条5項）。この配当を特に**中間配当**という。

　さらに、会計監査人設置会社である監査役会設置会社、監査等委員会設置会社、指名委員会等設置会社において、その取締役（監査等委員会設置会社では、監査等委員以外の取締役）の任期を選任後1年以内に終了する最終事業年度に関する定時株主総会終結日までと定めている会社では、定款で剰余金配当を取締役会で決定できると規定した場合、それにしたがい、株主総会ではなく取締役会で剰余金の配当を決定できる（459条1項。現物配当を行う場合に株主に金銭分配請求権を与えない場合は例外となる（同条同項4号））。ただし、その定款が効力を有するのは、最終事業年度の計算書類が、法令・定款にしたがい会社の財産・損益の状況を正しく示しているものとして法務省令で定める要件に該当する場合に限られる（同条2項、施行規則116条、計算規則155条）。しかし、この場合でも、株主提案権（303条、305条）を行使して、総会で剰余金の決定を求めることができる。これに対して、上記の条件を満たした会社がさらに定款で、「剰余金の決定を株主総会の決議によっては定めない」旨を規定することが認められ（460条）、この場合には、株主提案によっても株主総会で決議を行うことは認められない。

（4）　違法な剰余金配当に対する責任

　分配可能額を超えた配当がなされた場合には、①当該行為により金銭等の交付を受けた株主、②当該行為に関する職務を行った業務執行者（業務執行取締役、指名委員会等設置会社の執行役）、③株主総会で決議した場合には総会議案提案取締役、取締役会で決定した場合には取締役会議案提案取締役は、会社に対して連帯して株主が交付を受けた金銭等の帳簿額に相当する金銭を支払う義務を負う（462条1項、計算規則160条、161条）。多数説によれば、①は善意・悪意を問わず支払義務を負うと解されるが、悪意者に限定されるとの説もある。②および③は、職務を行うについて注意を怠らなかったことを証明したときは支払義務を免れることができる（同条2項）。その責任は総株主の同意があった場合でも行為時の分配可能額を限度として免除できるにすぎない（同条3項）。②および③が支払義務を果たした場合には、①にも求償す

ることが認められているが、株主に交付した金額等の帳簿金額総額が分配可能額を超えることについて善意の株主はこれに応じる必要がない（463条1項）。また、会社債権者も、直接株主に交付を受けた金銭等の帳簿価額に相当する金銭（その額が債権額を超える場合はその債権額）を支払わせることができる（同条2項）。

違法剰余金に係る責任追及

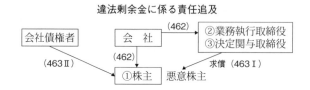

また、剰余金を分配した結果、剰余金分配をした事業年度に係る計算書類において、欠損が生じた場合には、業務執行者は欠損の額について支払う責任を負う（465条1項）。ただし、業務執行者がその職務を行うについて過失がなかったことを証明した場合には責任を負わなくてよい（同条1項ただし書き）。また、総株主の同意がなければ、この義務は免除することができない（同条2項）。

なお、分配可能額を超える剰余金配当の効力については、有効説、無効説が対立している。

第24章　合　併

設　立　　株　式　　機　関　　資金調達　　その他

いわゆる組織再編として、合併（本章）、事業譲渡（第25章）、会社分割（第26章）、株式交換・株式移転（第27章）、組織変更（第28章）を取り上げる。

　会社は、成長期においては、その規模を大きくして他の会社との競争力を増すために、合併という手法をとり右肩上がりの成長を目指すことがある。合併とは、2つ以上の会社が1つに合体することをいう。

1　合併の本質

　合併の法的性質については、従来から以下の2つの考え方が対立してきた。それはすなわち、複数の会社が人格的に結合する組織法上の特殊の契約であると考える説（人的合一説）と、解散会社の営業全部の出資による存続会社の新株発行または会社の設立と考える説（現物出資説）である。人的合一説では合併を特殊の契約と説明するが、どの点が特殊であるのかについて理論的に明らかにされていない点に難点があり、また、現物出資という法概念をもって合併を説明する現物出資説も、財産の移転という点では合併を理論的に説明できるのであるが、現物出資を受ける会社に株式が付与されるのではなく、会社の株主に株式が割り当てられるという説明に窮するため、どちらも弱点がある。法的性質論を出発点に議論をする場合、両説の結論には若干の相違が生ずる箇所もありうるが、実際の法律の規定にしたがう限り、結果的にはどちらの説をとっても大きな差異はないと考えられている。

　また、会社法は、株式会社と株式会社の合併のみを認めるのではなく、持

分会社（合名会社・合資会社・合同会社）と持分会社の合併、株式会社と持分会社の合併も認められ、その結果生ずる存続会社・新設会社は株式会社のみならず持分会社であってもよいとしている（748条以下）。しかし以下では、説明の便宜のために、消滅会社・存続会社・新設会社がすべて株式会社である場合を前提として説明する。

2　合併の方式

　合併には2つの方式がある。1つは、会社が他の会社とする合併であって、合併により消滅する会社の権利義務の全部を合併後存続する会社に承継させる、**吸収合併**（2条27号）である。下の図を例にとると、A社・B社は既存の会社でありA社がB社に吸収される場合には、A社の権利義務等の財産全部がB社に包括的に承継され、B社の発行した株式を割り当てられたA社の株主（ⓐⓑⓒ）は、合併によりB社の株主となる。そして、B社が存続し、A社は消滅する。

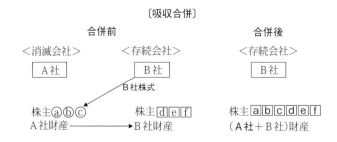

〔吸収合併〕

　そして、もう1つは、合併により消滅する会社の権利義務の全部を合併により設立する会社に承継させる、**新設合併**（2条28号）である。

　右頁の図を例にとると、既存のA社・B社の権利義務等の財産全部が合併により新設されるC社に包括的に承継され、A社・B社の株主（ⓐⓑⓒ、ⅾⅇⅿ）はC社の株式の割当てによってC社の株主となり、A社・B社は合併後消滅する。

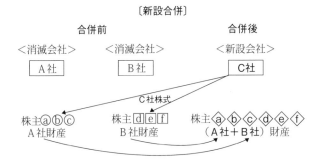

〔新設合併〕

吸収合併と新設合併とでは、どちらの会社を存続させるかを決定する段階で両社の間で確執が生ずるおそれがあるものの、前者の方が圧倒的によく用いられる。それは、合併により新しく会社が設立される後者では、これまで株式を上場していた場合でも新設会社を新規に上場するという取扱いになり、上場をするには設立から一定の期間を要するため、新規上場までの間に空白が生ずること、免許や登録など新設会社が新たに手続をし直さなければならないこと、両当事会社の株式を回収して新株券と交換するための手続が必要となり、費用が倍かかるなどの理由が考えられる。

【発 展】

合併の効果

　本文の記述から、吸収合併・新設合併の効果の共通項を考えると、①合併当事会社の少なくとも１社が消滅すること、②消滅会社の権利義務等の全財産が存続会社あるいは新設会社に包括承継されること、③消滅会社の株主が存続会社あるいは新設会社の株主となることの３つが挙げられる。これは、会社の要素として、物的要素（財産）と人的要素（株主）が考えられることから、②と③でその面での承継をとらえており、②③の結果、両要素を失って空っぽとなる会社が消滅するという結果に至るのである。この場合、合併は会社の解散原因となっているが（471条４号）、清算手続を経ずに（475条１号）消滅する。しかし、平成17年改正により「合併の対価の柔軟化」が認められるようになり（☞本章３で後述）、消滅会社の株主に存続会社あるいは新設会社の株式を与えることに代えて金銭などの他の対価を与えることも許容されることになった。この点から、③は合併の法的効果ではないと考えることも可能になったようにも思われるが（２条27号・28号参照）、この点はあくまでも法政策による規制緩和にすぎない。つまり、この点は重要な例外であるが、合併を２つ以上の結合と考えるとき、③の要

素ものぞくことができないのではないかと考える。

3　合併契約の内容

　まず、合併しようとする会社は、合併契約を締結しなければならない(748条)。本来、契約は契約自由の原則に基づいて形式も内容も自由であるのが原則であるが、合併契約においては、法定事項を定めなければならないとの規制がある（749条、753条）。この契約内容は、合併当事会社（消滅会社、存続会社、新設会社）の利害だけではなく、それぞれの会社の利害関係人にとっても直接に関係がある重要な事柄が契約されるため、その内容を曖昧なものとするとあとで問題が生ずるおそれがあることを考慮してのことである。

　この中で、消滅会社の株主にとって、特に重要なのは、それまで保有していた消滅会社の株式1株に対してなにを対価として交付し（749条1項2号）、またどれだけ割り当てられるか（同条1項3号、753条1項7号）ということである。

　対価としては、平成17年改正までは存続会社・新設会社の株式のみが認められており、その株式の比率のみで調整できない端数が生ずる場合に交換の手間を省くために、合併交付金として金銭の交付を補助的に用いることのみが認められていた。しかし、同年改正により、吸収合併の場合には、対価として、社債・新株予約権・新株予約権付社債・金銭その他の財産の交付も認められた（749条1項2号ロ〜ホ、ただし、存続会社が消滅会社の株式を有している場合には、存続会社には金銭等を割り当てることができない（同条同項3号かっこ書き））。これを**対価の柔軟化**と呼んでいる（この結果、キャッシュアウト・マージャーや三角合併も認められるようになった(☞【発展】「キャッシュアウト・マージャーと三角合併」参照))。

　また、その交換比率については、その対価が株式であれば、A社株主の持つ1株についてB社株式1株（この場合は合併比率は1対1である）とか、1株について0.5株のように定められる。前者の場合には、合併する当事会社の株式の価値は対等であると考えられるが、後者の場合には、A社の評価が

B社の２分の１にすぎないことを表しており、このような結果をＡ社株主は容認できないこともあろう。このように、合併比率の決定は非常にデリケートな問題なので、大規模な合併においては特に、当事会社は、証券アナリストなど専門家のアドバイスなどを受けて、株主も納得するような妥当な合併比率を決定することに留意しなければならない。また、対価として株式以外の財産も認められるため、対価の価値に正当な評価がなされているかも、さらに問題となる可能性がある。

【発　展】

キャッシュアウト・マージャーと三角合併

　消滅会社の株主に割り当てる対価として、金銭が与えられたにすぎない場合には、合併後消滅会社の株主は合併後の存続会社との関係がなくなり、それに対して、存続会社の株主構成は変わらない。このような合併を**キャッシュアウト・マージャー**（cashout merger）と呼ぶ。消滅会社の株主との関係を断ち切って、めんどうな株主を切り捨てる方策として利用されかねない面を持っているため、株主の利益を損なわないように、運用には細心の注意が必要である。

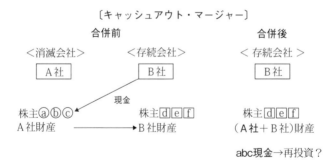

〔キャッシュアウト・マージャー〕

　また、対価として、存続会社の親会社の株式を与えることも認められる（これを**三角合併**と呼ぶ）。それにより、消滅会社の株主は存続会社の株主ではなく、存続会社の親会社の株主となる。外国会社と日本の会社の間で合併を行うことは認められないため（これを認める解釈もある）、この対価の柔軟化が認められるまでは、まず、日本で子会社をつくり、それと対象会社を合併させていたが、三角合併により、外国会社Ｃ社は日本の子会社Ｂ社の親会社であり続けながら、直接に日本のＡ社を傘下に収めることができるようになった。また、Ａ社の株主にとっては、同社が非上場の会社であっ

たような場合でも、三角合併により海外の優良企業の株主となるチャンスを与えられることもあり得る。これに備えるため、子会社による親会社株式取得禁止（135条）は限定的に認められる（800条1項）。

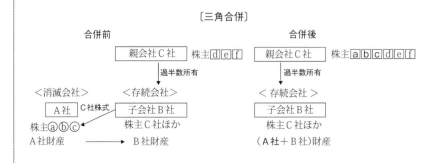

〔三角合併〕

4　合併手続

（1）　株主総会による承認

合併は、一般的には企業規模を拡大する手法として大変有意義であるが、消滅会社の株主にとっては、これまで投資してきた会社がなくなり、その会社が他社に吸収され、対価として存続会社の株式その他の財産を割り当てられることで合併後は大規模化した存続会社あるいは新設会社の株主となるが、それが本当に自分たちにとって有利であるか否かはわからない。株主に、これを判断する機会が確保される必要がある。そこで、各当事会社では、株主総会の特別決議により合併契約の承認を受けなければならないと規定されている（783条、795条、804条、309条2項12号）。書面投票・電子投票を行う会社では、株主総会の招集通知に参考書類を交付しなければならないが（301条、302条）、合併の承認に関する議案を提出する場合には、これに合併を行う理由、合併契約の内容の概要などを記載しなければならない（施行規則86条、89条）。

【発　展】

合併承認決議が省略される場合

　本文で述べたように、原則として合併当事会社では、各々の株主総会で特別決議を成立させなくてはならない。しかし、実際上、当事会社の株主にそれほど不利益が及ばないと考えられるような場合にも特別決議を要求するのは、あまりにも厳重すぎる。そこで、以下の2つの場合は、例外的に株主総会の決議を省略してよいことになっている。

　その第一は、**略式手続**である。吸収合併において、存続会社が消滅会社の特別支配会社（ある株式会社の総株主の議決権の10分の9（これを上回る割合を定款で定めることができる）以上を保有する親会社等をいう。468条1項かっこ書き参照）である場合には消滅会社の決議は不要であり（784条。同条1項ただし書きに例外）、また、消滅会社が存続会社の特別支配会社である場合には存続会社の決議は不要である（796条1項。同条1項ただし書きに例外）。このような場合の被支配会社は支配会社により支配を受けているので、株主総会を開催したとしても被支配会社の承認決議がたやすく成立するであろうと考えられるからである。

　略式手続がとられた場合にその合併条件が当事会社の財産の状況その他の事情に照らして著しく不当である場合に、被支配会社の株主が不利益を受けるおそれがあるときは、その株主は会社に対して合併の差止めを請求することができる（784条の2第2号、796条の2第2号）。

　第二は、**簡易手続**である。これは吸収合併において、合併対価の額が存続会社の純資産額の合計額の5分の1（これを下回る割合を定款で定めることができる）を超えない場合には、存続会社の株主総会の決議を要しないということである（796条2項。2項ただし書きに例外）。これは、合併により存続会社に与える影響が相対的に少ないと評価され、あらためて存続会社は承認決議を得る必要がないのである。この場合には、株主は株式買取請求権を行使できない（797条1項ただし書き）。しかし、会社が行う株式買取りの通知（同条3項）または公告（同条4項）の日から2週間以内に、法務省令で定める数（施行規則197条）の株式を有する存続会社株主が吸収合併に反対する旨を存続会社に通知したときは、原則に戻り、存続会社は承認決議を行わなければならない（796条3項）。

（2）　事前開示

　株主が株主総会で議決権を行使するのに際して正しい判断ができるように、また、債権者が合併に対して債権者異議手続において異議を申し述べるかどうか判断できるように、会社から詳細な資料が開示されなければならない。会社は吸収合併契約書の内容その他法務省令で定める事項を記載・記録した書面

を、備置開始日（原則として、合併承認総会の2週間前）から合併効力発生日後6か月を経過する日までの間、その本店に備え置かなければならず、株主・債権者は閲覧・謄写を請求できるとされる（782条、794条、803条。開示事項の詳細は、施行規則182条、191条、204条）。

（3）　反対株主の株式買取請求

　この決議に先立って合併に反対することをあらかじめ会社に通知し、かつ総会で実際に合併に反対した株主は、効力発生日の20日前の日から効力発生日の前日までに会社に公正な価格で株式を買い取ることを請求することができる（株式買取請求権。785条、797条、806条。その総会で議決権行使ができない株主も買取請求権を行使できる）。この「公正な価格」は、平成17年改正前は「決議なかりせば其の有すべかりし公正なる価格」と規定されていたが、現行法は単に「公正な価格」と表現を改めており、これには合併についてのシナジー効果も織り込んだ価格であることが前提になっていると解されている（最決平成23年4月19日民集65巻3号1311頁）。このとき、会社と株主の間で、合併の効力発生から30日以内に買取価額についての協議が整わない場合には、株主または会社は、裁判所に買取価額の決定を申し立てることができる（786条、798条、807条）。消滅会社の新株予約権者もその買取請求権を行使できる場合がある（787条〜788条、808条〜809条）。

（4）　債権者異議手続

　また、消滅会社・存続会社の債権者は、合併前に異議を述べることができる（債権者異議手続。789条1項、799条1項、810条1項）。会社は、債権者に異議を申し述べる機会を与えるため、一定の期間（1か月以上でなければならない）内に異議を述べることができる旨等を官報で公告し、かつ、会社に知れている債権者には各別にこれを催告しなければならないとされているが、手続を簡略化するため、公告を官報のほか定款で定めた公告方法（時事に関する事項を掲載する日刊新聞に掲載する方法または電子公告）によって行った場合には、知れている債権者に対する各別の催告は必要ない（789条2項・3項、799条2項・3項、810条2項・3項）。そして、この期間に異議を述べなかった

債権者は合併を承認したものとみなされ（789条4項、799条4項、810条4項）、異議を申し述べた債権者に対しては、会社は債権者に弁済するか、相当の担保を提供するか、債権者に弁済を受けさせることを目的として信託会社等に相当の財産を信託しなければならないが、合併により債権者を害するおそれがない場合には、この必要はない（789条5項、799条5項、810条5項）。

（5）　合併の効力発生

そして、吸収合併の場合は、合併契約書で定めた効力発生日（749条1項6号）に、消滅会社の権利義務は存続会社に包括承継され（750条1項）、新設合併の場合は、新設会社の成立した日に、消滅会社の権利義務を包括承継される（754条1項）。また、消滅会社の株主に対して対価（原則的には存続会社・新設会社の株式）が交付され（750条3項、754条2項・3項）、消滅会社は消滅する。しかし、吸収合併の場合の消滅会社の解散は、吸収合併の登記（921条）の後でなければ、第三者に対抗できない（750条2項）。

（6）　事後開示

吸収合併では存続会社において、新設合併では新設会社において、合併の効力発生日後遅滞なく合併に関する事後開示を行わなければならず、事前開示と同様、存続会社・新設会社の株主・債権者は合併の効力発生日から6か月間、書面等の閲覧・謄写を請求できる（801条、815条。開示事項の詳細は、施行規則200条、211条）。

COLUMN　会社法による合併、分割、株式交換・移転の手続の統一

明治32年商法制定当時から規定があった合併に加えて、平成11年改正以降新設の制度ごとに固有な規定が創設されたので、これらは別々に規定されていたが、会社法は、これらを統一的・横断的に扱っている。というのも、これらの行為を行うことは会社の基礎的変更と考えられ、当事会社の株主・債権者の地位にも大きな変化をもたらすため、法律はその利害関係人の保護を図るために詳細な手続を組み込んでおり、その点で共通する規定が多かったからである。株式買取請求権の付与、総会前後に行われる株主・債権者に対する開示手続、債権者異議手続（ただし、株式交換・移転では必

要がない）などがこれに当たる。

　以上を踏まえて、法は、これらを横断的に規制しながら、さらに、既存の会社どうしで行う吸収型再編（吸収合併、吸収分割、株式交換）と、会社の新設を伴う新設型再編（新設合併、新設分割、株式移転）を区分し、さらにそれぞれの方式の当事会社（吸収型再編でいえば、吸収型消滅会社等（吸収合併消滅会社・吸収分割会社・株式交換完全子会社）と吸収型存続会社等（吸収合併存続会社・吸収分割承継会社・株式交換完全親会社）、新設型再編でいえば、新設型消滅会社等（新設合併消滅会社・新設分割会社・株式移転完全子会社）と新設型設立会社等（新設合併設立会社・新設分割設立会社・株式移転設立完全親会社）ごとに遵守すべき手続を規定している（下表、参照）。

　このため、会社分割（☞第26章）、株式交換・株式移転（☞第27章）についての規定を探す場合にも、これらの構造を頭に入れておくと理解しやすい。

吸収型再編 吸収合併 吸収分割 株式交換	吸収型消滅会社等 吸収合併消滅会社 吸収分割会社 株式交換完全子会社	782条〜793条 （持分会社のみ793条）
	吸収型存続会社等 吸収合併存続会社 吸収分割承継会社 株式交換完全親会社	794条〜802条 （持分会社のみ802条）
新設型再編 新設合併 新設分割 株式移転	新設型消滅会社等 新設合併消滅会社 新設分割会社 株式移転完全子会社	803条〜813条 （持分会社のみ813条）
	新設型設立会社等 新設合併設立会社 新設分割設立会社 株式移転設立完全親会社	814条〜816条 （持分会社のみ816条）

5　合併の差止め

　合併が法令または定款に違反する場合に合併当事会社の株主が不利益を受けるおそれがあるときは、株主は合併をやめることを請求できる（784条の2第1号、796条の2第1号、805条の2）略式手続の場合にも認められる（784条の2第2号、796条の2第2号。☞本章4【発展】「合併承認決議が省略される場合」で既述）。

6　合併無効の訴え

合併の無効は訴えによってしか主張できない。

訴えは合併の効力発生日から 6 か月以内に提起しなければならず（828条1項7号・8号）、提訴権者は、合併の効力が生じた日において合併当事会社の株主等（株主・取締役・執行役・監査役・清算人）であった者、存続会社・新設会社の株主等、破産管財人、合併について承認しなかった債権者（債権者異議手続で異議を申述しなかった債権者は、合併について承認した者とみなされる（789条4項、799条4項、810条4項））である（828条2項7号・8号）。

また、合併無効を認容する判決は、第三者に対しても効力を生じ（対世効、838条）、判決により無効が確定しても、それによる影響を最小限に食い止めるため、合併の効力はさかのぼって無効となるのではなく、将来に向けて無効となるだけである（839条、843条）。

これらの点は、会社設立無効の訴えなどの会社の組織に関する行為の無効の訴え（☞第7章 COLUMN「会社の組織に関する行為の無効の訴え」参照）と同様の取扱いである。その他については、834条7号・8号、835条、836条、837条参照。

【発　展】

合併比率の不公正は合併無効事由となるか

合併契約が作成されていない場合、契約の要件が不備である場合、合併承認決議に無効・取消し・不存在等の原因がある場合、開示手続の不備があった場合、債権者異議手続がとられていない場合などは、合併無効原因に当たると解されている。

しかし、合併比率の不公正が無効原因となるかについては、判例はこれを否定する（東京高判平成2年1月31日資料版商事法務77号193頁。ここでは、著しい不公正が合併無効原因になるかどうかについては、判断されていない）。本章3でも前述したように、合併比率が不適切であることは当事会社の株主に不利益をもたらす可能性があるが、実際に著しく不公正な合併比率であるか否かを判断するのは大変難しい。しかし、著しい不公正が認められる場合にも、合併が無効にならないとすると、合併を推進した会社の勝ちということになり、しかもその場合の株主を保護するための方策としては、株主買取請求権しかない。学説では、判例を支持する説のほか、株主保護として株式買取請求権のみでは不十分であるとして合併無効原因となると考える説や、

合併当事会社の一方が他方に対して特別利害関係のある株主であるにもかかわらず議決権行使に参加してその結果著しく不当な決議が成立したと評価された場合、その決議は取り消し得るものとなり（831条1項3号）、それにより合併は無効となるとする説（この場合、これを無効原因として主張できるのは、決議後3か月に限られるのか、あるいは、効力発生後6か月以内ならば認められるのかについて争いがある）もあり、見解が分かれている。

第25章　　事業譲渡

設　立　　株　式　　機　関　　資金調達　　その他

> 事業譲渡に関しては、会社法の第1編第4章について説明した際に
> （☞第3章3参照）、事業譲渡会社の負う競業避止義務、事業譲受会社が
> 譲渡会社の商号を続用した場合の譲受会社の責任などについて言及したが、そこ
> では、事業譲渡は会社法467条1項1号から3号に規定される行為と説明しただ
> けで詳しくは触れていなかったので、まず、事業譲渡の意義について考えること
> から始めよう。

1　事業譲渡の意義

　会社が行っている活動が会社の規模に比較して大きすぎたり、また、現在で
はその活動部門が会社本体とはかけ離れたものになってしまったとき、他の会
社からそれを評価して売却を求められた場合、売り手側と買い手側の同意が
成り立てば、一般の売買と同様に、会社の事業も譲渡の対象となる。しかし、こ
こで考えられる売買の対象は、一つ一つの物あるいは権利ではなく、譲渡会社・
譲受会社の株主に大きな影響を与える行為と考えられるため、後述のように
（☞本章2参照）、これを行うためには株主総会の特別決議が要求される。

　判例（最判昭和40年9月22日民集19巻6号1600頁。その後の最高裁判例もこの
判決を踏襲する）によれば、事業譲渡とは、「一定の営業目的のため組織化さ
れ、有機的一体として機能する財産（得意先関係等の経済的価値のある事実関
係を含む。）の全部または重要な一部を譲渡し、これによって、譲渡会社がそ
の財産によって営んでいた営業的活動の全部または重要な一部を譲受人に受
け継がせ、譲渡会社がその譲渡の限度に応じ法律上当然に……競業避止義務
を負う結果を伴うものをいうもの」であると考える。これは、会社法第2編

第7章と第1編第4章がたまたま同じ「事業譲渡」という用語を用いたので
はなく、その概念はそれぞれで相対的ではなく、同じものを指していると考
えるものであり、また、このように解することにより、取引の相手方は当該
行為が特別決議を要する行為であるか否かの判断を容易に行うことができ、
取引の安全に資するという理由で、このような解釈がとられ、これを支持す
る学説が比較的強い。しかし、これに対して、事業譲渡の対象が会社にとっ
て重要な営業用の財産であれば、組織化された有機的一体としての機能的財
産ではなくても株主総会の特別決議が必要であるとする説は、取引の安全は
さておき、株主の保護を重視した見解である（前掲最判昭和40年9月22日の松
田二郎判事の少数意見は、この見解の正当性について詳細に述べている）。また、
一定の営業目的のために組織化された有機的一体としての機能的財産の譲渡
であればよく、事業を承継せず、または競業避止義務を負わない場合もこれ
に当たるとする折衷説は、ある程度取引の安全も考慮しながら、判例および
これを支持する学説よりも適用範囲を広く考えている。

　467条1項2号は、これらのことを前提にしながら、譲渡会社にとっては、
事業全部の譲渡と並んで「事業の重要な一部の譲渡」も規制の対象としてい
る。しかし、単に「重要な一部」とすると重要性の判断が困難であるので、
「当該譲渡により譲り渡す資産の帳簿価額が当該株式会社の総資産額として
法務省令で定める方法により算定される額の5分の1（定款でこれを下回る割
合を定めることができる）を超えないものを除く」を適用範囲に含めることが、
467条1項2号かっこ書きで明らかにされている（施行規則134条参照）。また、
467条1項3号は、他の会社の事業全部を譲り受ける会社においても同様の
規制を予定している。これは、一般的には会社の財産の増加を意味するので、
特に問題がなさそうであるが、譲り受ける事業の状況により譲受会社にとっ
てマイナスに働くことがあり得るからである。

2　事業譲渡の手続

　事業の全部あるいは重要な一部を譲渡する場合、事業の全部を譲り受ける
場合には、株主総会の特別決議を必要とする（467条1項1号・2号・3号、309

条2項11号）。合併の場合と同様、略式手続・簡易手続の場合、特別決議を要しないことが認められる（468条）。

　事業譲渡に反対した少数派株主に株式買取請求権が認められるところも、合併と同様である（469条、470条）。

3　事後設立等についての規則

　また、467条では、子会社の株式等の全部または一部（その帳簿価額が総資産の5分の1を超えるもの）を譲渡し、それにより子会社の支配を失う（子会社の議決権総数の半数以下しか有しない）場合（1項2号の2）、**事業全部の賃貸・経営の委任・損益共通契約**その他これに準ずる契約の締結・変更・解約をする場合（1項4号）、**事後設立**の場合にも、事業譲渡と同様の手続が要求される。事後設立とは、株式会社が成立から2年以内にその成立前から存在する財産でその事業のために継続して使用するものの取得をいい、当該財産の対価として交付する財産の帳簿価額の合計額の当該会社の純資産額として法務省令で定める方法により算定される額に対する割合が5分の1（定款でこれを下回る割合を定めることができる）を超えない場合は規制対象から除外される（同条同項5号、施行規則135条）。これらは、事業譲渡の場合と同様、会社およびその利害関係者に多大な影響を与えるからであり、また、事後設立は、設立の際の現物出資・財産引受けの潜脱行為として行われると、設立手続においては要求される検査役の検査も経ることなく自由に行われるため、厳重な手続の下に置いたのである。ただし、事後設立には、468条（略式手続・簡易手続の許容）、469条、470条（反対株主の株式買取請求権）の適用はない。

4　合併と事業譲渡の差異

　合併の法的効果としては、第24章2【発展】（「合併の効果」）でも説明した通り、①当事会社の少なくとも1社の解散を伴わない消滅、②消滅会社の財産全部の存続会社・新設会社への包括承継、③消滅会社の株主の存続会社・新設会社への収容が挙げられる。合併は契約であるが、その意味で、組織法的

な性質を有すると捉えられる。これに対して、事業譲渡は、譲渡会社と譲受会社が事業を目的物とし、通常金銭を対価として締結する単なる契約であり、また、事業譲渡は会社の財産的要素の譲渡であるため、③の株主の収容は問題とならない。したがって、事業の全部が譲渡されたからといって、当然に譲渡会社が消滅するということも考えられない。

　また、その財産的要素の承継に関しても、両者には相違点がある。それは、合併では消滅会社のすべての財産（債権・債務も含む）が包括承継され、財産の個別の移転行為が不要であるが（しかし、対抗要件は備えないと第三者に対抗できない）、事業譲渡では特定承継であるので、事業譲渡契約で定めた範囲の事業が移転の対象で、しかも個別の移転行為が必要となる（もちろん、第三者に対抗するには、対抗要件の具備も必要である）。

　また、合併の場合、消滅会社の債務は存続会社・新設会社に包括的に承継され、相手会社の状況によっては消滅会社・存続会社の債権者に影響があるため債権者異議手続が必要であるが、事業譲渡では、譲渡会社の債務は、原則として譲受会社の引継ぎの対象とならず、債務者を免責して譲受会社が債務を引き受ける場合には、債権者の同意が必要となる。そのため、債権者を特別に保護する必要性はないと考えられている。しかし、例外として、会社分割の場合と平仄をあわせ、譲渡会社が譲受会社に承継されない債務の債権者（残存債権者）を害することを知って事業を譲渡した場合は、残存債権者は譲受会社に対して、承継した財産の価額を限度として当該債務の履行を請求することが認められている（23条の2）。

　事業譲渡が無効である場合には、合併の場合と異なり、いつでも誰でもどのような方法によってもその無効を主張できる。

第26章 会社分割

設 立　株 式　機 関　資金調達　その他

> 第24章で扱った合併とは反対に、企業の大きさを適正な規模にする必要
> がある場合や、今まで取り扱っていた事業の一部が採算が悪いのでそれ
> を切り離して効率を向上させたい場合もある。このようなときに用いられるの
> が、会社分割である。

1　会社分割制度の創設

　初めて会社分割の法制度が整備されたのは、平成12年の改正においてである。それまでは、これと同様のことを行おうとした場合には、現物出資、財産引受け、事後設立、あるいは事業譲渡を用いて、会社の一部を切り離し、他の会社に譲り渡していた。しかし、会社財産はその分減少するが、発行された株式は会社に割り当てられることになり、その株主には割り当てられないから、物的要素である財産の移転は可能であるが、合併のように人的要素の分割というものを実現しようと思うと、会社は剰余金分配により株式を分配するか（この方法も可能であるか否か、当時は疑義があった）、会社が株式を株主に再譲渡するほかはなかった。また、合併の場合のような、債権者異議手続も特別に置かれてはいないから、債権者の利益を害するおそれもないではなかった。

　そこで、平成12年改正は、合併の規定に倣って、会社分割を容易に実現できる制度を新たに創設した。平成11年に創設された株式交換・移転に引き続いて、柔軟に組織再編ができるように法整備を行った結果である。

　改正当時は、分割により発行される株式を会社に割り当てる物的分割と、株主に直接割り当てる人的分割の両方が選択可能であったが、平成17年改正

により人的分割が廃止され、物的分割のみが残った。しかし、株主にその株式を配分する必要性があるならば、会社に割り当てられた株式をさらに剰余金分配の規制に則って株主に配分するという方法をとれば、結果的に人的分割と同様のことができる。ただし、法制度化された分割制度は、既存の1つの会社がその事業を分離して新設の2つの会社になり、既存の会社が消滅するというような完全な合併の反対現象ではないことに注意しなければならない。

COLUMN　会社分割と事業譲渡の差異

　会社分割と事業譲渡は同じような目的のために利用されることが多い。しかし、会社分割は合併と同様組織法的な契約であって、取引法上の契約である事業譲渡とは法的性質が異なる。そのことから、会社分割では、分割会社の事業に属する権利は包括的に承継会社・新設会社に承継され、分割会社の債権者の同意がなくても承継会社・新設会社に移転する。また、分割の対価は原則として株式である。しかし、事業譲渡の対象はあくまでも「事業」というまとまりであるのに対し、分割は事業に属する権利義務の全部あるいは一部であり、均衡を欠いている。

吸収分割と事業譲渡の差異

	吸収分割	事業譲渡
法的性質	組織法上の契約	取引法上の契約
対象	事業に属する権利義務の全部あるいは一部	事業の全部あるいは一部
権利の承継方法	包括承継	特定承継
債務の承継	あり	なし（免責的引受けには債権者の同意が必要）
対価	株式（対価の柔軟化が認められる）	現金

　合併の場合と異なり、分割会社は株式会社・合同会社に限られている（757条かっこ書き、762条1項、2条29号・30号）。それに対して、承継会社・新設会社にはすべての会社がなることができる（760条、765条）。しかし、以下では、説明の便宜のために、分割会社、承継会社・新設会社がすべて株式会社である場合に限定して説明する。

2　分割の方式

会社の分割には、吸収分割と新設分割という2つの方法がある。

吸収分割とは、会社がその事業に関して有する権利義務の全部または一部を分割後他の会社に承継させること（2条29号）をいう。この場合には、分割会社も分割承継会社もそれぞれ分割前から存在しており、それぞれに事業と株主を有している。分割承継会社では、そのもともとの株主のほか、分割で株式を割り当てられた分割会社が分割承継会社の株式を保有することになる。

〔吸収分割〕

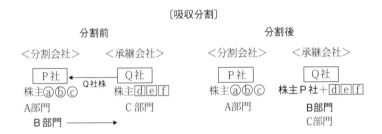

これに対して、**新設分割**とは、1または2以上の会社がその事業に関して有する権利義務の全部あるいは一部を分割により設立する会社に承継させること（2条30号）をいう。新設分割では、分割会社の事業に関する権利義務の一部が分割により新設会社に承継されるが、それに対して発行される株式がすべて分割会社に割り当てられるため、分割会社は新設会社の株式の100％を所有する親会社になる。

〔新設分割〕

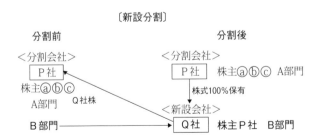

　新設分割ののちに、分割会社が保有する新設会社の株式が剰余金分配の形で分割会社の株主に割り当てられる場合を考えてみると、分割前の分割会社の事業に関する権利義務の一部を新設会社は承継することになるが、新設会社の株主構成は分割会社のものと全く同様になる。

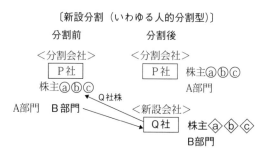

〔新設分割（いわゆる人的分割型）〕

　合併の場合と同様、分割会社（あるいはその株主）に株式以外の対価を割りあてることも認められている（758条4項）、新設分割の場合は株式に加えて（763条1項6号）その他の対価を割りあててもよい（同条同項8号）。

3　会社分割手続の概要とその効力発生

　会社分割を行う場合、吸収分割の場合には既存の2社以上の間で分割契約が締結されなければならず（757条）、新設分割では分割計画が作成されなければならない（762条）。その内容は法定されている（758条、763条）。

　第24章4のCOLUMN（「会社法による合併、分割、株式交換・移転の手続の統一」）でも説明したように、合併と分割の手続は、同一の条文で処理されており、合併手続と共通する部分が多いが、一応手続の流れにだけ触れておくと、書面等の事前開示（782条、794条、803条）、株主総会における承認（783条、795条、804条、390条2項12号。承認不要の場合について、784条、796条、805条）、反対株主の株式買取請求権（785条、786条、797条、798条、806条、807条）、分割会社の新株予約権の買取請求権（787条、788条、808条、809条）、債権者異議手続（789条、799条、810条）、株主・債権者に対する事後開示（791条、801条、811条）が必要である。分割の効力が生ずる前ならば、株主が差止めを請求できる場

合もある（784条の2、796条の2、805条の2）。分割会社・承継会社の株主・債権者保護が大切なのは、合併の場合と同様なので、ほぼ、合併の場合に対応する手続が要求されている。それぞれの手続の詳細については、第24章4を参照してほしい。

吸収分割の場合、分割契約で定めた効力発生日（758条7号）に承継会社は契約の定めにしたがい分割会社の権利義務を包括承継し、分割会社は分割の対価を取得する（759条1項・8項）。また、新設分割の場合は、新設会社が成立した日に新設会社は分割計画の定めにしたがい分割会社の権利義務を承継し、分割会社は新設会社の株主となる（764条1項・8項・9項）。

4　債権者保護に関する特別な問題

（1）　債権者異議手続における不法行為債権者への各別の催告の義務づけ

合併の場合と平仄を合わせて会社分割の手続を構築している関係から、分割の場合も当事会社の債権者保護は、主に債権者異議手続に任されている。

合併では、官報に公告しかつ知れている債権者に各別に催告することが原則であるが（789条2項、799条2項、810条2項）、官報のほか日刊新聞による公告または電子公告を行った場合にのみ、債権者に対して各別の催告を省略することを認めている（789条3項、799条3項、810条3項）。

しかし、会社分割の場合についてもそれを認めると、分割会社の不法行為債権者にいちいちこれらの公告をチェックすることを義務づけることになる。しかしそれはあまりに酷であるということから、分割会社の知れている不法行為債権者に対してのみ例外を認めて、もともとの原則に戻り公告と各別の催告が必要としている（789条3項かっこ書き、810条3項かっこ書き）。

（2）　債権者に対する分割会社と承継会社・新設会社の連帯責任

会社分割により、分割会社の債権者の担保となる財産が分離し、債権が承継されなかった会社に対して請求が及ばなくなる可能性があるため、異議を述べることができる債権者が各別の催告を受けなかった場合（知られていない債権者であるため各別の催告を受けなかった債権者も含むが、官報に加え日刊新

聞紙による公告あるいは電子公告をした場合は不法行為債権者に限る）に、分割会社の債権者は、分割により債務を請求できないとされているときであっても、吸収分割の分割会社に対しては分割の日において有していた財産の価額を限度として、新設会社の分割会社に対しては新設会社の成立の日に有していた財産の価額を限度として、吸収分割の承継会社または新設分割の新設会社に対しては承継された財産の価額を限度として、債務の履行を請求できる（759条2項・3項、764条2項・3項）。その限度で、これらの会社は債務を重畳的に引き受けることとなる。

（3）　債権者異議手続における残存債権者保護 —— 濫用的会社分割の問題

　濫用的会社分割とはなにかを下の図で説明すると、債務超過に陥っているY社が残すべき優良な事業と債権を新設分割によって新設したZ社に承継させ、抜け殻となった分割会社Y社がのちに民事再生手続や破産手続（☞第30章参照）を開始するような事例をいう。

　Y社にはZ社から株式が割り当てられるが、それは安価で売却されてしまうケースが多く、これにより債権者がY社に残されるX1とZ社に承継されるX2に分けられてしまい、X1が債権を回収するチャンスが奪われてしまう。

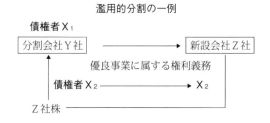

濫用的分割の一例

現行法に則った分割が行われているのにこのようなことが生じてしまう背景として、債権者異議手続で異議を述べることができる債権者から、分割会社に対して債務の履行を請求できる債権者は除外されていること（789条1項2号、810条1項2号）が大きく関係していると考えられる。これは、分割の際に発行された承継（新設）会社の株式が分割会社に割り当てられた場合は、承継（新設）会社に移転した財産に相当する株式が分割会社に与えられてい

るため、分割の前後で財産状況には変動がなく、分割会社に残された債権者には異議を述べさせる必要性がないと考えられているからである。発行された株式が分割会社の株主に割り当てられる場合には、会社財産が減少するため、債権者異議手続の対象となっているのと対照的である（789条1項2号かっこ書き、810条1項2号かっこ書き）。

　このような詐害的会社分割を認めてしまうのは不当であることから、事後的救済を認めた判決が近年相次いだ（会社分割が詐害行為取消権（民法424条）の対象となると判決した最判平成24年10月12日民集66巻10号3311頁等、破産法上の否認権（破産法160条以下）行使の対象となるとの判決として東京高判平成24年6月20日判タ1388号366頁等、法人格否認の法理を用いて責任を認めた福岡地判平成23年2月17日判タ1349号177頁等、事業譲渡においてその会社の商号が続用された場合の責任に関する会社法22条1項を類推適用して責任を認めた最判平成20年6月10日判時2014号150頁等）。

　そこで、このような残存債権者を保護するために平成26年改正により以下のような新しい規定が加わった。

　分割会社が残存債権者を害することを知って分割をした場合に（承継会社が分割の効力が生じたときに残存債権者を害すべき事項を知らなかった場合を除く）、残存債権者は、承継会社あるいは新設会社に対して、承継した財産の価額を限度として、当該債務の履行を請求することができるとし、この権利は、分割会社が残存債権者を害することを知って分割を行ったことを知ってから2年以内、あるいは、分割が成立した日から20年を経過した時には消滅し、分割会社が破産手続開始決定、再生・更生手続開始決定を受けた場合には、残存債権者はこの権利を行使できない（759条4項〜7項、764条4項〜7項）。

5　労働者の引継ぎ

　また、会社分割に際して、どの従業員をどの会社に引き継ぐかについては、分割契約で定まる。しかし、さらに、労働者を保護するため「会社分割に伴う労働契約の承継等に関する法律」が置かれている。まず、承継する部門の事業に主として従事する労働者（同法2条1項1号）は、分割契約等に承継会

社等がその労働契約を承継する旨の定めがあれば承継部門とともに承継されるが、契約で定められなかった場合には異議申立権がある（同法3条、4条）。また、反対に、承継部門の事業に主として従事していなかった労働者が契約で承継部門とともに承継される場合にも異議申立権がある（同法2条1項2号、5条）。

6　分割無効の訴え

　分割の無効についても、合併などの場合と同様、企業維持の見地から訴えによってしか主張することができない。

　訴えは分割の効力発生日から6か月以内に提起しなければならず（828条1項9号・10号）、提訴権者は、分割の効力が生じた日に分割当事会社の株主等（株主・取締役・執行役・監査役・清算人）であった者、分割会社・承継会社・新設会社の株主等、破産管財人、分割について承認しなかった債権者に限定されている（同条2項9号・10号）。

　また、分割無効を認容する判決は、第三者に対しても効力を生じ（対世効、838条）、判決により無効が確定しても、分割の効力はさかのぼって無効となるのではなく、将来に向けて無効となるだけである（839条、843条）。

第27章　株式交換・株式移転

> 株式交換・株式移転とは、その発行する株式を100％所有する親会社（持株会社）をつくる手続をいう。この手続を利用すると、既存の会社の間あるいは既存会社と新設される会社の間で100％保有の親子会社関係を円滑につくることができる。これらは、合併のように完全に一体となることなく、株式保有をつうじた結合関係を生み出すことができる。さらに、令和元年改正により株式交付が創設された。

1　持株会社化と株式交換・株式移転の創設

　平成9年以前、独占禁止法は、それ自体営業を行いつつ他の会社を100％所有する会社（事業持株会社）を禁止することはしていなかったが、他の会社の支配のみを事業目的にする会社（純粋持株会社）を禁止していた。それは、戦前の財閥解体の影響だといわれていた。しかし、平成9年に独占禁止法が改正され、純粋持株会社が解禁された。

　しかし、純粋持株会社が解禁されても、持株会社をつくる方法としては、まず持株会社になる会社が完全子会社を設立し、設立の際、持株会社になる会社がその事業全部を完全子会社に現物出資するか、あるいは、設立後事業全部を完全子会社に譲渡する方法（抜け殻方式）が利用されたが、それが設立時の現物出資であれば、検査役の選任が必要であり、事後設立・事業譲渡では株主総会の特別決議が必要であること、また、財産の個別の移転行為を要し、免責的債務引受けには債権者の同意が必要であるなどが問題であった。また、完全親会社になろうとする会社が既存の会社の株主から公開買付けの形で株式を取得する方法（買収方式）では、多額の資金が必要となり、完全親

会社が第三者割当増資を行い既存会社株主が株式を現物出資して応じる方法（第三者割当増資方式）では、株主が協力してくれないと実行が不可能であった。

　そこで、平成11年商法改正により、持株会社をつくるための手続として、株式交換・移転の規定が置かれたのである。

（COLUMN）持株会社の利用のメリット

　持株会社を利用することの効能としては、①持株会社の株主化（投資家的色彩濃）により経営効率が上がること、②意思決定が迅速に行えること、③子会社どうしの採算が明確になること、④営業による危険は子会社に負わせ、持株会社は有限責任しか負わなくてよいこと、⑤人事・社風の対立が起こりにくいことなどが挙げられる（合併の場合と対比して考えてみるとよい）。

　2000年9月、第一勧業銀行、富士銀行、日本興業銀行がみずほホールディングスをつくった例が有名である。2002年4月には、みずほホールディングスの傘下のそれぞれの銀行は、合併・分割などを行って、みずほ銀行、みずほコーポレート銀行、みずほ証券等に再編成された。その後、メガバンクといわれる銀行はこぞって持株会社化を図り、持株会社化は、経営統合の手法として注目された。

2　株式交換・株式移転とは

　株式交換は、株式会社がその発行済株式の全部を他の株式会社・合同会社に取得させることをいう（2条31号）。株式交換では、まず、株式交換完全子会社の株主の株式を株式交換完全親会社へ移転させることにより、完全親会社は完全子会社を100％所有することになる。子会社にはもともとからある会社財産のみが残る。さらに、完全子会社の株主には完全親会社の株式を割り当てることによって、完全子会社の株主は親会社の株主として受け入れられることになる（対価として、株式の代わりに社債、新株予約権、新株予約権付社債、金銭等の財産を交付することもできる（768条1項2号））。つまり、完全子会社の株主についてみれば、子会社の株式を親会社の株式と交換するという手続である。

　株式交換において、完全親会社になれる会社は株式会社・合同会社のみであり、合名会社・合資会社は完全親会社になることができず、完全子会社はその株式を完全親会社と交換しなければならないという株式交換の性質上、株式会社に限られる（767条、2条31号）。

　以下には、説明の便宜上、完全子会社・完全親会社ともに株式会社であることを前提に説明する。

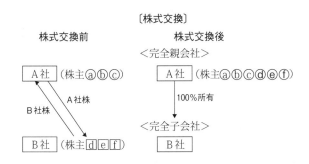

　株式移転は、1または2以上の株式会社がその発行済株式の全部を新しく設立される株式会社に取得させることをいう（2条32号）。株式移転完全子会社の株主の株式を株式移転設立完全親会社に移転して、完全親会社を設立する。それから、完全子会社の株主に完全親会社の株式を割り当てて、株主を親会社に吸収する（これに加えて、社債、新株予約権、新株予約権付社債を交付することもできる（773条1項7号））。

　株式移転では、完全親会社も完全子会社も株式会社でなければならない（772条、2条32号）。

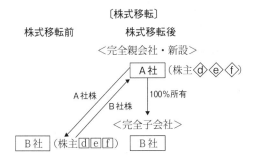

3　株式交換・株式移転の手続の概要とその効力発生

　株式交換の場合には、完全親会社と完全子会社の間で株式交換契約を締結し（767条）、株式移転の場合は株式移転計画を作成しなければならない（772条）。その内容は法定されている（768条、773条）。

　第24章 4 の COLUMN（「会社法による合併、分割、株式交換・移転の手続の統一」）でも説明したように、株式交換・移転分割の手続は、合併および分割と同一の条文で処理されており、これらの手続と共通する部分が多い。一応手続の流れにだけ触れておくと、書面等の事前開示（782条、794条、803条）、株主総会における承認（783条、795条、804条、309条 2 項12号。承認不要の場合について、784条、796条、805条）、反対株主の株式買取請求権（785条、786条、797条、798条、806条、807条）、完全子会社の新株予約権の買取請求権（787条、788条、808条、809条）、株主・債権者に対する事後開示（791条、801条、811条）が必要である。株式交換・移転の効力が生ずる前なら、株主が差止めを請求することができる場合もある（784条の 2 、796条の 2 、805条の 2 ）。

　それぞれの手続の詳細については、第24章 4 を参照してほしい。

　株式交換の場合、株式交換契約で定めた効力発生日（768条 1 項 6 号）に完全親会社は完全子会社の発行済株式の全部を取得し、完全子会社の株主は株式交換の対価を取得する（769条）。また、株式移転の場合、完全親会社の成立の日に完全親会社は完全子会社の発行済株式の全部を取得し、完全子会社の株主は完全親会社の株式を取得する（774条）。

　株式交換・株式移転では、合併や会社分割の場合と異なり、完全子会社からその財産の移転はなく、当然債権も完全子会社に帰属したままなので、株式交換・株式移転の前後で完全子会社の債権者の地位は変わらない。したがって、原則として債権者異議手続は不要である。

　しかし、以下の場合に例外がある。①完全子会社の発行した新株予約権付社債を完全親会社が承継する場合の完全子会社の社債権者（789条 1 項 3 号、810条 1 項 3 号）、および完全親会社の債権者（799条 1 項 3 号）、②完全親会社の株式交換の対価として株式その他これに準ずるものとして法務省令で定め

るもの以外が交付される場合の完全親会社の債権者（799条1項3号、施行規則198条）は異議を申し立てることができる。

4　持株会社体制をとっている場合の完全親会社と完全子会社の関係

完全親会社と完全子会社は経済的には一体としてみるべきであるが、それぞれが別の法人格を持つ法人である。

しかし、たとえば純粋持株会社などは子会社の支配・管理が主目的であり、完全親会社と完全子会社が別人格でも積極的に関与すべきという指摘があるが、会社法上においては、完全親会社は完全子会社の株主としての地位しか有しないため、完全親会社が株主としての権利行使の範囲内で完全子会社を十分管理ができるのかという問題がある。

また、株式交換の前に完全子会社の株主だった者が完全親会社の株主となったのちに、完全親会社が完全子会社の監視を怠ったために完全子会社に損失が生じれば、それは親会社の利益にも関係するにもかかわらず、完全親会社の責任を株主として追及できるとしても、完全子会社の取締役に対して直接に責任を追及するのは不可能である。その意味で「株主権の縮減」という問題が生ずる。このような場合の親会社株主の救済措置として、特定責任追及の訴え（多重株主代表訴訟、☞第19章3参照）が利用できる。

5　株式交換・株式移転無効の訴え

株式交換・株式移転の無効についても、合併などの場合と同様、企業維持の見地から訴えによってしか主張することができない。

訴えは株式交換・株式移転の効力発生日から6か月以内に提起しなければならず（828条1項11号・12号）、提訴権者は、株式交換・株式移転が効力を生じた日において当事会社の株主等（株主・取締役・執行役・監査役・清算人）であった者、完全親会社・完全子会社の株主等、破産管財人、株式交換・株式移転について承認しなかった債権者に限定されている（同条2項11号・12号）。

また、株式交換・株式移転の無効を認容する判決は、第三者に対しても効力を生じ（対世効、838条）、判決により無効が確定しても、それによる影響を最小限に食い止めるため、その効力はさかのぼって無効となるのではなく、将来に向けて無効となるだけである（839条、844条）。

6　株式交付

　株式交換・株式移転のように当事会社間に100％株式を保有する親子会社関係を構築する必要はなく、単に親子会社を形成すればよい場合の方策として、改正により新たに**株式交付**という制度が導入された。株式交付により親会社となる会社（株式交付親会社）が子会社となる会社（株式交付子会社。施行規則4条の2によれば、会社法2条3号の規定する子会社のうち、施行規則3条3項1号（議決権総数の過半数を所有されている場合）に限られる）の株主からその株式を譲受け、その対価として、株式交付親会社の株式その他の対価（社債・新株予約権、新株予約権付社債、それ以外の財産等）を交付する（2条32号の2）。

　株式交付においては、株式交付子会社の株主は任意に株式を譲渡するが、その結果として、株式交付親会社と株式交付子会社の間に親子会社関係が生ずるという意味で株式交換・株式移転と同様の点がみられる。そこで、これらの一連の手続について、特別の規定をおいて、株式交換親会社の利害関係人である株主・債権者の利益、および、株式を譲渡する株式交付子会社の株主の利益を守ることとしている。株式交付親会社はまず、株式交付計画を作成し（772条の2、774条の3）、交付計画および法務省令で定める事項を事前開示し（816条の2）、株主総会特別決議により交付計画の承認を受けなければならないとしている（816条の3、309条2項12号。816条の4は承認を必要としない場合を認めている）。

　株式譲渡親会社は、株式交付子会社の株式の譲渡の申込みをしようとする者に株式交付に関する情報を通知し（774条の4第1項）、株式交付子会社の株主はそれぞれの判断により株式の譲渡を申し込む。この場合、申込者は株式交付親会社に書面を交付し（同条第2項）、株式交付親会社は、申込者の中か

ら株式交付子会社の株式を譲り受ける者とその数を定め（774条の5。なお、募集株式の発行等の場合（211条）に倣って、法律関係の安定のため株式交付子会社株式の譲受けについて意思表示の瑕疵による無効・取消しの主張が制限されている（774条の8））、株式交付計画で定めた効力発生日に、株式交付親会社は株式交付子会社の株式の譲渡人から当該株式を譲り受けることとなる（774条の7、774条の11）。ただし、譲渡の申込みがあった株式交付子会社の株式の総数が株式交付計画で定められた下限（774条の3第1項2号）に満たない場合には、株式交付の効力は生じない（774条の11第5項3号）ので、株式交付親会社は遅滞なく申込者に株式交付をしない旨を通知しなければならない（774条の10。この場合の後処理については、774条の11第5項・6項参照）。

　株式交付の差止め（816条の5）、反対株主の株式買取請求権（816条の6、816条の7）、債権者異議手続（816条の8）、事後開示（816条の10）、株式交付無効の訴え（828条1項13号・2項13号、838条、839条、844条の2。提訴権者には、株式交付に際して株式交付親会社に株式交付子会社の株式・新株予約権等を譲り渡した者も含まれる）なども、株式交換親会社の場合とオーバーラップしている。

第28章　組織変更

たとえば、株式会社が持分会社に変わる場合、株式会社を解散し、持分会社を新たに設立することは煩雑になる。そこで株式会社がそのまま法人格の同一性を保ちながら持分会社に変更すること、あるいは逆に持分会社が株式会社に変更することが認められているが、この場合も会社の利害関係人（株式会社では株主、持分会社では社員、会社債権者）の保護が重要である。

1　組織変更の意義

組織変更とは、会社が法人格の同一性を保ちながら、他の種類の会社となることをいう。

平成17年改正前は、会社の種類として合名会社、合資会社、有限会社、株式会社が認められており、このそれぞれの種類を変更すること、すなわち合名会社から合資会社、有限会社から株式会社への変更などもすべて組織変更と捉えられていた。しかし、平成17年改正からは、持分会社とされている合名会社、合資会社、合同会社間の変更は、定款変更の手続で社員の負うべき責任についての記載を変更すれば、容易にこれを変更できることとなった（638条、ただし640条。☞第4章2（2）参照）。そこで現行法の下では、株式会社から持分会社、持分会社から株式会社への変更のみが組織変更である（2条26号）。

2　組織変更計画の作成

まず、組織変更を行うにあたっては、組織変更計画を作成しなければなら

ない（743条）。

　組織変更計画で定めなければならない事項は法定されている（744条、746条）。

　株式会社から持分会社への組織変更である場合には、①組織変更後の持分会社が合名会社、合資会社、合同会社のいずれであるか、②組織変更後持分会社の目的、商号、本店の所在地、③組織変更後持分会社の社員の氏名・名称および住所、社員が無限責任社員であるか有限責任社員であるかの別、社員の出資の価額、④②③以外の組織変更後持分会社の定款で定める事項、⑤組織変更株式会社の株主に組織変更後持分会社の持分以外にその株式に代わる金銭等を交付するときは当該金銭等についての事項、⑥⑤の割当てに関する事項、⑦組織変更株式会社が新株予約権を発行しているときはそれに代えて交付する金銭の額またはその算定方法、⑧⑦の割当てに関する事項、⑨組織変更の効力発生日、等を定めなければならず（744条1項）、組織変更後持分会社が合名会社であればその社員全部を無限責任社員とし、合資会社であればその一部を無限責任社員に、残りを有限責任社員にしなければならず、合同会社であればその社員全部を有限責任社員とする旨を定めなければならない（同条2項〜4項）。

　それに対して、持分会社が株式会社に組織変更する場合には、①組織変更後株式会社の目的、商号、本店の所在地および発行可能株式総数、②①以外の組織変更後株式会社の定款で定める事項、③組織変更後株式会社の取締役の氏名、④会計参与設置会社、監査役設置会社、会計監査人設置会社である場合、それぞれの氏名（会計参与・会計監査人の場合名称も可）、⑤組織変更持分会社の社員が組織変更に際して取得する組織変更後株式会社の株式の数またはその数の算定方法、⑥⑤の割当てに関する事項、⑦持分に代わる金銭等を交付するときは当該金銭等についての事項、⑧⑦の割当てに関する事項、⑨組織変更の効力発生日、等を定める（746条）。

3　組織変更の手続

　株式会社が持分会社に組織変更する場合には、会社は組織変更の効力発生

日までの間、組織変更計画の内容その他法務省令で定める事項を記載（記録）した書面（電磁的記録）を本店に備え置き、株主・債権者はそれを閲覧・謄写ができる（775条）。

　組織変更する会社は効力発生日の前日までに組織変更計画について、組織変更する株式会社の場合は総株主の同意、組織変更する持分会社の場合は総社員の同意（定款で別段の定めができる）を得なければならない（776条1項、781条1項）。

　株式会社が持分会社に組織変更する場合には、組織変更する株式会社が発行した新株予約権の新株予約権者は会社に公正な価額で買い取ることを請求できる（777条、778条）。また、組織変更する株式会社・持分会社は債権者異議手続を行わなければならず、債権者は異議を述べることができる（779条、781条2項）。

4　組織変更の効力

　組織変更の効力発生日に、組織変更する株式会社は持分会社に（745条1項）、組織変更する持分会社は株式会社となる（747条1項）。

　組織変更した会社は、効力発生日に組織変更計画にしたがい定款変更したものとみなされる（745条2項、747条2項）。

5　組織変更無効の訴え

　組織変更の無効も、訴えによってのみ主張することができ、出訴期間（効力発生日から6か月）、提訴権者に制限があり（828条1項6号・2項6号）、その認容判決の効力が第三者にも及ぶこと（838条）、組織変更は将来に向けて無効となること（839条）等は合併等の場合と同様である。

総　論　　株式会社

第29章　解散と清算手続

設　立　　株　式　　機　関　　資金調達　　その他

会社は解散事由に当たる事実が生じてもそれのみで消滅するのではな
く、原則としては清算手続の中で、残務を終わらせ、債権を回収し、財産
を換価し、債務を完済して活動を終息させ、残余財産があれば株主にそれを分配
してはじめて消滅に至る。

本章では、株式会社の解散と清算手続（特別清算は第30章 2 でとり上げる）に
ついて説明する。

1　解　散

（1）　解散事由

　株式会社の解散事由は、①定款で定められた存続期間の満了、②定款で定
めた解散の事由の発生、③株主総会の決議（309条 2 項11号）、④合併（消滅会
社が消滅する場合に限る）、⑤破産手続開始決定、⑥解散を命ずる裁判、である
（471条）。①～③の事由により解散したときは、解散から 2 週間以内に本店
所在地において解散の登記をしなければならない（926条）。この場合、清算
が結了するまでの間は、株主総会の決議によって、会社を継続することを認め
られる（473条、309条 2 項11号）。解散後会社が継続することになった場合
には、 2 週間以内に継続の登記をしなければならない（927条）。

（2）　解散を命ずる裁判

　（ I ）で説明した解散事由の⑥解散を命ずる裁判には、**解散命令**と**解散判決**
がある。

　法務大臣または株主・債権者その他の利害関係人の申立てにより、公益を

確保するため会社の存立を許すことができないと認めるときに裁判所は会社の解散を命ずることができるが、それは①会社の設立が不法な目的に基づいてされたとき、②会社が正当な理由がないのにその成立の日から1年以内にその事業を開始せず、または引き続き1年以上その事業を休止したとき、③業務執行取締役・執行役が法令もしくは定款で定める会社の権限を逸脱しもしくは濫用する行為または刑罰法令に触れる行為をした場合において、法務大臣から書面による警告を受けたにもかかわらず、なお継続的にまたは反復して当該行為をしたときのいずれかにあたる場合でなければならない（824条～826条）。

　総株主（株主総会で決議をすることができる事項の全部について議決権行使できない株主はのぞく）の議決権の10分の1（これを下回る割合を定款で定めることができる）以上の議決権を有する株主、または、発行済株式（自己株式をのぞく）の10分の1（これを下回る割合を定款で定めることができる）以上の数の株式を有する株主は、①会社が業務執行において著しく困難な状況に至り、当該会社に回復することができない損害が生じ、または生ずるおそれがある場合、②会社の財産の管理または処分が著しく失当で、会社の存立を危うくする場合で、やむを得ない事由があるときは、訴えをもって会社の解散を請求することができ（833条）、裁判所は解散判決を下すことができる。その判決は第三者にも効力を及ぼす（838条）。

（3）　休眠会社のみなし解散

　以上のほか、活動を休止して久しい株式会社でありながら、残存している株式会社を整理する目的で、休眠会社を解散したものとみなす制度がある。

　株式会社で当該会社に関する登記が最後にあった日から12年を経過したものを**休眠会社**と呼ぶ（472条1項かっこ書き）。法務大臣は休眠会社に対して、2か月以内に法務省令で定めるところによりその本店の所在地を管轄する登記所に事業を廃止していない旨の届出をすべき旨を官報に公告し、登記所は休眠会社に対して公告があったことを通知する（同条1項・2項）。それにもかかわらず、この期間に届出（施行規則139条）をせず、かつ、当該会社に関する登記がなされなかった場合には、その会社は2か月の期間満了のときに

解散したものとみなされ（472条1項）、この場合の解散の登記は職権によって行われる（商業登記法72条）。

しかし、解散とみなされた日から3年以内であれば、株主総会決議で会社を継続することが認められる（473条、309条2項11号）。

（4）　解散の効果

会社が解散した場合、その解散会社が存続会社となる吸収合併、および承継会社となる吸収分割を行うことができない（474条）。

2　清　算

法定の手続によって行われなければならない清算を法定清算といい、法定の手続によらない清算を任意清算という。持分会社（ただし合名・合資会社に限る）では法定清算のほか、任意清算も認められており、641条1号から3号に掲げる事由によって解散した場合、定款または総社員の同意によって財産の処分方法を決めることができるが（668条以下）、株式会社が行うことができる清算は法定清算のみである。法定清算では、清算の遂行に支障があるかまたは債務超過の疑いがある場合には裁判所の監督のもとに行われる特別清算という手続がとられるほか、一般的には**通常清算**という手続が行われる。特別清算については第30章2で詳しく説明するので、以下では通常清算について記述する。

（1）　解散から清算手続への移行

①会社が解散した場合、②設立無効の訴えの認容判決が確定した場合、③株式移転無効判決の訴えを認容する判決が確定した場合、会社は清算手続を開始する（475条）。

これに対して、解散原因のうち、合併の場合は、すでに解散手続を経る必要なく会社が消滅に至り、また、破産手続開始決定が出た場合には破産手続が開始されるため（☞第30章2（1）参照）、清算手続をする必要がない（同条1号かっこ書き）。

この清算開始後の会社を**清算中の会社**という（条文上では「清算株式会社」と称されるが、以下ではこれを省略して「清算会社」と記述する）。清算会社は清算の目的の範囲内において、清算が結了するまでは存続するものとみなされる（476条）。

（2）　清算会社の機関

会社が活動をしていたときの取締役、取締役会、代表取締役、執行役、代表執行役はその地位を失うが、それに代わり、清算人が清算会社の業務を執行する（482条1項）。会計参与、会計監査人も会社の解散とともに地位を失う。それに対して、株主総会および監査役（☞以下③で詳説）は存続する。

①　清算人

清算会社は必ず**清算人**を置かなければならず（477条1項）、原則としては、取締役（監査等委員会設置会社・指名委員会等設置会社であった会社では、監査等委員・監査委員以外の取締役）が就任する（478条1項1号、477条5項・6項）。しかし、定款で別に定めた場合あるいは株主総会で選任した場合はそれにしたがう（478条1項2号・3号）。清算人の資格に関しては、取締役の場合と同様である（同条8項→331条1項、331条の2）。上記に該当する者がない場合には、利害関係人の申立てにより裁判所が清算人を選任する（478条2項）。清算人の氏名、代表清算人の氏名・住所は登記される（928条1項）。清算人の解任については479条参照。

会社と清算人の関係については、会社と役員等の場合と同様に、委任に関する規定にしたがう（478条8項→330条）。

清算人は、現務の結了、債権の取立て、債務の弁済、残余財産の分配を行う（481条）。清算人が2人以上いる場合は、定款に別段の定めがある場合を除き、清算人の過半数をもって決定し、支配人の選任等の重要事項は各清算人に決定を委任してはならない（482条2項・3項）。清算会社は清算人が代表し、各清算人が代表権を有するが、清算人の互選または株主総会の決議等によって清算人から代表清算人を定めることができる（483条）。

忠実義務（355条）、競業取引・利益相反取引の制限（356条）、株主に対する

報告義務（357条）、株主による違法行為の差止め（360条）、報酬（361条1項・4項）などの取締役に関する規定は、清算人にも準用される（482条4項）。清算人が任務を怠ったことにより会社に損害が生じた場合には、清算人は損害賠償義務を負うが（486条）、その責任は株主全員の同意がなければ免除することができず（同条4項→424条）、責任の一部免除の規定は適用されない。清算人に対しても、株主代表訴訟を提起できる（847条1項）。清算人がその職務を行うについて悪意または重大な過失により第三者に損害を与えた場合には、その第三者にも損害賠償責任を負う（487条）。清算人または監査役が会社または第三者に損害賠償責任を負う場合、他の清算人も責任を負うときは、連帯して責任を負う（488条）。

②　清算人会

清算人会の設置は、原則として任意である（477条2項）。

しかし、監査役会設置会社であった会社が清算会社になった場合、清算人会を置かなければならない（475条3項）。清算人会を置く場合、3人以上の清算人を選任し（478条6項→331条5項）、この全員で構成される（489条1項）。

清算人会は清算人会設置会社の業務執行の決定をし、清算人の職務の執行を監督し、代表清算人の選定・解職を行う（同条2項）。清算人会は重要事項の業務執行の決定を清算人に委任することができない（同条6項）。清算人会の運営に関しては、490条参照。

清算人会が置かれた場合、清算人会は、ほかに代表清算人がある場合を除いて、清算人の中から**代表清算人**を選定しなければならない（489条2項3号・3項）。

③　監査役・監査役会

監査役または監査役会の設置も、原則としては任意である（477条2項）。

しかし、会社が清算開始原因（475条）に該当することとなったときに公開会社、大会社であった会社は監査役を置かなくてはならず（同条4項）、監査等委員会設置会社・指名委員会等設置会社であった会社においては、監査等委員・監査委員が監査役になる（同条5項・6項）。清算会社の監査役には任

期の定めがない（480条2項）。監査役を置く旨の定めを廃止する定款変更あるいは監査やその監査の範囲を会計に関するものに限定する定款の定めを廃止する定款変更が行われた場合、監査役は退任する（同条1項）。

（3）　清算手続

①　財産目録等の作成・保存

清算人は、就任後遅滞なく、会社の財産の現況を調査し、清算開始原因が生じた日における財産目録および貸借対照表を作成し（清算人会設置会社では清算人会の承認を受けたのち）、株主総会で承認を受け、会社はそれらを作成したときから清算結了の登記のときまでの間保存しなければならない（492条、施行規則144条、145条）。

また、各清算事務年度に係る貸借対照表、事務報告、これらの附属明細書を作成し、清算結了の登記のときまでの間保存しなければならず（494条、施行規則146条、147条）、これらは（清算人設置会社では清算人会の承認を受け）監査役の監査ののち（495条、施行規則148条）貸借対照表は定時株主総会で承認を受け、事務報告は総会で報告しなければならない（497条）。これらは総会の日の1週間前の日から清算結了の登記のときまでの間本店に備え置いて、株主・債権者（裁判所の許可を得た場合は親会社社員）の閲覧・謄写に供される（496条）。

②　現務の結了

清算人は、解散前から継続している会社の業務を完了しなければならない（481条1号）。

③　債権の取立て（同条2号）

④　財産の換価

会社に残った財産は残余財産を分配するために換価しておくことが必要である。

⑤　債務の弁済

会社の負っている債務は弁済しなければならない（同条2号）。会社は遅滞なく清算会社の債権者に対し、一定の期間（最低2か月以上）内に債権を申し出るべき旨を官報で公告し、また、知れている債権者には各別に催告しなければならず、公告にはこの期間内に申出をしないときは清算から除斥される旨を付記することが必要である（499条）。

会社はこの期間内は債務の弁済に応じることができず、これによって生ずる債務不履行責任は免れないが、例外として、裁判所の許可を得て（この許可の申立てには清算人が2人以上の場合には全員の同意が必要）、少額の債権、会社の財産につき存する担保権によって担保される債権その他これを弁済しても他の債権者を害するおそれがない債権に係る債務を弁済することができる（500条）。条件付債権、存続期間が不確定な債権、その他その額が不確定な債権については、会社は裁判所に鑑定人の選任を申し立て、この評価にしたがって弁済をする（501条）。499条1項の債権を申し出るべき期間内に申出をしなかった債権者は、会社に知れている債権者をのぞいて、清算から除斥され、残余財産に対してのみ弁済を請求できるにすぎない（503条）。

⑥　残余財産の分配

会社は、債務の弁済が終了してはじめて、株主に対して残余財産の分配を行うことができる（502条）。残余財産の分配は504条以下によって行われる。

（4）　清算の結了

清算手続が終了したときは、清算人は遅滞なく、決算報告を作成し（清算人会が設置されている場合には清算人会の承認を受けることが必要）、株主総会で承認を受けなければならない（507条1項、施行規則150条、507条2項・3項）。株主総会で承認を受けた場合には、清算人の任務懈怠による責任は、職務執行に不正の行為があった場合をのぞいて、免除されたものとみなされる（同条4項）。

株主総会の承認により清算が結了したときは、株主総会の承認から2週間以内に、本店の所在地において清算結了の登記を行わなければならない（929

条1号)。

　会社がいつ消滅するのかについては特別の規定はない。しかし、会社の設立の場合と異なり、会社は清算結了の登記により消滅するのではなく、清算の結了により消滅すると解するのが判例・通説である。

　清算人は、本店における清算結了の登記のときから10年間、帳簿ならびに重要資料を保存しなければならない(508条)。

第30章　株式会社の倒産

設　立　株　式　機　関　資金調達　その他

> 前章で説明したように、株式会社は解散ののち、原則としては通常清算
> 手続を経て消滅に至る。しかし、経済的破綻に陥っている株式会社の処
> 理に関しても一応の知識を持っていた方がよい。本章では、株式会社の倒産を前
> 提に、清算型倒産手続としての特別清算と破産、再建型倒産手続としての会社更
> 生、民事再生を中心に説明する。

1　倒産法と倒産手続

（1）　倒産法と倒産手続

　株式会社は、設立されて営業を開始したとしても、永遠に継続するとは限
らず、一定の倒産原因（特別精算開始原因、破産手続開始原因、更生手続開始原
因、再生手続開始原因）がある場合に倒産手続が開始される。このような場合
に対処するための制度として倒産法制度が存在する。もっとも、その対象は
株式会社のみならず、自然人あるいは株式会社以外の多種にわたる法人であ
るため、会社法とは別に倒産に関する各種の法律が定められている。これら
は倒産法と総称されている。

	種類	対象	根拠法
清算型	特別清算	清算中の株式会社	会　社　法
	破　産	法人・自然人・相続財産・信託財産	破　産　法
再建型	会社更生	株式会社	会社更生法
	民事再生	法人・自然人	民事再生法

　一般に広義の倒産法という場合には、直接その手続を規定する法律が存在

する法的倒産手続とそうではない私的倒産手続の両者を指し、狭義の倒産法という場合には、法的倒産手続（以下、法的整理）のみを指す。私的倒産手続は、いわゆる私的整理（任意整理、内整理）と呼ばれるもので、債権者・債務者間の協議により手続が進められる。これに対して、法的倒産手続は、特別清算、破産、会社更生、民事再生の4制度をいう。

　これらの手続は、その目的別に清算型と再建型に分類される。すなわち私的整理は、清算型の私的整理と再建型の私的整理とに分けられ、法的整理は、清算型の特別清算と破産および再建型の会社更生と民事再生とに、それぞれ分けることができる。

　株式会社はこれらの各倒産手続の対象とされているため、私的整理も含めてこれらすべての倒産手続を利用することが可能である。

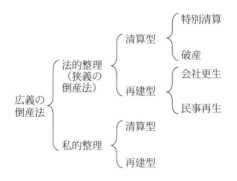

（2）　私的整理と法的整理

①　私的整理

　私的整理とは、債務者と債権者で協議を行い、整理案を作成してこれに基づいて債務者の財産関係を処理する方法であり、整理案の内容により清算型の私的整理と再建型の私的整理に分かれる。私的整理の法的性質は、債務者と債権者間の和解契約といわれている。私的整理のメリットは時間と費用がかからないことであるが、デメリットとしては、債権者の中で整理案に反対する者がいればこの手続の実行が困難となること、裁判所の監督が行われない結果として不正が行われやすいことが挙げられる。

② **法的整理**

　特別清算と破産は、清算型手続であり、会社の解体を前提としている。特別清算は、債務の減免の内容（弁済条件）を定めた協定案を作成し、債権者集会で可決し、裁判所により認可された協定にしたがって実行していく手続である。破産は、会社の資産・負債を確定し、財産を換価し、債権者にその確定された破産債権額に応じて按分比例による配当を行う手続である。

　これに対して、会社更生と民事再生は、再建型手続であり、会社の継続を前提としている。会社更生は、会社を更生させるための再建計画を定めた更生計画案を作成し、関係人集会で可決し、裁判所により認可された更生計画にしたがって実行していく手続である。民事再生は、会社を再生させるための再建計画を定めた再生計画案を作成し、債権者集会で可決し、裁判所により認可された再生計画にしたがって実行していく手続である。

　以下、清算型手続の特別清算、破産、再建型手続の会社更生、民事再生の順に説明する。

2　特別清算

　特別清算とは、特別清算開始原因のある清算中の株式会社（☞第29章 2 (1) 参照。以下、単に清算会社という）について、清算人等の申立てにより開始し、裁判所や監督委員の監督のもとで、清算人による財産の換価等を進め、原資を確保して、協定案の債権者集会における可決と裁判所の認可により、債務超過を解消し、協定を遂行することによって終結する手続である。

（1）　特別清算の開始

　特別清算開始原因は、清算会社に①清算の遂行に著しい支障を来すべき事情がある場合、②債務超過（清算会社の財産がその債務を完済するのに足りない状態をいう）の疑いがある場合であり（510条）、債権者、清算人、監査役または株主は特別清算の申立てをすることができる（511条 1 項）。もっとも、②の債務超過の疑いがある場合には、清算人は、特別清算の申立てをする義務がある（同条 2 項）。

　裁判所は、特別清算開始原因があると認められるときは、特別清算の手続費用の予納がないとき等の障害となる事由が存在する場合をのぞき特別清算の開始を命ずる（514条）。

（2）　特別清算の遂行

　特別清算開始決定があった場合、清算会社の清算は裁判所の監督に属する（519条）。清算会社は、財産の処分、借財、権利の放棄、その他裁判所の指定する行為等をするには、裁判所の許可を得なければならない（535条1項）。裁判所は、1人以上の監督委員を選任し、この許可に代わる同意をする権限を監督委員に付与することができ（527条1項）、監督委員が裁判所の同意に代わる同意をする（535条1項ただし書き）。監督委員の監督は、裁判所が行う（528条1項）。

　特別清算の清算人は、通常清算手続（☞第29章2参照）が行われていたときの清算人がそのまま特別清算手続を遂行するが、清算会社と委任関係にある通常清算の場合と異なり、債権者・清算会社・株主に対して、公平かつ誠実に清算事務を行う義務を負う（523条）。

　特別清算では、債権者集会が開催され、そこに協定債権者が出席し、協定案等の重要な事項が決議される。ここで、協定債権者とは、協定債権を有する債権者であり（517条1項かっこ書き）、協定債権とは清算会社の債権者の債権のことで、一般の先取特権その他一般の優先権がある債権等をのぞいた債権を指す（515条3項かっこ書き）。

　清算会社は、協定債権者の権利の全部または一部の変更に関する条項を定めた計画案である協定案を作成し、その申出を債権者集会に対してすることができる（563条）。この**協定**が可決され（567条）、かつ、裁判所によって認可された場合（568条、569条）には、清算会社およびすべての協定債権者のために効力を有する（570条、571条）。特別清算はこの協定に基づく遂行を原則としているが、これ以外の方法として債権者との間で個別和解の方法による場合もある。

（3）　特別清算の終了

　特別清算の開始後、清算人、債権者等の申立てにより、①特別清算が結了したとき、②特別清算の必要がなくなったときには、裁判所は特別清算終結決定をする（573条）。②は特別清算開始後にその原因がなくなったなどの場合であり、通常清算に戻る。また、裁判所は、協定の見込みがないとき等の場合で、かつ破産手続開始原因がある場合には、職権で破産手続開始決定をしなければならない（574条1項）。

3　破　　産

　破産とは、破産財団の形成により破産者の全財産を換価し、債権者に配当するための原資をつくり、他方届け出られ、調査の結果確定した破産債権額に応じて按分比例して配当することにより、破産債権者に対して破産者の財産等の適正かつ公平な清算を図ることを目的とする手続である。これは、倒産手続において最も重要なものである。

（1）　破産手続の開始

　破産の申立権者は、債権者または債務者である（破産法18条。以下、破産法）。株式会社の場合、債権者とは、会社の債権者であり、債務者とは株式会社自身である。この債務者が申し立てる破産を自己破産という。また、会社の取締役にも株式会社の破産の申立てをすることが認められており、これを講学上準自己破産という（19条1項2号）。

　破産手続開始原因は支払不能あるいは債務超過である（15条、16条）。支払不能とは、債務者が支払能力を欠くためにその債務のうち弁済期にあるものにつき一般的かつ継続的に弁済することができない状態のことであり（2条11項）、債務超過とは、債務者がその債務につきその財産をもって完済することができない状態をいう（16条1項かっこ書き）。裁判所は、破産手続開始原因が認められるときは、破産手続の費用の予納がないとき等の破産障害事由が存在する場合をのぞき破産手続開始決定をする（30条1項）。そして裁判所は開始決定と同時に**破産管財人**の選任をしなければならない（31条）。破産

管財人とは、裁判所の監督の下で破産手続の全般を遂行する最も重要な機関であり、選任資格については特に定めはないが、弁護士の中から選任されることが多い。

（2）　破産財団の形成・破産債権の確定

　破産管財人は、選任後直ちに破産財団に属する財産の占有・管理に着手し（79条）、これを評定し（153条）、金銭に換価して配当できる状態にして破産財団を形成する一連の手続をしなければならない。すなわち、破産財団を現有財団から法定財団へ、そして配当財団に形成することが破産管財人の職務の1つであり、これを破産財団の形成という。財団の資産を確定するために、取戻権（62条以下）、相殺権（67条以下）、否認権（160条以下）等が規定されている（会社更生法、民事再生法にも同様の規定がある）。

　他方、破産債権の確定手続であるが、実体法的には債権者であっても確定手続を経て破産債権者として確定しなければ破産手続上は債権者として扱われない。したがって、配当を受け取るために、債権者は届出期間内に、破産債権を裁判所に届け出なければならない（111条）。そして、債権調査手続において破産管財人が認め、かつ、届出をした他の破産債権者から異議がなければ破産債権として確定する（124条）。異議等のある破産債権の債権者は、裁判所に破産債権査定申立てをすることができ（125条）、この査定申立て決定に不服の者は、破産債権査定異議の訴えを提起することができる（126条）（会社更生、民事再生においても、同様の制度がある）。

　「裁判所は、……必要があると認めるときは、破産管財人の申立てにより又は職権で、決定で、役員の責任に基づく損害賠償請求権の査定の裁判をすることができる」として役員責任査定決定制度を設けた（178条）。これは破産に際して法人役員に違法行為があり法人が損害賠償請求をする場合に簡易迅速に役員に対する損害賠償権の額等の判断が可能なものである。この査定決定に不服のある者は送達から1月の不変期間内に異議の訴えができる（180条。会社更生、民事再生にも同様の制度がある）。

（3）　破産手続の終了

　破産は配当により終了する。配当とは、破産管財人が破産財団を換価した金銭を、確定された破産債権の順位、額にしたがって配分することである。これには、中間配当（209条以下）、最後配当（195条以下）等がある。

　裁判所は、最後配当の終了後、破産管財人の任務終了による計算報告のための債権者集会（88条4項）が終結したとき等の場合に破産手続終結の決定をしなければならない（220条1項）。これが、破産手続がその目的を達成して終了する場合である。その他の終了の場合として、同時破産手続廃止等がある（216条）。

4　会社更生

　会社更生とは、経済的に窮境にあり、更生手続開始原因のある株式会社について、更生計画に基づいてこれらの利害関係人の権利変更を行うこと等により債権者のみならず株主、従業員、取引先企業その他の利害関係人の利害を適切に調整し、当該株式会社の事業を解体することにより生ずる社会的損失を回避しつつ、会社の事業の維持更生を図ることを目的とするものである。

（1）　会社更生の開始

　更生手続開始原因として、①破産手続開始の原因となる事実が生ずるおそれがある場合、②弁済期にある債務を弁済することとすれば、その事業の継続に著しい支障を来すおそれがある場合が定められており、そのうち②の場合は、当該株式会社だけが手続開始の申立てをすることができるが（会社更生法17条1項。以下、会社更生法）、①の場合は、株式会社に加えて、一定の債権を有する債権者、あるいは一定の議決権を有する株主も申立てをすることが認められている（同条2項）。裁判所は、更生手続開始原因が認められるときは、更生手続の費用の予納がないとき等の一定の申立棄却事由が存在する場合をのぞき更生手続開始決定をする（41条1項）。そして、裁判所は開始決定と同時に管財人（**更生管財人**といわれる）の選任等をしなければならない（42条1項）。なお、近時運用によるものであるが、更生会社の経営者が一定の条

件のもと管財人に選任される場合がある。これを DIP 型会社更生という（DIP の意味については、☞本章 5（2）を参照）。

（2） 会社更生の遂行

会社更生の遂行は管財人が中心となって行う。管財人は、一方で更生会社の有する資産を確定し、他方で更生会社が負っている債務を確定することで会社破綻の状況を把握しつつ、更生会社再建のための羅針盤となる更生計画を作成し、遂行しなければならない。

更生会社の事業経営権および財産の管理処分権は、裁判所が選任した管財人に帰属するため（72条1項）、管財人は就職の後直ちに会社業務および財産管理に着手し（73条）、更生会社に属する一切の財産につき、その価額を更生手続開始の時における時価で評定し（83条）、会社の資産を確定する。これと並行して会社の負債も確定する必要がある。このために更生債権者（2条8項・9項）と更生担保権者（同条10項・11項）（これらを以下、更生債権者等という）に各々の更生債権あるいは更生担保債権（以下、これらを更生債権等（同条12項・13項）という）の届出をさせ（138条）、そして管財人が認め、かつ、調査期間内に届出をした他の更生債権者等および株主から異議が出されなかった更生債権等は確定する（150条1項）。

次に管財人は、更生計画案を裁判所の定める期間内に作成して裁判所に提出しなければならず（184条1項）、この更生計画案が**関係人集会**において可決され（同法196条5項）、さらに裁判所により認可決定されれば（199条2項）、**更生計画**となり、この計画にしたがって会社が再建されることになる。ここで更生計画とは、更生債権者、更生担保権者または株主の権利の全部または一部を変更する条項やその他の一定の条項を定めた計画（2条2項）のことである。

更生計画認可決定がなされたきは、管財人は、速やかに更生計画の遂行、更生会社の事業の経営並びに財産の管理および処分の監督を開始しなければならない（209条1項）。

（3）　会社更生の終了

　更生手続は、①更生手続廃止の決定の確定、②更生手続終結決定等の法定の事由が生じたときに終了する（234条）。そしてこの②更生手続終結決定は、更生手続がその目的を達して終了する場合であり、更生計画が遂行された等の場合には裁判所は管財人の申立て、または職権で、終結決定をしなければならない（239条1項）。なお、更生手続が開始された後、その目的を達しないで終了する場合が更生手続廃止である（236条〜238条、241条）。更生手続が終結（234条5号）以外の理由で終了した場合、裁判所が職権により破産手続を開始する場合があるが、再生手続が開始されている場合はそちらが優先する（252条）。

5　民事再生

　民事再生とは、経済的に窮境にあり、再生手続開始原因のある債務者について、債務者が業務遂行権および財産管理処分権を原則として維持しつつ、債務者とその債権者との間の民事上の権利関係を、再生計画に基づいて再生債権の免責および再生債権者の権利の変更を行うことにより、適切に調整し、債務者の事業または経済生活の再生を図ることを目的とするものである。

　民事再生法は、当初中小企業の再建を念頭において立法されたが、後に、個人再生が付け加えられた。したがって、民事再生手続は、通常の民事再生と個人再生に分かれるが、株式会社が利用できるのは通常の民事再生のみである。

（1）　民事再生の開始

　再生手続開始原因として、①債務者に破産手続開始の原因となる事実の生ずるおそれがある場合、②債務者が事業の継続に著しい支障を来すことなく弁済期にある債務を弁済することができない場合が定められており、そのうち②の場合は、当該債務者だけが申立てをすることができるが（民事再生法21条1項。以下、民事再生法）、①の場合は、債務者に加えて、債権者も申立てをすることが認められている（同条2項）。裁判所は、再生手続開始原因が認

められるときは、再生手続の費用の予納がないとき（25条1号）等の一定の申立棄却事由が存在する場合をのぞき再生手続開始決定をする（33条1項）。破産や会社更生と異なり、管財人は原則として選任されない（例外として64条、☞後述）。

（2）　民事再生の遂行

　民事再生の遂行は債務者（開始決定後は再生債務者という）自身が中心となって行う。これが再生手続の原則であり特徴でもある。これは、一般に DIP 型（debtor in possession）手続といわれるものである。これは、開始決定後も従前の債務者に引き続き業務遂行権および財産の管理処分権が帰属し（同法38条1項）、再生債務者による再建が行われるものである。

　民事再生に DIP 型が採用された理由は、この手続は中小企業の再建を念頭において制定されたため、債務者（法人においてはこれまでの代表者）の能力およびその人的なつながり等が再建に重要であり、また、手続費用の観点からも必ずしも管財人を選任することが適切とは考えられなかったためである。

　しかし、例外的に再生債務者が手続の遂行につき監督委員による同意を必要とする場合を定める監督命令が発せられる場合（54条）や、再生債務者（法人に限る）に手続の遂行をさせずに管財人を選任する管理命令が発せられる場合もある（64条）。

　再生債務者が再生会社再建のための羅針盤となる再生計画を適切に作成する前提として、一方で再生会社の有する資産を確定し、他方で再生会社が負っている債務を確定することで会社破綻の状況を把握しなければならない。

　再生債務者は、手続開始後遅滞なく、自己に属する一切の財産につき再生手続開始時における価額を評定しなければならない（124条1項）。これと並行して再生会社の負債を確定するために再生債権者の再生債権の届出（同法94条1項）がなされ、そして再生債務者（場合によっては管財人。以下、再生債務者等）が認め、かつ、調査期間内に届出再生債権者の異議がなかったときは再生債権は確定する（104条1項）。

　次に、再生債務者等は、会社を再生させるための再生計画案を裁判所の定める期間内に作成して裁判所に提出しなければならず（163条1項）、この再

生計画案が債権者集会において可決され（172条の3第1項）、さらに裁判所により認可決定されれば（174条1項・2項）、**再生計画**となり、この計画にしたがって会社が再建されることになる。ここで再生計画とは、再生債権者の権利の全部または一部を変更する条項その他の一定の条項を定めた計画（2条3号）のことである。

　再生計画認可決定がなされたきは、再生債務者等は、速やかに再生計画を遂行しなければならない（186条1項）。

（3）　民事再生の終了

　再生手続は、その目的を達して終了する場合は再生手続は終結し（188条）、そうでない場合は再生手続廃止となる（191条～194条）。

　前者は、①再生債務者が手続を遂行している場合は、裁判所は再生計画認可決定が確定したときは、再生手続終結決定をしなければならず（188条1項）、②監督委員が選任されている場合は、裁判所は再生計画が遂行されたとき等の場合に、監督委員等の申立てまたは職権で（同条2項）、③管財人が選任されている場合で、裁判所は再生計画が遂行されたとき等では、管財人等の申立てまたは職権で（同条3項）再生手続終結決定をしなければならない。

　なお、再生計画不認可決定の確定によっても、再生手続は終了する。再生手続が終結（188条）以外の理由で終了した場合、裁判所が職権により破産手続を開始する場合がある（205条）。

会社法参考書一覧

　会社法は、これまで何度もの改正を経てきたため、初学者は最新の本を参考書にした方が、誤りなく正確な知識が得られます。そこで、参考書を選ぶ際には、その書籍がいつ出版されたものであるかを必ずチェックしてください。ここでは、その観点から、平成17年会社法に関して説明している本の中から参考書を選んでみました。

　しかし、それ以前の会社法の教科書の中にも、いわゆる良書と言われる書籍はたくさんあります。それを読むことにより、細かな改正に左右されない会社法の根幹となる考え方を学び、また、これまでの改正の経緯を知ることができます。少し勉強が進んだら、このような本も手に取ってみることをお勧めします。

＊　単著・共著は、原則として平成元年改正を踏まえた改訂がなされているものを中心に選定し直しています。

（著者五十音順）

〈単著〉

1.　青竹正一『新会社法（第5版）』信山社出版、2021年

2.　江頭憲治郎『株式会社法（第8版）』有斐閣、2021年

3.　神田秀樹『会社法（第25版）』弘文堂、2023年

4.　近藤光男『最新株式会社法（第9版）』中央経済社、2020年

5.　高橋英治『会社法概説（第4版）』中央経済社、2019年

6.　田中亘『会社法（第4版）』東京大学出版会、2023年

7.　宮島司『会社法（第2版）』弘文堂、2023年

8.　弥永真生『リーガルマインド会社法（第15版）』有斐閣、2021年

9.　山本爲三郎『会社法の考え方（第12版）』八千代出版、2022年

〈共著〉

1.　伊藤靖史＝大杉謙一＝田中亘＝松井秀征『会社法　LEGAL QUEST（第5版）』有斐閣、2021年

2.　河本一郎＝川口恭弘『新・日本の会社法』商事法務、2020年

3.　近藤光男＝志谷匡史＝石田眞得＝釜田薫子『基礎から学べる会社法（第5版）』弘文堂、2021年

4.　高橋美加＝笠原武朗＝久保大作＝久保田安彦『会社法（第3版）』弘文堂、

2020 年

5. 龍田節 = 前田雅弘『会社法大要（第 3 版）』有斐閣、2022 年

6. 柳明昌編著『プレステップ会社法（第 2 版)』弘文堂、2023 年

〈コンメンタール〉

1. 江頭憲治郎ほか編『会社法コンメンタール全 22 巻、補巻』商事法務、2008 年 ～ 2021 年

2. 江頭憲治郎 = 門口正人編集代表『会社法大系 1~4』青林書院、2008 年

3. 江頭憲治郎 = 中村直人編著『論点体系会社法 1~6（第 2 版）・補巻（初版)』第一法規、2015 年・2021 年

4. 酒巻俊雄 = 龍田節編集代表『逐条解説会社法 1~6・9』中央経済社、2008 年～

〈判例教材・その他〉

1. 神作裕之 = 藤田友敬 = 加藤貴仁編『会社法判例百選（第 4 版）』有斐閣（別冊ジュリスト）、2021 年

2. 神田秀樹 = 武田一浩編『実務に効く M&A・組織再編判例精選』有斐閣（ジュリスト増刊）、2013 年

3. 久保田安彦 = 舩津浩司 = 松元暢子『START UP 会社法判例 40！』有斐閣、2019 年

4. 浜田道代 = 岩原紳作編『会社法の争点』有斐閣（ジュリスト増刊)、2009 年

5. 野村修也 = 松井秀樹編『実務に効くコーポレート・ガバナンス判例精選』有斐閣（ジュリスト増刊)、2013 年

第3版あとがき

　第2版の発行から5年余りが経過し、第3版を出すことになった。それはこの間担当していなかった大教室での会社法の授業を再開するにあたり、法改正や会社を取り巻く変化を踏まえたテキストがどうしても必要になったからである。

　今回の改訂にあたり、特に注意をしたのは以下の点である。

1. 令和元（2019）年会社法改正の内容を組み入れ、その改正がなぜ行われ、どこがどのように変わったかを明らかにすること。
2. 最近の統計やデータを調べて、そのデータを踏まえた内容に更新すること。
3. ソフトロー（コーポレートガバナンス・コードなど）が企業にとって注目すべき指針となってきていること、および、コロナ禍における問題の対処が端緒となってバーチャル株主総会についての議論や特別法による立法などについて進展があったことなど、会社法に関する新しい動きについて言及したこと。

　そしてさらに今回は、内容を全面的に見直して、説明不足になっているところ、わかりにくい表現や不正確な表現だと思われるところを、読者が読みやすいように書き直すことにした。初版が出版された2013年から10年が経過した今年、あらためて初版を著した当時の自らの至らなさを再認識するとともに、これからも本書と共に少しでも自らの研究を進化させ、より良い授業を展開したいと考える機会ともなった。

　初版からずっとお世話になってきた慶應義塾出版会の岡田智武さんには、今回も、レイアウトや書体の変更などについて様々なアイディアを出していただき、「初学者でも一冊全部を読み通すことができる会社法の本をつくる」という本書のコンセプトを実現することために多くのご助力をいただいた。記して、心からの感謝を申し上げたいと思う。

　令和5年9月

著　者

第 2 版あとがき

平成 25 年 4 月に本書の初版を出してから、すでに 4 年が過ぎた。

平成 22 年に法務大臣からの諮問で、平成 17 年に制定された会社法の初めての改正作業が始められ、平成 23 年 12 月に中間試案、平成 24 年 8 月に要綱案が公表され、25 年 11 月に法案が国会に提出されて、平成 26 年 6 月に改正法律案が国会を通過して公布された。

平成 24 年春前から本書の出版を準備していたので、要綱案が公表されたまま国会に法案の提出が遅れているのを目の当たりにしながら、改正を待たずして初版を出版することとなった。平成 26 年改正は、会社法制定後 9 年を経た改正であったこともあり、内容的には相当広範な改正事項があり、また、この施行のために 27 年 2 月に改正された法務省令も技術的な細かな規定をさらに増やした。初版出版後も、平成 27 年 5 月の改正法の施行までは何とかやり過ごすことができたが、平成 27 年 4 月から『平成 26 年会社法改正ハンドブック』なるコンパクトな冊子を本書に挟み込み、また、同じものを慶應義塾大学出版会の HP 上でも公開するという便法を講ずることとした。改正法の施行後も、このような状況で本書を購読してくださった読者の皆さんに多大な不便を強いることになってしまったことを、私自身申し訳なく思ってきたが、今回、ようやくその気がかりを解消できることとなった。初版をつくったとき、私と二人三脚で頑張ってくださった慶應義塾大学出版会の綿貫ちえみさんは、改訂にもぜひ協力したいとおっしゃってくださっていたが、一昨年ご結婚のため退社された。しかし、そのあとを引き継いで、経験に基づいたいろいろな有益なアドバイスや様々なご配慮を下さった岡田智武さんに感謝を申し上げたいと思う。

本書は、初めて会社法を勉強することになった学生が、多くの条文を有する会社法を学ぶにあたり、とにかく道に迷わず、法の全体の構造を理解できるように、できるだけボリュームを抑え、隅から隅まで読み通せるようにということに配慮してまとめたテキストである。少しでも多くの読者に、会社法入門の道標を掲げることができればうれしいし、今後もその目標を実現するために努力をしていきたいと思う。

平成 29 年 3 月

著　者

初版あとがき

　自分の研究分野である会社法の教科書をまとめることは私の長年の一つの夢でしたが、今回ようやくそれを果たすことができました。

　母校慶應義塾大学との係わりは、一貫校育ちの私にとって自分の人生の大半を占め、これなくしては何も語ることはできませんが、大学での環境は、本当に恵まれたものでした。友人から忌憚のない意見を訊き刺激をもらい、よい環境で研究に従事でき、素晴らしい先輩・同僚・後輩の先生方とお仕事をし、才能豊かな学生たちに講義し、ゼミで一緒に勉強できたことは、本当に幸運というしかありません。

　また、慶應義塾大学商法研究会の諸先生方から、厳しくもあたたかいご指導をいただいてまいりましたことを、心から感謝しております。そして、その中で特に一人お名前を挙げることをお許しいただくならば、平成22年にお亡くなりになった恩師の米津昭子先生には、大学のゼミの時代から長きにわたり、研究の面だけでなく、人間としての生き方、考え方についても懇切なご指導を受けました。戦後間もなく慶應義塾大学に女子が入学を許されたときに勉学の道を志され、研究者として歩まれた先生は、常に私の憧れであり目標でもありました。私が在職20年を迎えることができたとご報告したときも、先生はとても喜んでくださいました。謹んで、先生に本書を捧げたいと思います。

　最後になりますが、これまで論文を掲載していただきずっとお世話になってきた慶應義塾大学出版会から本書が出版できることをとても嬉しく思います。特に、企画段階からお世話になった岡田智武さん、条文チェック、語句の統一など細かいところまで気を配ってくださった綿貫ちえみさんに心からお礼を申し上げたいと思います。

平成25年2月

著　者

判例索引

事項索引

著者略歴

鈴木 千佳子（すずき ちかこ）

慶應義塾大学法学部教授。
1983 年慶應義塾大学法学部法律学科卒業。1989 年慶應義塾大学大学院法学研究科民事法学専攻後期博士課程単位取得退学。
慶應義塾大学法学部専任講師、同大学助教授を経て、2004 年より現職。
専攻領域は商法。

入門講義　会社法［第 3 版］

2013 年 3 月 20 日　初　版第 1 刷発行
2017 年 4 月 28 日　第 2 版第 1 刷発行
2023 年 9 月 20 日　第 3 版第 1 刷発行

著　者————鈴木千佳子
発行者————大野友寛
発行所————慶應義塾大学出版会株式会社
　　　　　　〒 108-8346　東京都港区三田 2-19-30
　　　　　　ＴＥＬ〔編集部〕03-3451-0931
　　　　　　　　　〔営業部〕03-3451-3584〈ご注文〉
　　　　　　　　　〔　〃　〕03-3451-6926
　　　　　　ＦＡＸ〔営業部〕03-3451-3122
　　　　　　振替 00190-8-155497
　　　　　　https://www.keio-up.co.jp/
装　丁————辻聡
印刷・製本——株式会社丸井工文社
カバー印刷——株式会社太平印刷社

©2023 Chikako Suzuki
Printed in Japan ISBN978-4-7664-2919-0